袁志鸿修道文集

鸿爪雪泥

袁志鸿 著

社会科学文献出版社
SOCIAL SCIENCES ACADEMIC PRESS (CHINA)

目　　录

书山学海显勤奋　径畛之花亦鲜红

张金涛[*]

前不久，接袁志鸿师兄从北京打来的电话，邀余为其新作《鸿爪雪泥》写篇序文。我不敢推辞，也不能推辞，因为我和他自相识到相知，然后同在中国道教界共事，已经整整 30 年了。30 年的友谊非同一般，我没有理由扫师兄之雅兴。

记得是在 1983 年，我的恩师黎遇航道长，经过多番曲折，把我带到北京。北京是我从小向往的地方，但作为一个一出娘胎便戴上"剥削阶级孝子贤孙"帽子的我，从来不敢奢望能来到这里。然而靠着祖师的荫庇，靠着中国国运的复兴，靠着黎恩师的提携，我终于来到了日夜向往的首都，进入中国道教的最高学府中国道教学院学习。在这里，我认识了袁志鸿师兄。

志鸿师兄比我年长，那时的他年轻英俊，身材高大，很受师兄弟们的尊敬，而他则非常谦虚随和，一再说："我是农民的儿子。"我也对他说："我也是从牛背上爬下来的孩子。"由于我们有着类似的经历，性情相近，很自然地便无话不谈了。

---

*　张金涛，现任全国人大代表、江西省人大常委、鹰潭市政协副主席、中国道教协会副会长、江西省道教协会会长、龙虎山嗣汉天师府住持。

　　经过"文化大革命"的十年，有的同学佩戴红袖章四处串联"闹革命"，有的同学则是陪伴着地主、富农或"走资派"的父母挨批斗。我是属于后者的。十年浩劫期间，我虽然读到了高中毕业，其实没有读到什么书，面对着卷帙浩繁的《道藏》和艰涩难懂的古文，其学习之艰难，可想而知。志鸿师兄是中国道教学院第一期的学员，他比我早去北京，那时他虽已学习结束回茅山道院，但因黎会长是茅山道士，所以他常到北京来与黎会长见面汇报教务。我有不懂的地方，也向他请教，他也总是不厌其烦地给予帮助。他为人豪爽，从来不计较小事。他还善饮，我有时与他推杯换盏，海阔天空，还真有点"酒逢知己千杯少"的味道。我在中国道教学院学习期间与志鸿相处的日子虽然短暂，却深深地印在我的记忆中。

　　1985 年，我告别了我人生转折的母校——中国道教学院，又回到龙虎山嗣汉天师府。祖庭复兴的担子，沉重地压在我的肩上。那时，志鸿师兄在江苏茅山，虽然远隔千里，但我们之间的联系从未中断。鸿雁传音，他多次给我送来鼓励和安慰，也多次给我指点迷津。转眼到了 1991 年，志鸿师兄已调任中国道教协会教务处主任，为了适时恢复道教正一派对海外弟子的授箓活动，我们的联系就更加紧密了。他多次往返于京赣之间，从授箓活动的申报，到与海外弟子的联系以及登记、审核与科仪活动的安排，简直到了废寝忘食的地步。那时，嗣汉天师府的恢复刚刚起步，道场科仪、音乐与授箓大师的聘请，都得靠国内许多宫观大力支持，志鸿师兄没少操劳。1995 年，内地道教正一派授箓活动首度恢复，我和志鸿师兄又经过一度愉快的合作，多少次鞍马劳顿，多少个不眠之夜，给我俩留下的是成功的喜悦和美好的记忆。

　　1998 年，志鸿师兄升任中国道教协会副秘书长仍兼教务，我和他合作得更加紧密了。在长时间的接触中，我更加钦佩他的率真耿直，敢讲真话实话。为了道教事业的整体利益，为了维护天师府道教祖庭的地位和声望，不遗余力地工作，从不计较个人得失，也为许多方面事务的协调发挥了重要的作用。

　　说了这么多，似乎扯得太远了，还是谈谈《鸿爪雪泥》这本书吧！这本书约 30 万字，在中华浩瀚的书海中，就像是乡间小道上的一朵小花，她也许比不上洛阳牡丹的华贵，比不上西湖莲花之高雅，但是，她是从 20 世纪 80 年代以来，新中国新一代道士成长之路的真实写照，也是我们这一代人心声的显露。志鸿师兄自 1982 年进入道门，以他特有的聪明和勤奋，广闻博学，足迹踏遍大江南北，海峡两岸。他的所见所闻，所作所为，几乎全都记在这本小册子里。从这本书里，人们可以看到一个出生于 20 世纪 50 年代的农民儿子在人生道路中的前行与面对，看到苏南茅山这片沃土对这一代人的哺育，更可以看到改革开放以来中国道教从恢复到鼎盛的缩影。茅山道教厚重的历史和茅山道士抗战的经历，读来令人掩卷难忘，龙虎山天师道的复兴及龙虎山旖旎的风光，读后依然历历在目。还有作者的北国之旅，川中之行，西疆驻跸，南粤风尘，所写之文如行云流水，大气磅礴，无不给人以美的享受。更令人敬佩的是，作者以其渊博的知识，通俗地解读着道家道教深邃的义理以及对人生的感悟，字里行间，透露出作者对中国道教事业的无比热忱和对同门道友的真诚友谊，对已故前辈师尊的深切缅怀和对未来事业发展的无穷希望。

　　近 30 年来，志鸿师兄倾心于书海，笔耕不辍，已经是著作等身的大家。他所著的《道教神仙故事》《当代道教人物》《凝眸云水》等我都拜读过，另外在《中国宗教》《中国道教》以及各省地方刊物上登载过的论文、访谈、散文、游记等文章不下百篇，每每品读，我总有一种特别亲切的感觉，因为，这是我们这一代人的骄傲。

　　志鸿师兄尚未到花甲之年，且身强力壮。"老骥伏枥，志在千里"，正是大显身手的好年华，我相信，他还能做更多的事，为人们留下更多的"雪泥"和"鸿爪"。

　　我衷心地祝福他。

2013 年 1 月于天师府寸心阁

序 二

行走就是经历　寻觅自有体悟

赖保荣*

　　我与志鸿兄早年在中国道教协会学习相识，于今已有三十余年时间了，他调入中国道教协会负责教务工作就 20 年了，30 年来他几乎都是做服务道教界的教务工作。这 30 年里他在道教文化的园地里也一直在辛勤耕耘，已经出版有三本著作；今又集腋成裘，将其从事道教事业期间撰写的文稿结出两个文集，一是记叙性偏重的文集，题名《鸿爪雪泥》，另一文集以思考和问题的论文性偏重，称《思问晓录》，最近都要出版发行了。作为志鸿兄 1982 年在一起学习的老同学，后来多年的至交，我成为该书的首批读者，并受托应邀为之《鸿爪雪泥》一书撰写一篇序言，很愿意、很高兴。

　　这本集子最主要是志鸿兄入道修行、潜心教务的写照。所收文章，不拘于述往或忆旧，大体上皆记事之作，间或议论感悟，记述了教务过程中所留印象最深的人或事。文集中还有志鸿兄许多做人，以及对父母敬仰的文字内容，有对家乡和亲眷们纯真质朴的感情。文字言简意赅，各有新意。本书一文一事，便宜浏览。

---

* 赖保荣，现任全国政协委员、广东省人大常委、中国道教协会副会长、广东省道教协会会长、惠州市道教协会会长、博罗县罗浮山冲虚古观住持。

　　时光飞逝，来去匆匆。20世纪80年代，我们同在中国道教协会"道教知识专修（首期）班"学习，那时都是青年，风华正茂，勤勉好学，大家时常一起研讨经义，交流弘扬道教事业的情怀，在学习和生活中相互间培养出深厚的友情。我们这批学员后来各奔东西，现大多在道教界担任事务。记得我初回广东罗浮山主持教务，冲虚古观受香港道教界资助修缮竣工，中国道教协会黎遇航老会长、王伟业秘书长、陈兆康主任，从北京一起来祝贺，我专门从江苏茅山请来志鸿兄，从湖北武当山请来光德兄参加活动，那一次还与香港道教界老前辈汤国华、赵镇东、邓国材等一起举行了座谈，这些我至今记忆犹新！

　　志鸿兄在中国道教协会主持教务处的大陆地区教务工作多年，曾亲自组织实施了新中国成立以来道教全真派的三次传戒和正一派多次海内外授箓活动，脚踏实地、兢兢业业，足迹走遍大江南北；其所在教务部，多年来遵照宪法、法律、法规的相关内容，制定了许多符合道教管理切实可行的办法、规定，推动了道教事业正常传承和发展，成绩显著。他现在于北京东岳庙主持道教庙务，每次抵京我都要去茶叙座谈，深觉这里业已成为他"爱国爱教"、"正信正行"、道教事业科学发展理念的"试验田"。道教是一个神圣的宗教形式，宫观是道教信仰的重要载体，面对现代社会道教宫观管理，在方式和内容上都要有取舍，使之规范地符合道教本旨。志鸿兄在庙务管理上既挖掘有价值的传统方式，也选择吸纳现代管理的理念，使北京东岳庙宗教活动既有时代气息，更以神圣信仰为依皈。志鸿兄说过：处在市场经济环境下的道教与社会的各行各业，同样也会受到大趋势的推动和牵引，在这种大趋势下道教绝不会昏昏然，必然地要与社会同行，也必须要与社会适应。道教本来就是与时俱进的宗教，有"应变无停"的法宝，道祖老子说："上善若水"，在任何情况下都可以"无为而无不为"。在社会发展的过程中，道教要吸纳与扬弃并行，适应和超越并重；扬弃颓废和腐朽，吸纳新时代的活力和气息；适应新时代的发展，超越自身现有的境界，这是当代道教任重道远的职责！北京东岳庙道教在志鸿兄带领下，庙观虽有道教自养经济实体，但摈弃很多不正当的商业行为，北京东岳庙是清清静静的庄严道场，令人钦佩！使我最佩服的还是他对文化的渴求与执著，繁忙教务工作之余，他依旧一如既往常年笔耕不辍，喜欢用横竖撇捺的方块字记录工作、勾勒蓝图，抒发情感，《凝眸云水》《当代道教人物》《鸿爪雪泥》等一本本著作的出版正得益于此。工作和学习都取得了成绩和进步，但他并不自矜自诩，仍然平易一如常人，待人接物敬慎恭恪，却又不失大气豪爽，广受嘉许。

　　徜徉于《鸿爪雪泥》的字里行间，感觉很多事情仿佛就在昨天，如电光火石，又如影像纪录，在眼前不断地回放和浮现，让我感念和回味！重捡往昔的记忆，逝去的点点滴滴，多少美好的时光和过程！那时我们都曾经青春年少，我们都曾经追求和梦想，至今还在大道之途寻觅和体悟，经历就是行走，就是鸿爪雪泥的人生，该书出版之际，忝为至交与同好，由衷希望志鸿兄以文载道对道学研究不断有新成就，《鸿爪雪泥》不是终点，而是志鸿兄的新起点。我相信志鸿兄一定还会有更精彩的书作呈献给大家，愿再接再厉。

2013 年 2 月 1 日

鸿爪雪泥的过程　爱国爱教的道士

樊光春[*]

鸿爪雪泥，一语双关。以鸿雁的足迹寓意作者的心路历程，可谓匠心独具。

我与志鸿先生是挚友，也是诤友，几乎无话不谈，然而不曾过细盘问其出身来历。读过《鸿爪雪泥》，恰如经过一场身份审查，他的出身、他的履历、他的心路，一一呈现眼前，再度加深了对他的印象。

这部由 81 篇文章（目录）组合的专集，看似漫不经心，只是将他三十年来所写的杂记汇编成册。其实依我看来，"杂"中自有主线潜伏。首先，选择 81 篇数，就同《道德经》从形式上有了某种关联——当然不是说老兄要与老子攀比——给他一千个胆子他也不敢；我想他的这番编排，正是暗含一种心迹，一个道家传人终生不离《道德经》的教诲。这也是我细读全书后的深刻印象。

《鸿爪雪泥》展示给我的有两条主线。

一是作者对当代中国道教发展历程的见证。

众所周知，近百年来，中国道教这个本土宗教在本土饱受压制与摧

* 樊光春，现任陕西省社会科学院宗教研究所研究员、道学研究中心主任，陕西师范大学宗教研究中心兼职教授，《三秦道教》杂志执行主编，中国宗教学会理事。

残，直到"文化大革命"达于极致，然后物极必反，拨乱反正，道教的命运方出现峰回路转、柳暗花明，至近年趋向历史的黄金时代。志鸿先生出生于道教被压抑的年代，早年接受的是所谓的唯物主义教育，命运却把他送进了"封建迷信"的阵营。而他被道教接纳之际，道教头顶的"封建迷信"正在一层层被剥离，他的30年修道生涯，不仅见证了道教的新生，而且亲身参与了新生的过程，为新生付出了自己的心力。他走遍东西南北，饱览祖国壮丽山河之时，对道教的生存状态作了深入的调研，既为道教的新生而高兴，也为面临的困难而担忧，爱国爱教的思绪跃然纸上。

这第二条主线就是爱国爱教。

我们从小被灌输的基本概念是：在当代中国，政治信仰总是与共产主义和无神论相联系，而宗教则是同唯心主义、封建迷信相挂钩，两个体系相互对立，不可融合。近些年，我开始对这个概念产生怀疑，因为从阅读的大量历史文献和实际接触的道教中人来看，似乎并非如此。首先，从道教的鼻祖老子那里，我们看到了政治信仰的源头："小国寡民，无为而治"，"爱民治国"，"圣人无常心，以百姓心为心"等。这些难道不属政治信仰的范畴吗？

作为老子的学生——道教是否有政治信仰呢？

在道教的第一部经典《太平经》里面，以《道德经》中的政治思想为基础，针对两汉时期的社会弊病，提出了一系列改革措施，力图实现"太平"之世。起初，一批道教徒私相传授这部经典，希望有朝一日能影响到朝廷。但是，这些信息非但没有传递到皇上的头脑中，既得利益集团还以"涉嫌谋反"的名义，把作者甘忠可关押起来，谋害致死。甘忠可的弟子们不服，他们联合朝廷中的同志，利用皇上疾病缠身的机会，终于把《太平经》的观点灌进皇上的耳朵，使得西汉的第十三个皇帝哀帝成为第一个宣布皈依道教的皇帝。可是，这批道教精英急于求成，过早地提出了改良朝政的主张，遭到改革对手的强力反弹，终归失败。

东汉时期，道教并没有因为西汉后期这起事件而销声匿迹，反而更加发展壮大，形成太平、五斗米、缅匿三大教派。太平道高举《太平经》的旗帜，发动北方广大地域内信奉道教的农民举行武装起义，计划夺取中央政权，结果，还是失败的命运。而张鲁的五斗米道割据于今陕南川北地区，实行人民自治，不设官吏，由教职人员负责人口统计和税收；经济自给自足，生活部分供给制；道德教化为主、法制为辅，不施死刑。其基本特点是以德治国、诚信守规、人人平等、平均主义。这种改革试验持续30年，后来被曹操以武力终止。

两汉时期一再发生的这些政改事件，其所以都未能成功，最根本原因恐在于超出了同时代政治精英和既得利益集团的承受能力，是一种超前的政治消费行为。另外，道教毕竟是一个宗教组织，它可能从本质上就难以承担起治国的重任。无论如何，从此之后，道教出现了重大的转型。从制度层面上再不干预政治了，而是着力深化和实践老子的"三生"思想——生命、生态和养生，专心培养神仙。

老子的政治理想对于道教来说，始终是挥之不去的情结，不甘心就这样退出。于是，有了两种变通的方式：一是十方丛林，二是"山中宰相"和"一言止杀"。其中丛林制就是吸取太平道和五斗米道以建立政权为手段而实现理想的教训，认识到宗教组织作用在社会管理中的局限性，改而在小范围内进行试验，建立一个个宗教理想俱乐部，不求"世界大同"，但求"独善其身"。而陶弘景、丘处机的个人行为，也能在乱世之中"曲线救国"。

读了《鸿爪雪泥》中对茅山道教在抗日战争中义举的描写，深有感触。联想到陕西宝鸡道士龚皓然历清末革命、抗日战争、国内战争和新中国成立后的和平建设时期，以天罡神针为抗日将士和民众治伤疗疾，爱国报国的拳拳之心矢志不渝，最后冤死于"文革"年代，诚为可敬可叹。历史与现实中的诸多事例，加上《鸿爪雪泥》通篇散发的爱国爱教情怀，不就是道教的政治信仰吗？

序 四

未读正文， 已深深吸引我

东航道人[*]

    当我收到袁志鸿道长发来的电子书稿，首先映入我眼帘的书名——"鸿爪雪泥"立刻吸引了我。"鸿爪雪泥"，为一成语，比喻往事留下的痕迹。其源于宋·苏轼《和子由渑池怀旧》："人生到处知何似，应似飞鸿踏雪泥。泥上偶然留指爪，鸿飞那复计东西。"据清人查慎行《苏诗补注》记载，苏轼这个比喻乃是化用《景德传灯录》中天衣义怀禅师之语："雁过长空，影沉寒水，雁无遗迹之意，水无留影之心。"作者之所以用"鸿爪雪泥"作为书名，其个中缘由亦有说明。因为作者的称呼名号中有个"鸿"字，恰与书名相暗合。"鸿"是天际远行飞翔的雁，执著于蓝天白云之间，比人生的过程更为艰辛！她坚韧勤奋，无怨无悔，白茫茫的雪地里雁行走留下的足迹，虽然展示的是她苦旅孤寂的前行印记，但这就是她的文字，有其自己独立自然的足迹爪印。由此可见，《鸿爪雪泥》这个书名寓意深刻，耐人寻味……

    作者袁志鸿道长，过去已出版过好几部专著，如《道教神仙故事》《当代道教人物》《凝眸云水》等，可谓丰产的教内作家。此次即将出版

---

[*] 东航道人，即中国道教学院周高德副教务长，现为中华诗词学会会员，北京市道家书画艺术委员会委员。

的《鸿爪雪泥》，系专著之外所写"一些轻松、感性、记叙的文字内容"（作者语）。浏览该书《目录》，共有81篇。其内容广泛，体裁多样，足见作者写作功底之扎实。从该书目录中，我们可知作者的足迹遍布大江南北、长城内外，并远行东南亚……为弘扬和传播道教文化，推动道教事业健康发展而不辞辛劳、尽心竭力。

浏览该书目录后，接下来我花了好几个小时认真地阅读了引言。其引言计万余字，约占全书百分之五。共分为三个部分：一、人生起步涉世的年代；二、高中所在地大卓镇考；三、人生路的前行与面对。作者出生于1955年，是随着新中国的诞生而诞生的一代人。作者感慨道："我们这一代人确实经历了很多，'四清'运动，'文化大革命'运动等等；尤其从十年'文革'那个懵懂岁月中走来的同辈人，都会有一份深深的记忆。那年月、那时光、那些经历过的不一般的事，有些真的让人记一辈子也忘不了！到了今天这个年龄，则常常无端地忆上心来，浮现脑际，又不由得无奈地哑然失笑。"当我们同龄人阅读这部分文字时，仿佛回到了昨天；当1980后特别是1990后的人阅读这部分文字时，则犹如阅读历史。

从引言中，我们可以清楚地了解作者的人生成长经历。作者从小喜欢读书，热爱劳动，善于思考。作者当年走出校门跨入社会的经历，对于当今的学子们仍然具有一定的启示意义。作者十分清醒地认识到："走出校门跨入社会，表示今后的路要自己独立前行。"人生的路，要靠自己"一步一步坚定地向前走去！"

从引言中，我们还可以感受到作者对其父母的敬仰之情。对其母爱，作者十分深情地感慨道："母爱的伟大，温暖和耐心，没有任何高尚的情怀可以与之比拟！母爱没有任何的索求和虚假，永远的慈真、关怀和奉献，每位母亲的爱也许都是一样，但是我当年真正体会和认识到这种内涵！这是我至今不移的感悟和认识。"对其父亲，作者赞叹不已，他说："我的父亲，是这个世上我最敬佩的男人！他……坦诚直率，感恩怀旧；不记前仇，爱憎分明；拿得起来，放得下去；吃苦耐劳，任劳任怨；公私分明，维护集体；工作不惜力，责任能担当，遇事敢碰硬！我真的很赞颂他身上这些美好的素养和闪光点。父亲虽然是个标准的农民，但懂得爱，他爱家里所有的人！奶奶、母亲、姐姐、弟弟、妹妹和我，他爱我们全家的人。"

这样的父亲、母亲，这样的男人、女人，他们勤劳、勇敢、质朴、善良，这不正是炎黄子孙所具有的品格吗？中华民族之所以生生不息，难道不是因为有千千万万像这样的父亲和母亲，这样的男人和女人吗?！当人们读完这些文字后，毫无疑问是会受到感染的！

在中华民族传统"八德"（孝、悌、忠、信、礼、义、廉、耻）中，孝居首。自古以来，流传着这样一句话——"百善孝为先"。本书作者，就是一位孝敬父母的人。正因为如此，作者在正文中，有专门赞颂父母的篇章。有孝心的人，自然也是有爱心的人。这样的人，对自己师长和同仁必然富有感情。正因为如此，作者在正文中，有若干篇缅怀和纪念自己师长和同仁的篇章。由"孝"而可"忠"。在我的心目中，作者就是一位忠于国家、忠于事业的人。在引言的最后一节，得到了佐证。作者说："我入道至今已经三十年有余了，寻觅探求，疏理思索，像鸿雁在雪地上前行，虽然没有什么成就，但希望不虚度此生光阴，而有益于自己热爱的事业。"相信大家阅读本书后，能够感受到作者便是这样的人。

未读正文，便已深深地吸引了我！至于正文部分，我会接着读下去的……

　　　　　　　　　　　　　　　　　　　壬辰冬月于北京白云观

天声人语　蓬影写真

潘崇贤[*]

志鸿道兄，幼而聪敏，长而敦睦。少入茅山修道，后调中国道教协会工作，历任副秘书长、教务主任等职务，现又担任北京东岳庙住持。

志鸿道兄于道教界 30 年，因工作关系，参名山，访丛林，谒高道，亲历了在改革开放以及党和政府落实宗教政策后，中国道教从式弱到重振的一段发展历程。

此次，志鸿道兄新著《鸿爪雪泥》一书，嘱余作序。披灯展阅，但觉文章机深玄妙，其文笔或朴实无华，或直抒胸臆，或峰回九转，令人久久不忍释手。

道教界学识好的道长不少，但能著书立说的道长不多。志鸿道兄即是不多中的一位。我与志鸿道兄相识多年，并一直有在教内的刊物上拜读其大作。2006 年志鸿道兄陪同任法融会长来广州考察时，我说如果志鸿道兄能将其著述集成一书，其功大哉。后果将其在刊物发表过的文章汇编成《凝眸云水》一书。今次的新著，内容充实，题材广泛。把个人入道因缘、名山道场史实、海外道场写真、学术会议文章、平日修道感

---

* 潘崇贤，现任广东省道教协会副会长、秘书长；广州市道教协会会长、广州纯阳观住持、广州何仙姑庙住持。

悟、对师辈和父母感恩的道教忠孝文化集成一册。在这本书里，我们不仅是看到一座座仙山洞府的胜景风光、一位位高道祖师的垂教风范，更看到了一个有血有肉的当代正一派道长的内心世界。

我们都知道，道教文化根植于中华大地，是代代传承下来的优秀文化，我一直在思考如何能利用这些优秀的文化为建设伟大的社会主义事业服务呢？或许，通过这本书，我们应当能找出一些鸿爪雪泥吧。是代为序。

潘崇贤

引　言

　　我是20世纪50年代来到这个世界的人，我们这一代人确实经历了很多，"四清"运动，"文化大革命"运动等；尤其从十年"文革"那个懵懂岁月中走来的同辈人，都会有一份深深的记忆。那年月、那时光、那些经历过的不一般的事，有些真的让人记一辈子也忘不了！到了今天这个年龄，则常常无端地忆上心来，浮现脑际，又不由得无奈地哑然失笑。我与诸多同辈人，那时都还是十来岁的孩子……

一　人生起步　涉世的年代

　　我们那时听到、看到或随着那个时代的大人们，瞎跑起哄，甚至自己也卷在其中的许多事，那真叫荒唐！那么年幼，记得自己的臂膀上也曾被戴上个"红小兵"的臂章，因为觉得有趣好玩而高兴。冬天的季节，戴着那个新的鲜红的臂章和姐姐站在父亲为我们用草编的"火橙"里，跳啊、闹啊、高兴得忘乎所以！当闻到布焦味才发现：我戴在臂膀上新的鲜红的"红小兵"袖章，落在火盘里已经被烧掉了一半。那一年冬天的那个夜晚，月光是那么清亮！同龄的"红小兵"们敲锣鸣号集合起来，将我硬从家里拉到村子的东头，站在已改成小学的袁家祠堂前的广场上，旁边青青水塘的静水里映着圆圆的月亮，冷谧清辉的光照下举起了许多稚嫩的小拳头，大家呼喊着"打倒袁桃根"的口号。"桃根"是我的乳名，小伙伴们在那里集会、呼口号、批斗我；母亲觉得这是孩子们闹着玩，依着老屋的门框莫名其妙地看着；父亲知道厉害，则一脸焦急地注视着广场上满脸尽显求救的我。危险得很！如果不是我父亲当年的"贫协主席"这个保护伞，我差一点就被打成"现行反革命"。毕竟都是孩子，屁股一转，大家还是在一起撒尿糊泥巴玩！说不定哪天举拳头喊"打倒"起劲的小伙伴，会被拉到一边比划比划较量一番，揍个头破血流了事！过去我们的父母家长大人，经常会为自己调皮捣蛋的子女在外面的"闯祸"闹事，费心去向邻居隔壁的乡亲赔礼道歉，处理那些不咸不淡、不三不四的事情。我们回到家里则不过被父母拉着，半真半假地抽几下屁股，事后照常背着书包去读小学，读初中，放学回家书包一扔，仍然顽皮！那时候就是上不了天，否则搬梯子上天将月亮摘下来！当年教育战线提出的口号是："宁要社会主义的草，不要修正主义的苗！"

少年时候除了顽皮，我还痴迷连环画小人书。那文字简洁，图画生动的小册子，真使我废寝忘食！那时候农村看到的连环画太少，同村同姓较我大一岁的袁传江家，有一本关于鲸鱼童话的连环画。虽然我顽皮得天不怕地不怕，想借这本连环画来看，却羞于开口。袁传江家养只大母猪，生十几只胖乎乎、肥嘟嘟的小猪仔。老母猪躺着，十几只小猪仔在母猪肚皮下拱着吃奶，真是有趣！老母猪每天要吃好多猪草，那都是袁传江和他哥哥袁传海必做的事情。为了看这册连环画，我真是费了苦心！袁传江放学回家，他爷爷就安排他拎篮子去挖猪草。为了取悦袁传江，好几天放学回家我也陪他到野地里挖猪草。我们那时候乖孩子、好孩子放学回家要帮家里做事情：挖猪草、拾狗粪、放小鹅，做力所能及的农活等等。我小时候不是"乖孩子"，很顽皮，父母对我也比较放任，我承认自己儿时是"无法无天"的顽皮王！但是我是富有同情心的孩子，比如我们小时候，全国还不能有效地防范水患，苏北、安徽地方遭了水灾，拖家带口到我们老家逃荒的很多，我们家那时候虽然很穷，但我都在父母亲的支持下不仅真心真意地端米送饭予人，还自然地和逃荒来的孩子们无嫌隙地在一起玩耍。儿时好读书的秉性也显现出来，但从小未读过书不识字的父母并不懂得这些。记得与袁传江去挖猪草，将母亲给我新做的布鞋踩得鞋帮上全是烂泥，回家前自己怎么也擦不干净，父母发现了当然要问：怎么弄成这样？就是不说，最终忍着痛让父母拍拍屁股了事。人生的轨迹是难预知的，我讲的这个袁传江，后来入伍上海崇明岛，再后来转业在上海去做缉毒警，据说染上了毒瘾。我到北京后回家乡在老家还与他见过一次面，只知他烟瘾很大，一支接一支不停地抽烟。说来真让人伤感，袁传江十几年前就在上海去世了！

　　再说我那小时候的事情：母亲养只老母鸡生蛋，结余起来到街上卖钱充作油盐酱醋之资，这是过去农村家庭经济通常的进项。星期天我会牵着母亲的衣角跟屁股到句容县城"上街"玩，卖完鸡蛋后母亲会叫着我的小名问："桃根，买些什么给你吃呢？"我会拉母亲到书店，虽然老娘未读过书不识字，但她从来都尽量满足我的要求，花一两毛（角）钱给我买本连环画，当年这是很大的开销！鸡蛋也就几分钱一个。读初中的后期，我不像小时候那样顽皮了，阅读兴趣也自然地提升，不看连环画而被中、长篇小说吸引了！静下心我读了许多古今小说。有人对我父母说："你儿子这么痴迷地看书，当心成书呆子！"父亲是不识字的农村基层干部，又在那种认为书是"毒草"的年代，他真的听进了人家的话，好几次从我手里夺过正看得起劲的书本，塞到灶膛里点火烧了；不过没关系，过几天我又会找来新的书捧着看起来。这样反复的次数多了，大人们也就无可奈何地默认了。快要读高中时，恢复了入学前的考试。记得那年与比我大一周岁的小堂叔一起，兴奋地到"大卓中学"参加高中的入学考试，我当时心里很清楚：考试只是一个摸底的程序，考试成绩好与差这个高中是读定了，因为最关键是"贫下中农"的推荐名单中有我！回到家中的第二天，父亲和小堂叔的哥哥突然从公社"三干会"（公社、大队、生产队三级干部）上回家来，他们俩很严肃地将我和小堂叔叫到一起，要我们将参加考试的细节情况分别给他们讲一遍。

　　我先讲述过程，完毕了，父亲拉着脸严肃地问道："你在考场上是否身体有不适，或出现头痛脑热的情况？"他的提问使我莫名其妙，真是"丈二和尚摸不着头脑！"没想到小堂叔却接上话说："我在考场出现头痛的情况。"父亲即转向小堂叔问话说："那你将考试过程的情况给我们讲讲。"小堂叔讲的过程，是他进考场后突然头痛起来，他即在考卷上写道："老师：我头痛，不能考。我估计自己能考50分。"当时参加考试的考生能考50分是高分，小堂叔未答一题却自估自己能考50分的高分，使阅卷老师很生气！即将之作为"不学无术还傲慢自大"的典型报到公社"招考办"。我的小堂叔是腊月生人，名"腊根"；我是第二年农历早春三月，桃花苞蕾欲放的时节生人，所以起乳名"桃根仔"。父亲是新中国成立初期加入中国共产党的老党员，当年是"人民公社"一名年轻的老干部，公社里许多父亲的同事朋友，都大概地知道我的名字叫袁"什么"根，但当时我自己已经改名袁志红，"大卓中学"发参加高中考试通知书时，被老师改为袁志宏，读高中的年代里这就是我的学名。当年父亲的同事朋友们，可不知道我这些关于改名易号的事情。他们将考场上"袁"什么"根"，未答题却自己估"50分"的事，与我联系到了一起。大家与父亲在大浴室洗澡时，开玩笑了："老袁的儿子有本事，闹考场，能自己给自己打分！"父亲是个要脸面的人，因为小堂叔也参加了"中考"，所以"三干"会议中即请假回家，来了解我们参加考试的情况了。当知道是小堂叔的行为闹出来的事情后，父亲苦笑了笑对我什么也没说，只是对我的小堂叔很和蔼地说："头痛就头痛，你在考卷上乱写些什么呢！"我可怜的小堂叔袁腊根，因此失去了读高中的机会。他那么年小就在生产队下田地劳动了，后来在农村早早地结婚成家，1985年左右他在沉重的体力劳动和缺少营养的艰难生活条件下，因肝病复发而过早地去世，想起他我真的心痛！

　　我读高中的过程，正值所谓"修正主义教育路线回潮"的时期，这使我们这一届的高中生，多待在学校里读了半年书。"大卓中学"是我就读高中的地方，这所学校坐落在老家当年"大卓公社"机构所在的小镇上，现在学校的高中部和公社机构，均早已不复存在了！大卓镇虽然小，却有着相当的历史渊源，另有文字将作专门介绍。"大卓中学"在大卓镇的西南面，学校东端住有几户人家，一条从北面山里伸展出来的公路，从镇子的中间由北向南贯穿出去，经过道人桥、下荫、杨塘岗等几个村庄，然后会聚到句容县城。大卓镇有一条漂亮的小河也从北方的山里蜿蜒而来，入镇从东面开始包容着大卓镇至镇东与公路一齐向南并行而去。在河面上有一座架通大卓镇与河东许多村庄的桥梁，记得小时是座木桥，后来成危桥时改建成水泥桥。我的家是离学校有八里地的北相大队王家边村，那时的我因家庭经济困难而没有住校，是名早晚奔波在路上辛苦的高中走读生，每天都从这座大卓桥上起码要往返两次。晴朗的天气也就罢了，最最辛苦就是阴雨天了！泥泞湿滑的路上，我穿着一双齐膝大矿靴，踩着飞起的泥浆，昂首挺胸不惧地前行！那时候的我苦中作乐，不惧艰难，朝气蓬勃。两年半的高中一晃就过，很快就要毕业了，就要告别学校走出校门，没有地方读书了！那时候的人，有许多的差别，城乡差别是显然的了，城里人、乡镇里的人吃商品粮。这种差别使那些吃商品粮的人，总是以歧视的眼光去看农村人。中国的乡村其实也包括乡镇和小城镇，比如过去的句容和大卓其实就是农村！但是当年住在这里的许多人，都会摆阔气、装高贵，明明许多亲人都是正正经经的农民，几步就迈进了农村的田头，却以为自己是城里人，几个女人在一起聊天时，总喜欢说："我到乡下办事去了！""我到乡下看婆婆去了！"真真可笑！总之当年户口在农村的人们真是受歧视、心理上受很大伤害。

我们高中要毕业了，有商品粮户口的同学会很快安排工作，户口在农村的同学们的心里却是五味杂陈！仿佛农村就是人间地狱。我与大卓下荫大队解家边一位姓解很有才气的同学，曾在那座大卓水泥桥下的孔洞里依桥墩而坐，我们都很茫然！今后的路怎么走？到底还有没有路走？农村同学们必需的、不争的、唯一的路：就是回农村去，"劳动锻炼"，"改造思想"，如果真的可能"改造合格"了，是否可能再由"贫下中农"推荐，去读"工农兵大学"，或者去入伍当兵，碰巧也去进工厂？

当然，在当年这些几乎都是渺茫的梦想！准备一辈子踏踏实实地做农民，才是摆在我们面前的现实。

二　高中所在地大卓镇考

还是先与我一起去看看当年我读书的"大卓镇"这个地方吧！今日"大卓镇"，古之"大卓庙"也。其地在江苏省句容市境内，我在这座小镇上读了两年半的中学（高中），对其有深刻的印象，故对小镇之起源作了如下一些考证。大卓镇的历史其实并没有人们想象的那么久远，其名称的由来与这里曾有一座道教的活动场所有关。也许这里最早只有一两户人家，也可能这里当时根本就没有建筑居住的人家。田野调查的资料是：约在清道光之初（1821），这片土地上来了一位云游道士，他见这里北依绵绵延伸环绕的远山，前临缓缓缠绕的小河流水。青山左右舒展，碧波环卫荡漾。这位道长在这里前踱后量转悠了一些时日之后，向周边村庄传递出一个信息，说这片土地上有一块善地，如于此建一座道观塑数尊神像，供奉香烟是最好不过了。原来这位道长知晓堪舆风水之术，他早已发心要为"关圣帝君"建一座道观，所以云游四方寻龙问穴，终于找到这块形似"凤凰"的地脉，正可了却心愿建造这座级别较高的道观，于是他即在周边村庄化缘筹集善款。

该地域周边原来共有十八个村庄，民风淳朴，乐善好施。各村长老早已听到道长传送出要建庙观的信息，均动员宗族子弟助财资料，添砖加瓦，襄助其成。在较短的时间内一座前后两进，各为五开间大殿，东西两面又各建四间厢房的道观庙宇就建筑成功了。观之前有一条马路和宽为十五六米的广场，观后为一片荒地；在两进大殿中间偏东南位置设有一眼深井；第一进殿中间位置主神供设灵祖（即灵官王善），第二进殿中间位置主神供设关圣帝君（即汉寿亭侯关羽）；道观冠以名称为"大卓庙"。为了保证该道观此后香烟不断，周边善信为置香火田18亩，以为困难之时经济来源。初建大卓庙的老道士羽化后，不知多少年又有一位斋公（佛、道教过去都有这种信徒，不出家，素食，注重清心寡欲修持，经常在庙观中服务）接替管理，后大卓庙殿宇在日寇侵华战争中被鬼子兵烧毁，抗日战争胜利后，地方民众曾重修观宇。原庙观所在的位置，1949 年后庙观前面的河流上先架起了木桥，后筑起较宽的水泥桥，桥之南是大卓医院，桥北沿路上坡就是原来大卓庙所在的旧址。在庙观第一进殿宇的位置上，先建成大卓供销社，铺面之后有大院为制酱厂，原供销社前简易公路在内，这都是大卓庙旧有的范围。

云游道士于周边十八个村庄化缘获地方父老支持建起庙观，遂形成该庙特有的庙会内容和方式。我们知道中华民族有祭祀社稷神的古老风俗，明清时代社稷神多以城隍神和土地神的面目出现。也像人间的下级官员年初前往上司衙门致贺并请示报告事务一样，每年各地的土地神均要于年初赴大神的庙会节日。未建大卓庙之前，各村抬着土地神主，要走很远的路到大庙中去供奉。大卓庙建成后，庙会日期为：正月十一请神，正月十四送神。请神日周边十八个村庄的村民抬着各自村庄的土地神主，向大卓庙浩浩荡荡而来，俗称"十八社土地神赴大卓庙朝拜关帝爷"。据说各村的土地神性各不相同，比如当地邰家边的土地神是水星在位，所以每年邰家边村民请神、送神均赤脚穿草鞋尽可能从水中行走，过去庙观之前河上没有架桥，抬神主的人们无论河水有多深，河水多么冰冷刺骨，为应水星之灵兆都涉水从河中往返。庙会期间原有风俗，将庙观中的水井盖打开，说是让孝子贤孙、多情未亡之人观看井中水影，已逝先人在井水中会幻化出形象让亲人观看。故庙会节日他处多喜庆气氛，而大卓庙会却是着孝服哭泣进香观井者甚多，传称此日为"观井哭庙"。也因此发生意外，据说有一对年轻夫妻，情投意合，丈夫暴病身亡；妻子哭庙观井，痛不欲生，竟然投井殉情。好事者因此编纂故事，说她于井水中看到了丈夫，故随之而去。这件事故发生后，庙观的井水就被道士用盖永久地封了起来。

旧历三月初六大卓庙请戏班唱戏娱神，是日善男信女亦赴庙观敬香。旧历三月十八原是解巷十八庙的庙会，后来也成为大卓庙会，这是因日本军国主义侵入我国之后，十八庙被鬼子和"汪派"占为据点的原因。至于"十八庙"其渊源内涵，据其庙会节日形成的时间，与茅山道教文化内涵有较为密切的关系。因为旧历三月十八是道教茅山派祖师大茅君茅盈的诞辰日，这一天在茅山是非常特殊的一天，既要庆祝祖师诞辰，又是茅山从腊月二十三、二十四送灶、进入长达三个月庙会期至此，茅山敬神祇、要"关山门"的一天。实际上茅山道教影响面很广，茅山所在的句容境内解巷十八庙因其影响，供奉茅山祖师也是很自然的事情了。鬼子和"汪派"占据了解巷"十八庙"地方，新四军经常去攻打，甚至化装成香客混进据点去打鬼子，搞得小鬼子和"汪派"草木皆兵！老百姓自然再也不敢凑热闹去那里赶庙会了。所以每当旧历三月十八这本是解巷十八庙的庙会，人们却自然地到大卓庙中来了，久而久之也就成了大卓庙的一个"庙会"日期。

　　该庙观为何称为"大卓"？有多种注释，所谓"大"，盛、美、正、善、大雅也；尊、一、天也；以阳易阴谓之大，大者阳也；大人、圣人；圣人在位谓之大人；大人即圣人，大人大丈夫也，与天地合其德者也。故老子曰："强为之名曰大"，"天大、地大、人亦大，域中有四大"。河上公注老子语曰："大者高而无上，罗而无外，无包不容，故曰大也。"所谓"卓"，所睹广远，卓尔不群；高、大、明、超、卓越之意；卓著、卓识、卓越、超绝其类，独行而前之谓；故"大卓"之名由设神而获得。该道观所设主神为"关圣帝君"，是家喻户晓的尊神，明清以降曾列为国家祭祀要典，清初庙祀遍及全国。明万历四十二年（1614）敕封神号为"三界伏魔大帝神威远镇天尊关圣帝君"；清康熙五年（1666）敕封神号为"忠义神武灵佑仁勇威显关圣大帝"。其时关圣不仅已与文圣孔子齐肩而为武圣，俨然已位极人神之首。至此庙观之名称"大卓"，意在诏告世人：该道观其间供奉之神圣，社会功勋卓著！

三　人生路的前行与面对

　　走出校门跨入社会，表示今后的路要自己独立前行。我当年走出校门的沮丧、彷徨、激烈的思想斗争，这是人生的过程，今天并非是想当然写出来，而是要靠自己经历许多的艰辛和磨难、无数的挣扎和苦炼、反复的困惑和觉醒，这是人生经历自然而然的事情，路总是要一步一步走过来。高中毕业回到家中后，我懒洋洋地在床上躺了有一个多月时间，就是不服气、就是想不通！每天早中晚三餐吃饭，都是母亲以近乎哀求的口气不停地呼唤，我才如懒牛般从泥潭里艰难地挣扎起来。母爱的伟大、温暖和耐心，没有任何高尚的情怀可以与之比拟！母爱没有任何的索求和虚假，永远的慈真、关怀和奉献，每位母亲的爱也许都是一样，但是我当年真正体会和认识到这种内涵！这是我至今不移的感悟和认识。父亲当年是"人民公社"的小干部，就拿30余元薪酬。我的父亲，是这个世上我最敬佩的男人！他的身材不高，性格中却真的有许多英雄的潜质，具体表现为：坦诚直率，感恩怀旧；不记前仇，爱憎分明；拿得起来，放得下去；吃苦耐劳，任劳任怨；公私分明，维护集体；工作不惜力，责任能担当，遇事敢碰硬！我真的很赞颂他身上这些美好的素养和闪光点。父亲虽然是个标准的农民，但懂得爱，他爱家里所有的人！奶奶、母亲、姐姐、弟弟、妹妹和我，他爱我们全家的人。父亲小时候没有条件读书识字，八岁就给地主老财家放牛，后来给人家帮工，是新中国解放了他，新中国建立初期他即加入"中共"干革命。土改、合作社、人民公社，他几十年党叫干啥就干啥！因为他没有文化，人民公社时代，父亲也只是公社的一般干部，那时候他长期要到各生产大队去"蹲点"，很辛苦！很少在家、顾不了我们全家人，他有许多的传奇和故事，我真想单独给他写本书。当年在生产队，因为父亲这个主要劳动力不在家中，我们家是超支大户，"决算"分"口粮"时，交不出现金就称不到粮食。每当此时母亲必然会犯难得伤心流泪，那种心酸场景至今深烙我的心中。

要说当年我躺在床上思前想后，开始真的想不通：首先觉得人生在这个世界上太不平等！凭什么要有城市人与农村人之分别？什么工人、农民，难道真要用等级来区别身份吗？城市不都是由农村形成的吗？许多工人、城市人的父母还不都是农村人，农民进了城不就是工人吗？没有农村人、农民，城里人和工人到哪里去吃粮？但是当年社会现实就是如此啊！你个人能改变这种现状吗？你真要抛弃社会舍弃现实吗？父母、家人……父母生我之身多么不易啊！真的，开始时由于心中的郁结和不平，连去死的念头都有！但是这个让人留恋的社会、美好的世界，还有我慈祥的奶奶和父母、我的兄弟姐妹，我真的舍弃不了他们！然后我就开始思考：在父母膝下既为人子，难道没有起码的担当吗？姐姐从小就没有机会读书，而帮母亲料理家务，这就公平吗？人间世界有绝对的公平吗？现在的现实是我已长成大人，堂堂一个现代青年，在现实的艰难面前，能屈服、能颓废吗？家庭需要我承担起自己的责任！经过那个年代的人，我想都有担当和承负的精神，就像许多文学作品中的主人公一样：《刚铁是怎样炼成的》《烈火金钢》《青春之歌》《火种》《野火春风斗古城》《铁道游击队》等等，还有许多古典文学作品，都是我初中时期就悄悄读的书，小说的主人公在各种艰难环境中，不仅都能坚强生存，而且为国家、为社会、为他人、为大义不懈地奋斗，活得精彩而有意义！我这个当代青年为什么不能？人，许多时候需要自我救赎，需要自我教育和鼓励，我经历过了，也明白了这个过程。

当年的我因为想通了，所以自身的"精气神"就提振了起来！我认真地在生产队劳动，从不拉下一天的工分，年底我们家就抛弃了"超支户"的帽子，我由一个号称"麻秆"的瘦弱书生，脱胎换骨成身高体壮，精力充沛的农民！走出校门在农村，我也就实实在在地当了一年农民，但在心理上确实已经接受农民这个位置了。虽然无奈和委屈先前自然安排的人生前程，但也已经全然抛弃了过去的自傲和自尊。并不觉得这种命运的安排有什么不适合自己，全国那么多的青年人都在做农民，我为什么不能？我接受了生产队安排给我民兵排长的职务。回想起来也是很有意思，那时候我在生产队很快就成了有力气壮实的小伙子，也肯出力气做事情。生产队长袁冬保是我的堂叔，他派我带队去参加句容全县会战的水利工程建设，我毫不犹豫就带着几个青年小伙子出去，十天半月甚至整月参加在水利工地上拼命去干！我参加过当地"赤山湖""唐家湖"水利会战。体力强度很大的筑堰挑湖水利工程劳动，我们村一批青年小伙子们，都能不折不扣、努力地完成上级交给挑"土方"的工程任务。当年，我们"大卓人民公社知青办"，有位人称"老戎斌"的领导干部，他说很佩服我老父亲的秉性：一身正气，从不"走后门"找人，为自己的儿女求人办事！这位公社领导"老戎斌"，当时先"蹲点"我所在大队，他不满意我们村原来任生产队会计的人，就安排要我接任这个生产队的会计，但是对做会计这种整天算计的事情我真的没有兴趣！再说原来干会计的人也都是同村的老兄弟，我与他谈过心知道这位老兄心里很在乎这个差事：他真想继续干生产队会计这个事！但是这个老兄的做派"老戎斌"看不惯，说他是那种农村人称"骨头"的货色，要架起铁锅"煨"他这种"骨头"。当时那个年代不要说公社领导看不惯他，就是大队领导看不惯、不让他干他就干不了！

　　我不愿意干这个会计，但从心底里很尊重"老戎斌"这位耿直的老干部！他在性格上与我那位宁折不弯的老父亲有许多共同之处。反正"蹲点"干部在一个地方都待不长，于是我与同村干会计的这位老兄弟商定：凡是大队通知的会计会议都由我去参加，回来我会将会议精神告诉他，生产队会计的具体事情还是由他去做起来。尊敬的"老戎斌"这位当年地方"公社"的干部，真是有长者之风！他可能看透了我的心思，但并没有直接地戳穿我这件不光明的事，更没有找我去训上一通，或逼着我继续去做自己不喜欢的事，而是又为我安排了前行的机会。他让大队会计专程给我送来了参加句容地方"招工"的登记表。于是经过政审、体检、考核的程序，我被招入"地方国营"体制的句容化肥厂当了"合同制工人"。这位率真的长辈"老戎斌"，是我人生过程中第一位起重要作用的贵人，我至今常常想起他，内心深处真诚地感激他！20世纪七八十年代，我在江苏句容化肥厂有七八年的工作经历。在这座工厂里，我从原料车间的筛煤工、石灰窑的烧窑工干起，后被调到稍有技术含量的造气车间当操作工，后被厂人事科提拔为造气车间统计、行政科室"设备科"统计等等。那时候虽然都在这座地方国营体制的厂里当工人，但人与人之间还是有着户籍等级的差别。人们从父辈那里开始继承下来的商品粮、供应户、农民身份等等户籍形式，不仅使在工厂车间的岗位、行政科室的人，即使走在大街上人与人之间的关系都复杂了！人与人交往的各种场所，包括青年人恋爱婚姻，无不自然具有壁垒森严的户口等级的因素。现在想来，自己虽然一路坎坷，但当年的我，却是意气风发的"文学青年"！虽然有时会遇种种困难，也有消沉的情绪，但很快自己就抚平内心的苦楚和不舒，振奋起精神，像摔倒的人站起身来，一步一步坚定地向前走去！也因为此，我进入了道教界。

我喜欢阅读，现在能看到很多书，但是当年在一个小县城能阅读到的书还是太少！我的想法很单纯：就是想找一处有书读又能读书的地方。佛寺、道观、佛藏、道藏、儒藏，我都想涉猎，非常渴望读很多很多的书。当年我只知道"藏经"包罗万象，是传统文化的大类书，但对经藏的认识和知识都很浅薄。老家地方南北皆山，其间藏有道观佛寺：南有道教名山"茅山"，北有佛教名山"宝华山"。茅山是道教上清派胜地，宝华山是佛教律宗名山。当年如果是宝华山佛寺先开放，也许我就成了佛门弟子，就是个和尚了。还是与道教有缘，1982年我离开工厂上茅山入道。那是改革开放的初期，人们对道教这种中华民族传统固有的宗教形式也早已经陌生了！"入道茅山"也被许多人认为是我生活或精神上出了问题，连最了解我秉性的母亲大人，也认为家中祖山出了问题，或者是当代人做事待人有什么不周到，总是有不妥当的地方！她老人家曾因此求"明白人"点化。面对种种，我还是保持了做人做事的独立和自主作风，考核、体检后，就拿着当时原单位开出的介绍信，去茅山道院报到了。要说自己在心里也真有些害怕：因为也就在当时入道几个月前，我原来所在单位曾安排共青团员和青年人，到茅山为新四军牺牲烈士扫墓。我们当年还年轻，在茅山元符宫对道院其中相关人员就曾有不够尊重的认识和言行。也真是"报应"来得快，我们曾学着当年热播《少林寺》电影中的台词，笑话道院中人员说："贪吃贪睡不可教也！"没有想到几个月后，当我已穿起道装，站在茅山九霄万福宫前的广场上，还原同样的方式被"南大"一批醉酒登山的大学生围在中间，这批"骄子"们嘴里啃着甘蔗，嘻嘻哈哈地嘲笑逗趣地向我提问："你懂'微积分'吗？""你懂 X 和 Y 吗？"然后以长长甘蔗的根部倒指着我说："真是贪吃贪睡不可教也！"这真是"因果报应"。

　　入道不久（1982 年）茅山道院推荐我进入中国道教协会"道教知识（首期）专修班"学习，1983 年快结业的时候，时任中国道教协会秘书长的王伟业老先生，让办公室负责教务的陈兆康先生三次找我谈话，动员我留在中国道教协会工作，第四次谈话时我终于答应留下来，但是协会在与江苏地方协调时遇到了阻力，当时中国道教协会的会长是黎遇航道长，这是茅山道教场所在中国道协任职的一位老道长，他将我找到他的住所说："你告诉他们，就说：你不愿意留在中国道教协会。"我说：中国道教协会以组织的名义已经四次与我谈话，很长时间了你老人家也没有表示什么不同的意见，我这里刚明确同意留下来你却又要我回去了，还要我自己说不愿意留下来的话，这样我不成了言而无信善变的小人了吗？我看黎老沉默着不说话了，就说：你老人家让协会以组织的名义告诉我工作需要我回江苏就可以。后来陈兆康先生又找我谈话说："江苏不肯放人啊！"后来王伟业老秘书长也找我谈话，这是一位可敬的老共产党人、老革命者！他对我说："小袁，有地方争着要，总之好事啊！"他嘱咐说："先回去吧，在茅山好好干！"于是我在茅山那个神圣的名山从事道教事业，一直积极努力地干到 1989 年 6 月底，7 月初我被中国道教协会借调进京负责教务部的组建工作。半年期满，中国道教协会向江苏省提出正式调动我进京，江苏句容县相关部门未予同意，1990 年上半年我又回到江苏茅山道院，但中国道教协会最终还是将我调进了北京。我一直对中央统战部、国家宗教事务局和中国道教协会怀有深深的感恩！如果从 1989 年 7 月算起，我在中国道教协会二十多年的经历，没有党和政府以及道教组织的领导一如既往关心培养、扶持推动，凭我自己个人肯定是一事无成！同时，对我在道教事业的行走路上，起步入道的道教圣地"茅山"，自己不仅发自内心的尊崇热爱，更有深深的感恩、真诚的向往和眷恋！1991年初，我在南京参加了江苏省政协第六届最后一次全体会议后，就到中国道教协会正式报到了。

中国道教协会为我安排了教务部主任的工作，这是协会主要从事道教教内大陆地区事务协调的一个部门，不仅经常接触全国各名山宫观的负责人，还负有调研全国道教状况的任务。这使我有机会参访了许多名山宫观。我带着中国道教协会交办的工作任务，有缘去东西南北全国许多的名山道观参访，这使我很快地熟悉了全国各地的道教情况，在教内外交了许多的朋友。我的这些经历和涉及名山胜地的过程，使我这个有兴趣喜欢写些什么的人，自然不断地随笔写了一些轻松、感性、记叙的文字。这些东西过去曾有许多内容已经见诸出版物，当然也有一些从未示人的内容，这次应一些友人的提议将有些内容列入文字之中，铺展开来形成一本书，总共有81篇主要内容吧？起个书名称作《鸿爪雪泥》，这与我的名字暗合，我的称呼名号中有个"鸿"字，毛主席说：有的人"比泰山重"，有的人"比鸿毛轻"；我自然不敢去重比"泰山"，但轻比"鸿毛"总可以吧？其实"鸿"是天际远行飞翔的雁，执著于蓝天白云之间，比人生的过程更多艰辛！她坚韧勤奋，无怨无悔，白茫茫的雪地里雁行走留下的足迹，虽然展示的是她苦旅孤寂的前行印记，但这就是她的文字，有其自己独立自然的足迹爪印。

我入道至今已经三十年有余了，寻觅探求，梳理思索，像鸿雁在雪地上前行，虽然没有什么成就，但希望不虚度此生光阴，而有益于自己热爱的事业。走进道教三十余年，江苏茅山是我最初入道的地方，这本书关于道教的内容，实际上也是我人生中主要的、关于道教的事业，我写道教的文章，就从这里开始了！

茅山道教今昔

　　我在未入道之前曾多次由厂团组织安排，到当年为抗日而牺牲于茅山的新四军英烈墓地去扫墓。往来渐多也早就知道茅山是历史悠久的道教名山圣地，所以后来在茅山入道了就自然地去寻求和研读道教相关的文史资料，自觉地经常挤时间在茅山中考察道观遗址。道教在茅山历代建有"三宫五观"的建筑，由于历史的风风雨雨许多仅存断墙残垣的遗址了。无论是山峰上还是岭峪中，有道教遗迹的地方都有我的足迹。不仅如此，当时或事后我尽量都记有调查文字，当时健在的道教人物我尽可能都做了访问并留有了谈话的文字记录。对"三宫五观"的建筑即使没有了原建，也根据遗址地基勾勒出原建的示意图。曾记得乾元观当年残存的一些建筑中已为林场工人的栖息所，当年《乾元观记》的石碑放倒地上，为抄录《乾元观记》这块碑石的文字内容，我曾骑着自行车向乾元观山中的遗址数次往返，撰写该文稿是我入道茅山后第一项成果。那时我已是句容县"人大"代表、县政协常委了，所以该文章连同勾勒"三宫五观"原建示意图和《乾元观记》抄碑文字，被一同刊载于1984年7月《句容文史资料》第一辑。1986年11月中国道教协会《道协会刊》第20期，删节了示意图和抄碑文字的内容，基本上还是刊载了《句容文史资料》第一辑发表的内容。1987年此文章又由时任中国道教协会会长的黎遇航大师与我共同署名，将其全部内容发表于《中国道教》第4期。《中国道教》第4期发表内容对《道协会刊》

第 20 期发表该文章内容有删节，本书收入该文章基本依《道协会刊》第 20 期发表的文字内容。

一　概括

茅山有许多令人神往的传说。夏朝时大禹王分天下为九州，禹曾在此山接受众臣的朝贺；殷周古公太子泰伯隐姓埋名，曾在此山中采药养生；春秋时吴王夫差也喜山中景致优美，曾在此筑造"梧园宫"；秦始皇东巡祭祀天下山水神祇，曾召李明真人埋白璧一对于该山北垂。

茅山原名句曲山。西汉景帝时，咸阳茅氏三兄弟来此隐修仙道，他们养生保炼，济世助人，解民危难，仙蜕于该山之中，此山始得以"茅"获名。此后，葛玄、葛洪涉其尘，杨羲、许穆步其后，陆修静、孙游岳、陶弘景等接踵而至。延至隋、唐，连帝王也以能受茅山之符箓而为荣。唐朝、宋代，是茅山道教的鼎盛时期。及至于元明，雄伟壮观的"三宫五观"亦因帝王的提倡与资助而出现在茅山的前山后岭。当时的茅山，终日香烟缭绕，草庵小庙随处都是，一入山道，钟磬之声不绝于耳；元、明时连句容、金坛诸县的许多地名，亦用茅山道教的典故以命名了，诸如，"望仙乡""承仙乡""降真桥""福祚乡"等等。

茅山历代传承一副楹联，称："秦汉神仙府，梁唐宰相家"；即是说秦有李明真人，汉有茅氏兄弟修神仙之道于山中，所以那时此山是神仙的府第；而南北朝之梁代茅山中有陶弘景称"山中丞相"，李唐王朝时此山中又有王远知这样的高道为太宗皇帝所信奉，所以说梁代唐朝之时茅山竟如方外丞相的府第一样。文人墨客更以登临茅山游览吟颂为快。茅山环境幽雅，山色秀丽，许多人往往为之陶醉，流连忘返，有的竟至于长久地在山中修道，唐代著名的诗人顾况就是其中之一。他们悠游咏唱，为后人留下了数以百计的诗篇。山美圣人多，正所谓"有仙则名"，于是茅山被颂为道教的"第一福地，第八洞天"。

到了近代茅山道场连遭三次破坏。清末，太平天国革命战争中，茅山作为天京（南京）的东南屏障，曾是太平军与清军鏖战的沙场，许多宫观建筑毁于兵火。时隔七十余年，爆发了"七七"卢沟桥事变以后，日寇大举入侵我国。"八一三"淞沪抗战爆发，1939年农历八月十三日，日寇对茅山进行了扫荡，除"九霄宫""元符宫"保存下部分建筑外，"三宫五观"的宫殿殿宇几乎全被日寇焚毁，23名道士被残杀。"文化大革命"也是一场浩劫，它使茅山保存多年的珍贵的《道藏》经典、名人书画被焚，古建筑被毁，镇山"四宝"被抄，许多优美的风景、幽雅的洞穴、价值连城的古迹被破坏。十年时间里，茅山几乎成了一片废墟。

中共十一届三中全会以后，在政府的帮助下，茅山道院"九霄宫"得到了维修，并按照原来的殿宇布局形态"太元宝殿"等处殿堂，塑起了二十余尊神像。因此许多著名人物修仙隐居过的茅山，仍然是香客、游人心目中崇拜、敬仰的著名道场。现在每逢茅山"三茅真君"的诞辰日子、道教诸尊神祭祀庆典活动，茅山依然客至如云，香烟弥漫，热闹非凡。

二　茅山的道派及其变异

茅山是众多道教大师栖息、隐居、修持、炼养之地，因而此地孕育和兴起了好多道派。诸如"上清派"：杨羲创，传人为许谧、许翙，主修《上清经》；"灵宝派"：葛玄创，传人为郑隐、葛洪，主修《灵宝经》，等等。这些道派后经南朝梁时陶弘景整合统一为"茅山派"。

"茅山派"历经南北朝、隋唐、五代、宋、元，与"天师"等符箓道派并行于世。"茅山派"主修《上清经》，兼修《灵宝经》《三皇经》。后经著名道士王远知、潘师正、司马承祯等人的弘扬，茅山道派理论系统、科仪规范、组织规模、宫观建筑也越臻完美。唐宋以后，南北各道派逐渐合流。元以后北方兴起"全真派"，主张三教（儒、释、道）合一。元成宗大德八年（1304）敕张陵三十八代后裔张与材为"正一教主"，总领三山（龙虎山、阁皂山、茅山）符箓，于是茅山在外部形式上遂成为"正一派"为主的道场。由于北方"全真派"向江南的不断传播和扩展，茅山遂因"全真派"的渗入，而成为"三宫"继承传习"正一"上清道统，"五观"则习传"全真"道派。

在宗教科仪方面，"三宫"大同小异，基本上沿用茅山传统的宗教仪式。每逢隆重的祀神庆典日，信徒一般在宫观内诵经拜忏。社会上的人要祈福消灾、超度亡灵，也得上山到宫观内举办。因为"三宫"内的宗教科仪的形式具有自己独特的特点，其他地方的经忏班子一般难以与之配合。而"三宫"之间，由于不集中授徒，各个师傅授徒时又各有长短，因此"三宫"的宗教仪式过去也不是完全统一的。

"五观"明清以降，渐次习传"全真派"，在宗教仪式上与其他各地的"全真派"基本一致。但"五观"在宗派上也有些微小差别。"乾元观"与"仁佑观"属"全真龙门岔枝阊祖派"（阊蓬头创的道派，《乾元观记》中有记载）。而白云观、德佑观、玉晨观则属"全真龙门"正宗。"三宫五观"只有"乾元观"属"子孙丛林"，其他都是"子孙宫观"。"三宫五观"都得供奉茅山祖师"三茅真君"。

三　道众的生活

茅山道场曾是极受帝王崇信的"洞天福地"，历代帝王对茅山赐予的利益也很多。赐"经"、赐"宝"，连田地山林也作为"香火"之资的地产赐给茅山道场。凡赐给茅山道场的田地山林等，免去一切赋税。田地山林的赐予，以崇禧万寿宫为最多，故而有"顶宫（九霄宫）一炉香，印宫（元符宫）一颗印，下宫（崇禧宫）千亩田万亩山"的话，这概括了茅山道教宫观的经济和道众的生活来源。不但"三宫"这样，"五观"亦有朝廷赐给的田地山林。凡赐给茅山道场的田地山林（包括水面），皇帝还下诏命，严禁百姓采伐、渔猎。

茅山的道教徒在信仰上是十分虔诚的。每年到了春天香火渐旺的时候，道众们便聚集起来从事宗教活动。这段时间称之为"香期"（也就是所谓"春事"），按照信教群众（茅山称谓"香客"）的要求和道教的仪范做宗教活动。香期（农历正月初一至三月十八）一过，茅山的道众过去大都各自离去，有的回到佃庄上去从事管理，有的去南京、上海、镇江等地，办各自的事情。

"三宫五观"因所继承的道派不同，彼此间的关系也较疏淡。"五观"因习传"全真派"，诸如放"焰口"之类，当时可以到社会上任何地方去做。而"三宫"沿袭"正一派"（实际上还是"茅山上清派"），念经、拜忏同为茅山独特的经教体系，只能在宫观内进行，所以"春事"收入相应比"五观"差。据说"元符宫"有一房的住持，为了在做宗教仪式方面与"五观"竞争，曾到南京请了一位俗号叫"七胖子"的老道人，在"元符宫"教元符宫道院的子孙（即徒弟）学"全真派"放焰口的一套经忏仪式。

宫观内部，经济大权是住持一手把持。对道众只管给吃喝，其他一般是分文不给的。衣装服饰只能待"春事"结束，收入较多时，住持才让每人做上一套衣服。经济上的贫困，生活上又没有保障，常使道众不满，甚至会有含蓄的反抗。他们往往会在"春事"较忙的关节眼上撂挑子，提条件。不满足条件不做经忏。他们用许许多多的办法要挟住持，为自己争取利益。在这种众怒难犯的情况下，又是"春事"急需要人用的时候，平时十分威严的住持，也只能忍耐着，赔着笑脸答应大家的要求。但到第二年做"春事"时，住持一定会有新的办法对付大家。

在宫观道院内，等级森严。道众对上一辈人，即师傅辈、师爷辈都有侍奉的职责和义务，师傅辈师爷辈的人有权提出要求，或对某一事提出看法或批评；而晚辈则无此权利，否则将受到惩处。老师傅对徒弟管教亦甚严，不许徒弟们睡懒觉，并规定了起床的时辰，若清早到时辰不起来，掀开被子就打屁股。过去真发生过徒弟年小悟性差，经常睡过时就挨打，他们只得每天晚上将大公鸡藏到床底下。

道教有句话："千里不带柴和米，万里不带点灯油。""乾元观"属"子孙丛林"，一般给四方来的云游挂单道人以留单。但它亦有一套规矩，挂单道士来观，须像北方"全真派"的挂单方式一样的衣装礼节，还得背诵《五堂功课经》，并且上午不给挂单，只给"过午"（吃午饭），"过午"后就得走。下午开始给挂单，大号五天，小号三天。挂单的道人在住单期间被观内管理人看中，就会先打听是否愿意长住以及其他方面的一些情况，过了这第一道关口然后转到公务堂（演习功课、表演经忏的场所），如果真正是行家就留下来使用，教内称之为"常住"。其他住单道士，号期一到，预先挂牌通知，到时起单。住单时不得随便在观内走动。起单前可以要求在观内各处走走看看。

四　爱国爱教的茅山道教徒

道教既是产生在我国本土传统固有的宗教，当然民族观念尤为强烈。这在茅山道教徒中表现得很明显。抗日战争爆发以后，茅山成了抗日根据地，"三宫五观"的道众积极投入了"抗日救亡"的洪流，他们有的直接参加了抗日武装，有的为抗日武装带路，探情报，递消息，抬担架，看护伤员，备款筹粮等等。当年"东进抗日"的新四军司令部和政治处就曾设在"乾元观"的"宰相堂"和"松风阁"。据说当年"乾元观"有一个叫惠心白的道士与陈毅元帅交往甚密。由于茅山抗日根据地的军民沉重地打击了日寇，日本侵略者便集中优势的兵力对茅山进行报复性的扫荡。1939年农历八月十三日日寇又欠下了茅山人民一笔血债：这一天日寇将"三宫五观"的道院烧毁了百分之九十以上，杀害了"白云观"五名道士，"元符宫"五名道士，"乾元观"道士被杀害了十三名（惠心白也遇难）。"九霄宫"有一个小道士因给新四军送信，被一个姓潘的翻译查出，他和他的师父被日本人放出狼狗活活咬死（潘翻译于1949年后被镇压）。

抗战胜利之后，一些志在弘扬"太上无极大道"，复兴茅山道教事业的道教界人士，曾发起组织"道教会"。发起人是一位在"九霄宫"出过家，在军阀混战时曾还俗从戎，后在旧军队中当过师长的孙靖一，人称"孙三太爷"。他与"九霄宫"滕瑞芝是师兄弟。"道教会"推举滕瑞芝为会长，孙靖一帮办，理事有王子玉（玉晨观）、严玉清（白玄观）、吴明高、黎遇航（元符宫）、韦民高（德佑观）……"三宫五观"的当家人都是理事。但毕竟由于元气大伤，又因社会尚处于动荡之中，又缺乏社会力量支持，当年的茅山道教并未能真正复兴。

五 新中国成立后"三宫五观"
并为"茅山道院"

新中国成立后，党和政府关心茅山道场，当时的"苏南行政公署"很快就派了一位名叫张燕的秘书来组织"三宫五观"的道友学习时事政治，明确形势。并根据当时的情况，提议将"三宫五观"合并成"茅山道院"。

在全国形势的鼓舞下，经过党和政府的宣传教育，茅山道院的道友，积极地参加了土地改革、民主改革和社会主义改造（1950年土改，1952年组织了"茅山道士学习小组"，1953、1954年组成了"道院互助组"）。通过学习时事政治，道友们明确了形势和方向，决心走自食其力、劳动自养的道路。1957年"中国道教协会"成立。参加会议的江苏代表带回了中国道教协会的宗旨和今后工作的任务，并积极带领大家走劳动自养的道路。在党和政府的关怀下，道院先后办起了石灰窑、烤胶厂、种植园等。

"文化大革命"开始后，道院受到了严重的破坏。正常的宗教活动被禁止，"经藏"墨宝被烧毁，道具乐器被抄收，古迹文物被破坏。这时道友们只能靠到附近林场做零工，上山割柴草卖来维持生活。道院所在地的茅山公社党委对道院的情况很同情，由他们协助办起了"造纸厂"。但在"造纸厂"刚有销路，有赢利的时候，全面下放的运动又兴起了。道友们也被下放到各农村生产队劳动。

党的十一届三中全会之后，宗教政策得到了贯彻落实，茅山道院得到了修复。目前，"九霄宫"修复了"灵官殿""藏经楼""二圣殿"
"飞升台"，维修了"太元宝殿"（祖师殿），按照原来的形象布局塑起了
二十余尊神像。并修复了直达"九霄宫"山门前长达5公里的盘山公
路，被称为九弯十八折的上山小路如今也新浇了水泥台阶。

这里还先后招收了13名青年道友。在政府的关怀、协助下，"九霄
宫"内开办了饭店、茶社，并在"元符宫"办起了"泥人厂""种植基
地"等。新老道友的生活现在都有了一定的着落。对年老多病的道士，
已将他们养起来。现在每到祖师诞辰和道教尊神的祀典日，这里仍然是
香客游客云集的地方，香烟旺盛，热闹非凡。

六　"三宫五观"的现状及规模

茅山道教在兴盛时期，除直管茅山中的宫观之外，所属管辖的庵院
涉及溧水、丹徒、金坛、句容、常州等地的广阔区域。清末尚存本山
"三宫五观"管辖权。

"三宫五观"历史久远，但大都是唐、宋以后赐名的建筑。以"三
宫"最著名。所以，凡是朝山香客无论如何都去"九霄宫"进香，进香
完毕无论怎样都去"元符宫"盖颗印回去。"崇禧宫"自唐、宋、元、
明至清之前最为兴盛，历代帝王赐予的田地、山林最多，不纳赋税不交
粮。"五观"亦有历代帝王赐予的田、地、山林。

现将茅山的"三宫五观"简介于下：

九霄万福宫：俗称"大茅峰"，简称"顶宫"。始创于公元60年，
原名"圣佑观"。明代万历二十六年（1598）改为"九霄宫"。原有六房
道院，宫中有"蓥龙池"，大旱不涸，传为"神龙所都"，殿后有"飞升
台"，据说大茅君茅盈曾在此飞升。新中国成立前此宫受到过严重破坏，
现国家已拨款予以修复，一期工程（二十余尊神像）已经竣工，二期工
程（二圣殿、飞升台）也已告一段落。

元符万宁宫：简称"印宫"，始建于唐朝，兴盛于宋代。宋哲宗因

道士刘混康治好了皇后的心痛之疾（一说治好了皇后误吞银针于喉之疾），而诏建赐名。同时赐八件珍宝：玉印，上刻"九老仙都君印"篆体阳文；玉圭，其圭光润澄澈，顶部纹如翩翩欲飞的蝙蝠，下部花纹则如山峦重叠，又似茫茫海浪；哈砚，哈气舔笔即有丹朱润笔，而事先并未投放丹砂，且内有两条游鱼花纹，投入水池，宛然若游鱼；玉符，上刻"合明大帝日敕"篆体阴文；《辽王诗简》一卷；玉剑；《上清大洞秘录》十二轴；《上清大洞券简词》十二卷轴。前四宝"文革"时被查抄，现已归回茅山道院。后四宝早已失传。此宫原来道院十三房，太平天国遭兵火后尚存四房，后又遭日寇焚烧，现只存"灵官殿""石构章台"和一房道院。

崇禧万寿宫：它原名是南朝时期（530～590）建立的"曲林馆"，后为陶弘景的"华阳下馆"。唐贞观时太宗在此为道士主法主建"太平观"，宋初改名为"崇禧观"，至元代延祐元年（1319）才改为"宫"。该宫原有十二房道院，现被水库所没。

德佑观：原名"中茅山"，俗称"二茅峰"。元代延祐敕建，专祀中茅君。抗战时被日寇烧毁，现在一片废墟。

仁佑观：原名"小茅山"，俗称"三茅峰"。亦建于元代延祐时期，专祀小茅君。抗战时被日寇烧毁，现在一片废墟。

玉晨观：晋许长史在此营宅炼丹，故有炼丹井"阴阳"二口留存（现为水库所没，尚有麻石井阑存句容县图书馆。井圈上刻"此是晋世真人许长史旧井"字样）。梁时陶弘景曾于此精修"朱阳馆"，唐太宗为桐柏先生王轨（字洪范）建"华阳观"，玄宗因茅山道士李玄静而更名"紫阳观"，宋大中祥符时敕改为"玉晨观"。该观原有道院八房，现已成为百姓营房住宅的村落"玉晨村"，但文物古迹尚存。诸如"石狮子""莲花座""石雕神像"（已被砸坏了头部）等等。

白云观：因宋道士王景温退居结庐于此而闻名，诏其所居为"白云崇福观"。建于宋代绍兴之际。清末"戊戌变法"的领袖康有为，在"辛亥革命"胜利之后，曾回国将其母移葬于"白云观"前的青龙山上，并刻石立于其母墓之东侧，悼文的内容历叙了自己半世坎坷的生平，以及"戊戌变法"的经过。如泣如诉慷慨悲壮。"文革"中墓被毁，其碑被人运往"白云观"西的西园村作机耕路桥板石（此碑现已运归茅山道院）。

乾元观：秦时李明真人于此炼丹，古称"炼丹院"。南朝梁天监中，陶弘景居此"郁洞斋室"以追玄洲之迹。唐天宝时，因李玄静居此而敕建"栖真堂"及"会真""侯仙""道德""迎恩""拜表"五亭。宋大中祥符间，朱观妙先生筑九层坛行法，天圣三年赐名"集虚庵"，续敕改观名为"乾元"。抗日战争时曾为新四军的司令部和政治处所在地，后被日寇烧毁。"乾元观"后的"郁岗峰"上有"石门"，中草药之著名的"石门苍术"即生长于此。"乾元观"的残墙断垣上现有金坛县林场为林业工人营建的住宅。尚存有明万历年间的一块碑刻。碑的一面是《乾元观天心庵碑记》，另一面刻有《乾元观记》一篇，此碑高1.8米，宽1.01米，厚0.2米，是观内价值较高的文物。李明真人的炼丹古井尚存，还有几块雕刻精巧的"二龙抢珠"石刻。

七　名胜古迹

茅山的名胜古迹很多，此处简叙几处常为人提起的古迹洞穴。

华阳洞：是道教茅山宗信仰的圣境，在"元符宫"对面山的北坂"楚王洞"旁，此洞与茅山齐名。传"三茅真君"曾于此洞内得道，陶弘景亦在洞内隐居过，并借此而设"华阳三馆"。清康熙皇帝南巡，曾御书"华阳洞天"。现洞口上有"华阳洞"三字，传为苏东坡所书。洞壁上还有许多其他名家留言石刻。据《茅山志》记载："此洞极深远，有五便门达于洞外，已淤塞。"

玉珠洞：靠近华阳洞，洞口小如篷笠，仅可一人出入，里面深不可测，据传可达江海。

金牛穴：在大茅峰南垂。相传汉时采金，有金牛出而远奔。

石墨池：在大茅峰后，该池涧石如墨，传为汉之费长房涤砚所染。且有菖蒲一寸十二节，能治疾病。

"动石"：在积金峰上。此石一指可憾，万夫莫移。

抱朴峰：在大茅峰之东。据传晋元帝时葛稚川在此修真炼丹，著《抱朴子》内、外篇。

洗心池：在乾元观左。传说昔有女道士钱妙真嗔人侮之不贞，而于此剖腹洗心，以示清白。

喜客泉：在大茅峰后。传客至泉水即涌动而出。

活死人墓：在乾元观左。传为明时道人江文谷垒石塞窗，自坐其中，三年后不应人声而坐蜕其中。另一种说法是：明江文谷在此悟道，皇帝路过此地，江闭门不迎。皇帝叩门只听人答应，而不见开门人，便随口而言："真是活死人墓！"于是留传于今。

雷接碑：在乾元观内。据传昔有人曾将此碑砸碎搬去烧石灰，久烧不成，后窑顶连遭雷劈，碑遂自动接拢，竖立原处。

靠背石、拴马石：在元符宫东。传元末农民军将领常遇春为避追兵靠山中巨石，用力过大石斜并留背影，他还以手戳石成洞以拴战马。

雷劈池：在三茅峰顶西部，共有两口。据说原三茅峰顶无食用之水，天雷先劈一池，但有硫黄之味，不可食用。后天雷在其近旁又劈一池，食之甘甜如蜜。

（该稿曾刊载于 1984 年 7 月《句容文史资料》第一辑。此为《道协会刊》第 20 期删节后的内容）

茅山香期庙会考

　　1987年元月开始，中国道教协会报经政府相关部门批准，对创刊于1962年、已编印20期的《道协会刊》进行改版，改名为《中国道教》，成立杂志社，社长黎遇航，副社长李文成，主编李养正，副主编王宜峨、长虹。原来出版的《道协会刊》是中国道教协会送赠教内外相关人士参考阅览的不定期刊物，改版后的《中国道教》则为定期的季刊，有时编辑人员直接下基层组稿。按照《中国道教》杂志社1987年的编辑计划，第四期以道教上清派胜地茅山为编辑内容。当年我正在江苏茅山道院，在那里我担任茅山道教协会副会长兼秘书长，《中国道教》杂志社专门安排陈雄群编辑来茅山，与我商量编写该期中《茅山专载》的内容。"庙会"的形式，第一，是因为有宗教场所的"庙"，才引发起"会"的种种形式；第二，因为"庙会"是社会民众参与程度较高的活动，所以其中带入的社会民俗成分较浓；第三，因为参与活动的最关键人员都是因为宗教信仰的问题，这其中涉及的核心的还是宗教的内容；第四，有许多因经济意向而举办的活动称庙会、集会，从根本上说还是庙会的变异；第五，当代北京东岳庙和白云观虽然人为注入商业经济的内容较多，但根本上还是道教主体的宗教形式的庙会；第六，江苏茅山的香烟庙会虽然也有商品交易的内容，但无论形式和内容道教信仰宗教的内容都是第一位，人们参与的还是朝山进香，祈求人生幸福、事业顺利、如意吉祥追求。此文是我当时根据《中国道教》杂志的要求撰定的文章内容之一。

茅山的香期庙会，是农历腊月二十四日至来春的三月十八日。一般来说，香期节日庙会，大都是为庆祝一些先圣先贤的诞辰，但三茅尊君的诞辰都不在香期之中。大茅君盈，诞生于汉景帝中元丙申（公元前145年十月初三日）；二茅君固，诞于汉景帝后元戊戌（即公元前143年六月二十五日）；三茅君衷，诞生于后元庚子（公元前141年腊月初二）。

那么茅山的香期庙会又是怎样形成的呢？道教是多神教，如果要算众神的生辰，可以说月月有节日。而在这春三月的香期中，众神的诞辰更是集中。从腊月二十四日"送灶"起，玉皇大帝随之降临人间，正月初九回鸾返驾天宫，正月十五上元天官盛会；二月初二范臻先师成道，二月初三日文昌帝君圣诞；二月十五日太上道祖圣诞；三月初八清明；三月十八日大茅君回盼茅山。据不完全统计，这段时间的节日就有十一次之多。更重要的是，一元复始，冬藏春发，香期正在这"春桃换旧符"新旧之年更换交替的时期。人们带着即将过去的一年的成功与失败，丰收与歉收的不同心情，企盼上苍护佑，在新的一年中，人寿年丰，取得成功。有首民谣就充分揭示了这种企望心情：

> 茅山连金陵，江湖据下流。
> 三神乘白鹤，各站一山头。
> 占雨灌旱稻，陆田亦复柔。
> 妻子咸保室，使我百无忧。
> 白鹤翔青天，何时复来游。

这可以说，就是新旧年交替之时形成香期庙会的原因。

茅山香期庙会，有它自己的特点。长期以来，逐渐形成了民间的一种习俗。

闭斋开山门习俗：腊月二十四日是茅山香期的起始，这一天就叫"开山门"，这可能是根据我国传统风俗"送灶"而来的。灶君称为"灶王爷"，是"东厨司命，定福府君"。据说灶王爷每年上天汇报一次情况。这一次汇报对所在之家一年的荣辱祸福很有影响。人们一年辛苦，希望"灶王爷"能"上天言好事，下界保平安"，所以人们无论如何是不敢得罪他的。他的上天之日也是节日，并且人们过去还要按"君三臣四"的等级按时间顺序来"送灶"。二十三日是君王之家送灶王爷上天，二十四日是官宦之家送灶王爷上天，普通百姓只能在二十五日才能送灶。茅山道派奉行"道不离俗"的古训，根据茅山享有的地位，选在腊月二十四送灶，送灶又称"闭斋"。这是因为茅山元代后成为"正一派"三山的组成部分，在饮食上长年忌讳较少，但在每年腊月二十四送灶后，必须闭斋吃素。过去三宫五观在这一天，要将用不完的荤腥之物，统统埋掉，正式封斋吃素，直至农历三月十八日为止。以表示对香期庙会的虔诚，对祖师的恭敬，对香客游人的尊重。

与三茅真君共度除夕之夜：虔诚的信徒香客，他们在年三十的下午就赶到了茅山，来与"三茅祖师"和茅山道观的道士们共度除夕之夜。傍晚的时候，道观中德高望重的老道长庄严地供上"茅山正乙、全真、上清派列祖列宗"的牌位，然后燃香点烛，摆上酒菜饭食。供桌前铺上拜垫，合观道众信徒衣冠齐整，依次郑重礼拜。拜毕，化纸燃箔。主祭的老道长，将酒茶奠向地面。祭典仪式遂告一段落。

茅山道观除夕夜的年饭是较为丰盛的。信徒、香客、道众济济一堂，分坐数桌，饮酒言欢。信徒香客赞赏道士"人在山上就是仙"，道士则赞扬信徒香客"心向山上能成仙"并说仙字就像一个人走向山中的样子。其实"仙"就是长寿的代名词。

待到大年初一与旧年交替的最后一瞬，随着第一声爆竹的炸响，人们争先恐后地涌向大殿，争着向"三茅真君"点上第一炷蜡烛、供香。争烧"头炷香"，是要讨一个吉兆，让新的一年运气好，万事如意。民间还有一个神话传说：过去苏北淮阴地方有一个大绅士，路远不能赶到茅山烧头炷香，他就在每年的除夕和初一交替的时辰，在自家门口对着茅山方向摆设香案，顶礼遥拜，燃香点烛。不想"诚能通神"，茅山太元殿的香炉竟然也因之香烟氤氲，烛台上的一对未点之烛也神奇地燃着了。因而民间又有了"茅山菩萨照远不照近"的说法。尽管如此，香客信徒仍然年年如此，除夕之夜赶茅山，烧大年初一的"头炷香"。

春三月里上茅山：随着春的来临，山青了，水绿了，茅山披上了春色的丽装。随之远近信徒香客纷纷上茅山进香瞻仰神容。他们身穿布衣，脚蹬草鞋、肩挂香袋、手提供品，口诵经文，一步一磕头，广结善缘，沿途做好事，向神灵默祷，祈福禳灾。文人墨客，也趁此大好时光，来茅山游览，登高抒情。经商的来山摆摊设点……每届香期茅山道众们便聚集起来从事宗教活动（亦称"春事"），按照香客的要求，做宗教仪式。三月十八日一过，道众们又各自回到佃庄上去管理田地山林。

按照茅山的规矩，赴香期庙会的人们，早在三天前就应斋戒沐浴了，否则神灵是会责怪的。据说：就连海瑞上茅山也不得不将皮靴换草鞋。当人们回去时，还一定要请回两件法宝："一炷香"，这是为讨吉兆，含"回香（乡）得福"之意。"黄丹笋"，一共有二十九只，形似竹篮，有鹅蛋大。它的含意是：其中二十八只，代表"二十八星宿"，中间一只，代表祖师炼丹的"丹炉"。请回之后，挂在灶上，到腊月二十四日"送灶"时一起焚毁。其实"黄丹笋"是茅氏兄弟为生民治病的三味草药合成。这三味草药是：淡竹、木冬、栀子。

新中国成立后，特别是三中全会后的茅山，由于进一步贯彻了宗教信仰自由政策，每年春三月的香期庙会，更加热闹。1983年以来，茅山道院每年在庙会期中，都要接待二十余万的香客和游人。当香期进入高潮时，有时一天要接待几万人。1986年农历二月十五（老子诞辰），大茅峰九霄宫，一天就接待五万余人。这些香客游人，来自南京、上海、镇江，常州和邻省邻县的四面八方。虽然上山的公路很宽敞，但大多数人还都愿意沿着那九弯十八折的山道向上攀登。

每年的香期庙会，道士们在接待好香客游人的同时，为满足信徒的宗教愿望，还要为他们做道场。茅山香期宗教活动的内容，主要分早、中、晚三朝。

早朝起经：所念经文有《三茅经》《清静经》以及各个神的"诰文"。净坛：因要将神灵请到法坛来，高功做洒水清净坛场污秽浊气的各种法事并念咒祝告。请神：高功高喧所请神的神号，请神来降法坛。接驾：被请之神来降法坛，高功做着各种法事，表示对所请之神恭敬和欢迎之意。安位：所请之神既降法坛，高功须按其职司，分东南西北中，将各神安定位次。

中朝：上表，根据仪式的要求，将上表的内容，做成表文，高声朗诵而感动神灵，这在仪式中均有具体规定。

晚朝送神：一切法事完毕，将所请之神，簇鸾返驾，送至天庭。

在这早、中、晚三朝中，若有空闲时间，就做"拜忏"仪式。"拜忏"也有很多内容，茅山主要是"玉皇忏""三茅忏"。

晚上，道士们也很忙碌。在香期内，九霄宫内一般每晚均有二三百名香客住夜。他们有的要住宿睡觉，有的则要坐夜念经，还有的则要道士给其做道场超度祖先。

放一台"超度道场"，上台道士要求9到13名。时间长的要日落做到日出，短的也要四至五个小时。茅山的三宫是正一派，所做超度道场主要是"斗姥科""仙翁科"。五观是全真派，所做超度道场主要是"铁罐科"。做道场的形式很多，目的和愿望，是消灾延寿、超度亡灵，祝祷国家巩固，人寿年丰，使信众得到精神抚慰。

三月十八日香期庙会就结束了，过去称这一天为"关山门"。这一天又是大茅君茅盈的"茅山回盼之日"，据说大茅君被封"东岳上卿"之后，就主领东岳泰山了，而茅山则交与二茅、三茅两个兄弟代守。大茅君每年到三月十八这一天来茅山一次。考核江东地区的芸芸众生，赏善罚恶，提携有道。所以茅山三宫五观三个月的表章奏折，这一天全部焚化上达，称为"交箓"。

茅山的香期庙会，长达三个月之久，内容丰富多彩，既为信徒提供了进行宗教活动的场所，又是广大游客游览观光的胜地。

（载于《中国道教》1987 年第 4 期）

茅山道协举办"道教知识培训班"

这是发表在《中国道教》1987年第4期的一篇文字简短通讯，看起来似乎微不足道，但是作为当代茅山道教的进步，这里边还是储存有过去值得记忆的信息含量。想当年茅山道教协会办这个"道教知识培训班"，培养的主要是我们之后吸收到茅山入道的15位年轻道士，他们现在多数还都在茅山道院发挥作用从事教职，当年我正担任茅山道协副会长兼秘书长。"培训班"正一派仪范课，由茅山道教界公认的高道：施觉义、周念孝两位大师任课教授；施觉义大师当年在茅山恢复道教活动后，凭记忆背诵笔录茅山道教科仪范本，使我们这些继承者能够阅读到真正茅山特点的"呈表科仪""炼度科仪"《早晚功课经》等经籍的内容；施觉义大师是茅山当年尚健在老一辈道长中，有文化、有内涵、最让人尊敬的一位高道，在中共十一届三中全会之后，茅山道教的恢复过程中他是最功不可没的道长！

周念孝道长是原中国道教协会第三届、第四届会长黎遇航（道名顺吉）道长的大徒弟，我入道茅山道名是依他"念"字后取"受"字序名；周念孝道长在科仪道场方面很有专修，1995年龙虎山天师府恢复举办对内地正一派道士的授箓活动，他与陈莲笙、何灿然三位是中国道教协会圈定的龙虎山天师府授箓宗坛的"三大师"。当年"培训班"全真派仪范课由茅山道教协会会长、茅山道院负责人朱易经道长提名，从上海外聘当时并不在上海道观中"常住"的全真派道士华子（至）干道长，来为茅山"培训班"学员授课；华子干道长原为杭州玉皇山福星观道士，他的俗家安在上海，1949年后他被人民政府安置在上海的工厂里工作，中共十一届三中全会之后，他经常往来于杭州、上海、茅山的道教场所之间，是圈内名望很高的道教法师。1989年7月我到中国道教协会后，与华至干道长已长期没有联系了，2010年9月30日上午，其时已87岁高龄的华老道长，询知我在北京东岳庙，竟然在其长子、长媳和保姆的陪同下从上海到北京来访。

此前得知华老一行将来，正是"十一"长假期间我确实很忙，曾建议他们改期来会，但其长子华桂法信士说：其父恨不得马上与会，票已办妥。既然如此，我即让人准备接待华老一行，围绕东岳庙就近安排好他们的食宿。在东岳庙的接待室，华老挪动坐椅紧紧挨着我坐下，我对他说："您老人家年龄不小了？记得我在茅山主持教务的时候，您就曾被请到茅山，在印宫（茅山元符宫）教小道士念经了，那个时候距离现在已经过去20多年了吧？"华道长此次特地到北京来与我见面，叙谈起来显得很激动！因他年事已高，听力衰萎，更因情绪难控，语不成声，至使相互的交流非常困难。其子华桂法代言说："年龄缘故，父亲听力已不比从前，后来母亲去世，对他打击很大。这次到北京来看袁住持，他很有精神、很高兴！"除听力障碍之外，华道长"精气神"很足，谈起如何发扬光大道教，他更是滔滔不绝。老道长是道教科仪大家，谈及道教的科仪活动，他的兴致更高，当场即吟唱起《玉皇大表》等道经科仪中的经韵……时光流水，毕竟人老了！今年（2012）"十一"接华老第三子的电话，告知：华老已在医院中走了！这篇小通讯虽然文字很短，但舍不得丢弃，只言片语，但引人回忆的内容真是太多了！

为了加强茅山宫观管理，满足群众宗教活动的需要，尽快培养一批有道教常识，能进行宫观宗教活动和管理宫观事务的道教人才，经茅山道协理事会研究，决定招收 15 名年龄在 18 周岁至 20 周岁，具有初中以上文化程度的青年信徒，在茅山"元符宫"举办一期"道教知识培训班"。学习班主要学习道教知识和茅山道派的斋醮仪范，时间定为一年。

正一派仪范课由茅山道院老道长兼任，全真派仪范教师从外地聘请，道教知识课由从中国道协道教知识专修班毕业回来的学员讲授。学员学习期间要遵守培训班的"学员守则"和茅山道院的"规章制度"。现在"培训班"的筹备工作基本就绪，学员已经报到，培训工作即将开始。

（载于《中国道教》1987 年第 4 期）

枯木逢春的茅山道教

　　这篇文稿当时是应江苏省政协"纪念人民政协成立 40 周年"而撰，登载于 1989 年江苏文史资料第 35 辑：《风雨同舟——纪念人民政协成立 40 周年》一书中，当年我是江苏省第六届政协委员。在江苏省政协履职过程中，我为成立江苏省道教协会专门提交了提案，另外提的一个提案至今记忆犹新，那就是关于发扬"雷锋精神"的提案。1989 年的 6 月是我们这代人忘不了的一个时期，在这个时期到来之前，有些人已在任意地践踏"雷锋精神"，否定"雷锋精神"了，许多人也开始怀疑"雷锋精神"在当下的价值。而我觉得"雷锋精神"是我们社会的一面旗帜，是我们中华文明的宝贵财富，怎能任由各种不着调的思潮随意否定呢？当年提出这个提案也许有人会认为跑题，现在看来当时自己的感觉还是准确的。

　　有关中华人民共和国成立前道教形势的判定，我认为：新中国的建立使茅山道教"枯木逢春"！实际上整个中华民族，传统的道教又何尝不是如此？后来有学者与我交流，说："新中国成立之后有反封建迷信，有'反右'，有'文革'，对道教的冲击也很大，你怎么认识这个过程？"我对他们说：我们要认识到道教许多内容不是封建迷信，中医中药和养生与道教的丹道有关系，这是可以造福中国社会的科学技术；"反右"是有争议的运动过程，"文革"更是反常的政治运动。而道教在新中国成立后，虽然仍有诸多的委屈和磨难，但中共十一届三中全会之后，道教事业的发展得到了重视，首先开放了二十一处全国重点宫观，其后各省市县又开放许多宫观庙宇；清朝政府称道教是汉人的宗教而不予关注，民国政府称道教是不洁宗教，所以旧中国道教是没有前途的宗教。

再者，道教界要认清形势，提高觉悟，"爱国爱教"，国家与道教就如同皮与毛的关系，皮之不存，毛将焉附？想当年抗日战争中，茅山道士本来就是特殊的世外人，但是日本军国主义分子不这么认为，茅山乾元观当时没有逃脱的13位道长被拉到一座古碑下用机枪点了名；元符宫有一房道长非常天真，徒弟得知杀人不眨眼的鬼子兵要来扫荡，都躲藏到灌木和树丛中去了，他竟然站在道院门口呼唤："你们都不要庙了吗？日本人又不杀出家人。"他的五个徒弟都回来了，日本鬼子来后将他们推到楼上，逼着他们脱下道袍，用刺刀对着赤身裸体的道士一刀刀地捅上去！这似乎使人难以相信，但当时有一位瞿宪凤道士，因道袍尚未脱完，鬼子兵就开始动手了，他被捅了11刀痛得昏死过去，鬼子兵以为他死了，下楼放火，他醒来脱身逃走，幸免于难，我亲见了瞿先凤这位老道长，他活到84岁后仙逝。原中国道教协会黎遇航老会长的父亲黎洪春老道长是元符宫的道士，他因眼疾被鬼子兵抓住逼他带路，东南西北他哪里分得清？走到华阳洞下，鬼子兵可没有耐心，竟将盲眼道士一刀刀活活捅死在洞旁！据说黎遇航会长健在时，有一次安排他接待日本客人，他婉拒了。他与日本军国主义有家仇国恨，虽然今天的日本人已非过去的日本鬼子，但直接受到残暴的家庭和个人，终究有阴影在（这是件真实的事情）。

我在江苏茅山道院从事道教职业达七年之久，是第一届茅山道教协会副会长兼秘书长。经过设身处地亲自主持几年茅山道教方面的工作，我深深体会到：是党的宗教政策的贯彻落实，才使茅山道教枯木逢春。

茅山道教是中国道教中古老而又重要的一个宗派。它开宗于晋哀帝（362~365）年代，至唐宋茅山道教盛极一时，传布于全国各地。在历史的发展过程中，茅山道教对我国科技、文化、医药卫生等方面都有较大的贡献。它在国内外宗教界、学术界均享有极大的声誉。

明清以降，茅山道教渐趋衰弱。清末到民国时期，内战外患继续不断，人民生活朝不保夕，茅山道教更趋衰落。日本军国主义发动的侵华战争，给中国人民带来一场深重的灾难，茅山道教也处于被扼杀的绝境。在八年抗战的艰难岁月里，茅山道士响应中国共产党抗日救亡的号召，毫不犹豫地投身抗战的洪流。他们给新四军探消息送情报，配合新四军捉汉奸攻据点，并为新四军筹款筹粮掩护伤员，许多茅山道士还加入新四军的行列，到抗战第一线与日寇搏斗。他们中有的为革命立下战功，至今健在，但许多人则牺牲在抗日的烽火之中。茅山之宫观建筑也几被日寇焚之殆尽。抗战胜利了，茅山道教虽有志发扬光大，但国民党政府并不重视。

新中国成立后，党和政府对茅山道教十分关心，当时"江南行政公署"还专门派员到茅山组织道士学习时事政治，参加生产劳动，使道士在思想上跟上时代的步伐。在此之时，茅山道士生活上有了着落，政治上有了地位。茅山道教界老前辈滕瑞芝、吴鸣皋、黎遇航都曾被选为句容县人大代表。黎老还于1954年被聘为江苏省政协委员，1957年奉调中国道教协会工作。当时党的宗教政策已经在道教界得到贯彻落实，茅山道教已开始从枯萎中苏醒。十年"文革"横扫一切，党和国家都面临着一场灾难，宗教被划入封建迷信之范围，道教自然不可避免地受到沉重打击。

党的十一届三中全会正本清源，拨乱反正，宗教信仰自由政策得到贯彻落实，这在绝境中挽救了道教，茅山道教也因此获得了新生。由于茅山道教在中国道教史上的地位，在国内外道教界、学术界的影响，1979年茅山道院被国务院首批落实为全国21座重点开放宫观之一。茅山道院在具体恢复过程中，党和政府为使道院能够自主管理和逐步实现自养，根据宗教信仰自由政策的具体标准和要求，为茅山道院在各地选择了一批有信仰、有文化的中青年落实为道教教职人员，充实了道观的力量。这些中青年道职人员在茅山道观的恢复和建设过程中，为道教事业做出了积极的贡献。

在当前国民经济比较困难的情况下，党和政府每年还拨出部分经费帮助茅山道院宫观的恢复和建设。今年政府就拨款帮助茅山道院解决大茅峰九霄宫供水供电困难。句容县委统战部和县政府宗教科，为了促进茅山道院的管理和宫观殿宇的修复工作，还专门安排落实专人对茅山道院在行政上进行领导，对道观殿宇修复方面进行技术指导，工程施工方面进行具体帮助。现在茅山道院经过七年多的修复已初具规模，向海内外开放了大茅峰"九霄万福宫"；积金峰"元符万宁宫"也已修复开放了部分殿宇建筑，并重新塑设了几十尊神像。

过去茅山道士生活上没有保障，自称"贫道"，社会上则呼为"穷道士"，现在茅山道教职业人员，不仅生活上有了保障，而且与社会从事其他职业者一样，在经济享受上达到了相应的水平。过去有许多老道士没有文化，对道教之教理教义没有深刻的理解，现在由于党的宗教政策的贯彻落实，中国道协办起了"道教知识培训班"，道教有了自己的学校，茅山送往北京培训学习过的道教职业人员就有十余名。过去许多道士见人只会说"慈悲"，用"道不外传"来掩饰自己的平庸无知，现在茅山道院也已经接待过几十起海内外道教界、学术界友人的参访活动，成功地与他们一起进行座谈、学术交流，为世界和平、祖国统一大业做出了应有之贡献。1987年至今，茅山道协还两次举办"道教知识培训班"，参加学习者即为茅山道院年轻的道职人员。还在上海音乐学院的帮助下整理录制了茅山道教经忏仪式的音乐，这一工作受到海内外道教界、学术界的好评。

旧社会道教界没有地位，被贬入与世无争的空门之中，今天道教人士除了信仰有别于从事其他职业者，其余则享受共和国公民的一切权利。为了使我们道教界能获得参政议政的机会，党和政府在人大、政协都为道教界留有一定的席位。茅山道教老前辈黎遇航道长是中国道教协会会长、全国政协常委，我本人也是江苏省第六届政协委员，享有过去宗教界人士从未有过的参政议政的权利。

新中国成立 40 年来，我们茅山的道友与我们国家和党同甘苦，共患难，风雨同舟。我们深深懂得，没有党的宗教政策的贯彻落实，哪有中国道教的今天，又哪有茅山道教的复兴？因此我们道教界人士坚决拥护共产党的领导，坚定不移地跟共产党走社会主义道路。

（载于 1989 年江苏文史资料第 35 辑：风雨同舟——纪念人民政协成立 40 周年）

茅山道士的抗战

茅山位于江苏东南，地跨句容、丹徒、丹阳、金坛、溧水五县，是江南重镇南京的东南屏障。卢沟桥事变后，日寇大举侵入中国。1937年8月13日上海抗战爆发，至11月12日上海陷落，历时三月。随之江南的大好河山很快就被践踏在日寇的铁蹄之下。正在江南人民处在水深火热之中的时候，陈毅元帅和粟裕将军率领新四军于1938年6月来到茅山，开辟了全国六大抗日根据地之一的茅山抗日根据地，点燃了江南抗日的烽火。

枪声惊醒了沉睡的山林，战火已经烧到道士清修的古观。隐居山中，曾经希图跳出"三界"、不在"五行"的羽士玄客，终于被嗜杀成性的东洋人的枪弹、刺刀戳破了古老而又美好的长生之梦。茅山"三宫五观"的道士，不得不离开"丹灶"、"靖室"，投入到抗日的洪流之中。他们有的直接参加了新四军，有的给新四军带路、探情报、送消息、抬担架、看护伤员、备粮筹款等等。山深林密的"三宫五观"也常常是新四军活动的地方。茅山乾元观，还曾一度是新四军司令部的所在地。陈毅元帅来茅山后，也常与地方名流会晤于乾元观，向社会各界宣传共产党的抗日主张，他与宝埝的樊玉林（后任抗日政府保安大队司令）等人的第一次见面谈话，就是在乾元观进行的。

抗日军民利用茅山地区的有利地理环境，沉重地打击了日寇。日寇恼羞成怒，曾多次对茅山进行报复，最为残酷的是1938年8月和1940年5月两次对茅山的清乡扫荡。在日寇的"三光"政策下，"三宫五观"

的几十名道士惨遭杀戮，历代保存下来的文物建筑则被毁坏得瓦砾遍地，一片荒凉。为纪念抗日战争的胜利，以慰英灵，笔者自 1983 年 12 月以来，陆续请教了身涉事件的知情者：赵永海、瞿先凤、施觉义、朱易经、王浩俊、陈钦贤、吴浩民、赵礼瑞等茅山老道长，取得了一些翔实的资料，现敬告读者。

"三宫五观"的浩劫。日寇对茅山的第一次残酷的清乡扫荡，是在 1938 年农历八月十四日。据老道长瞿宪凤说：1938 年 8 月中秋节前两天（八月十三日）清晨，地方伪保甲长就上山向"三宫五观"的道士们传话说："明天日本人要清山，住观道友们不要在山中乱走，免得被流弹误伤。"也就在这天，溧水、溧阳、金坛、常州、镇江、句容等地的日军，已分别集结，分几路扑向茅山。

八月十四日上午十时左右，一路日军跨进了"元符万宁宫"的大门。道士们大都已事先躲起来了。"勉斋道院"（元符宫四方道院之一）当家道士严宪明，对日寇的残忍本性认识不足，当其他道士往外躲的时候，他却喊："你们都不要庙了？就是我要庙。日本人又不杀出家人。"于是有五个已躲入草丛中的道士又回到宫内。当日寇进入元符宫时，他们像平时接待香客一样接待他们，可日寇睬也不睬。只见日军小队长和翻译嘀咕几句，翻译随口就问："这里有没有新四军，道观里共有多少人？"等等。

当时元符宫、勉斋道院有五名成年道士，两名十二三岁的小道童。日寇示意严宪明、苏宪俊、瞿宪凤、倪觉仁、陈道纯五名成年道士到楼上去，并跟上了五名端着装了刺刀的三八大盖步枪的日本兵。上楼后，日本兵喝令他们排成一排，脱光衣服，接着端起枪刺凶狠地向五个手无寸铁的出家人直刺过去，五个道士便一个个倒在血泊之中。紧接着，日本兵在楼下纵火，熊熊火焰在勉斋道院的上空腾起……

与此同时，日寇用同样残酷的手段杀害了元符宫西斋道院的道士蒋龙保。西斋道院道士黎洪春（中国道教协会前会长黎遇航的父亲）躲避不及，被日本兵抓住强迫带路，但日寇嫌他行动迟缓并带错路径、故意戏弄"大日本皇军",于是将他枪杀在华阳洞旁的山坡上。

也就在这一天,日军的另一路人马在天亮之前就赶到了茅山城村地方,午后扑向"乾元观"。下午两时半左右,躲在山里的人看到"乾元观"的上空火焰升腾,烟雾弥漫,四时半左右,二三十个鬼子兵,往三茅峰方向而去。随后,赵永海、陈永君等几位"乾元观"的道士奔向火场。这时大火已封了"乾元观"庙门,离庙稍远的牛栏里,两头牛受到火烤正在挣扎,所有住观道士均不知去向。当天很晚的时候,他们才在"乾元观"西南的白虎山下的一堵破碑墙旁边,找到了十三位遇难者的尸体。现知其中十位遇难者是:惠心白、陈永富、赵永山、陈老三、斋公、王寿清(伙计)、老王(伙计)、老李(伙计)、小倪(伙计)、张金根(伙计),他们这些当天未能离观的人员,被捉住后一个也没有能够逃脱日寇的魔爪。茅山"白云观"也在同一天惨遭日寇的烧杀洗劫,"白云观"的道士严玉清、李明达、包至松、糜至礼、赵道友等也惨遭日本兵的枪杀。当天被日本兵杀害的还有"玉晨观"的两名看门道士。

1940年农历五月初二,日寇再一次对茅山进行扫荡。他们像一群穷凶极恶的疯狗,见中国人就杀,见房子就烧,北镇街有一户人家一下子就被杀了十一口人,在北镇街过往休息的二十几名商客,未能躲避,也无一幸免地遇难。

由于日寇在茅山到处受到抗日军民的打击,所以他们认为茅山道士都通新四军,欲将其斩尽杀绝;隐没于山林中的"三宫五观"都是新四军立足与宿营的基地,必须统统烧光。茅山的"三宫五观"虽被侵略者破坏得名存实亡,道士们惨遭杀戮,但托"三茅真君"的保佑,鬼子们是屠杀不尽茅山人的。

"元符宫"的瞿宪凤、耿云清、陶念忠、汤念义,还有两个小道童,他们都是死里逃生、幸免于难的幸存者。这其中元符宫瞿宪凤老道长的经历即是一例,他们被日本兵端着枪刺威逼到楼上,血淋淋的刺刀一刀又一刀刺到身体中,他麻木了、昏迷了,当五个日本兵端着滴血的刺刀走下楼梯后,他却又奇迹般苏醒了!他顽强地从血泊中移动钻心疼痛的身子，挣扎着向前爬去。虽然他身挨九刀（有说为十一刀），却幸好没有被刺中要害。当时楼下已燃起大火，日寇自以为借此可焚尸灭迹了。血淋淋的瞿宪凤道长，由楼上的壁门艰难地爬进另一栋楼的宿舍中。瞿道长当时担任"元符宫、勉斋道院"的经济保管，因此他所住房间门窗都有防土匪的特殊设置。这些土设施，这时竟帮了他的大忙，他沿着架设窗上的竹桥——一根毛竹，滑到了"元符宫"的墙外，神奇地活了下来。1987年9月，这位五六岁就从道的老道长，享寿84岁，在"元符宫"羽化。

"乾元观"汪永安道长，也是幸免于难的一位。在鬼子兵放火焚观前，据说他躲到了床下，未被搜查出来，等大火蔓延，鬼子兵撤走后，他才得以从火海中冲了出来。

挺身抗敌共赴国难。"三宫五观"遭到日寇残酷的洗劫，从屠场逃出的道士们再不会糊涂了。他们中有的人直接参加了新四军的队伍，汤念义、陶念忠就是其中的两位。陶念忠在战争年代多次为革命光荣负伤，新中国成立后转地方工作。陶念忠的师兄汤念义，则光荣地牺牲在抗日的战场上。汤念义的事迹，知情者是这样讲的：1938年他只有十八九岁，日寇在"元符宫"烧杀时，他与耿云清、陶念忠先躲在床下，大火烧起后，他们又钻入地沟下水道里。日本兵离开"元符宫"，他们才相继冲出了火海，汤念义一口气跑进一片桑树林中就昏迷了过去。等汤念义醒来时，太阳已经落山了，"元符宫"差不多成了废墟，他向何处去？汤念义毅然决然地投身参加了新四军！因为汤念义作战勇敢，由战士提升为事务长。但事务长是管后勤的，而他参加新四军是要与日本鬼子面对面地干！一次，前线的新四军部队在茅山"乾元观"附近与日寇接上了火，当时后方设在句容境内的唐家边。由于日寇参战的兵员较多，新四军伤亡大，压力重。汤念义知情后，积极请战，提着盒子枪从后方赶到前线，与战友们一起并肩战斗。也就在这次战斗中，他光荣地倒在了抗日战场上。

日寇占据了大茅峰"九霄宫"这个制高点，对茅山地区抗日军民的活动妨碍很大。新四军曾组织偷袭、强攻，试图拔掉这颗钉子，但敌人居高临下，损失较大而没有成功。于是考虑出其不意，待日寇换防的间隙上山将庙观烧掉。1944年5月初，抗日政府召集社会各界知名人士，在金坛境内支河南高庄集会商讨这件事情，道教界人士在会上表态说："顶宫（大茅峰九霄宫俗称）住了鬼子，对革命有害，就烧了吧！"为了将此项工作做得更细致，抗日政府事先通过关系动员"九霄宫"六房七老太腾瑞芝道长，将道观贵重东西搬下山。因当时茅山社会情况复杂，土匪活动猖狂，新四军负责人特地说："你们搬东西下山，有我们新四军负责保护，无人敢抢！现在将庙烧了，革命成功以后再造。"

　　日寇残暴野蛮的行径，早就激起了茅山道士的强烈仇恨和反抗精神。"九霄宫"虽住有日军，但道士们身在虎穴不惧险，经常为新四军提供情报。"九霄宫"道士陈宪荣、徐钦神、李浩歧等人，当时都与新四军设在南镇街的交通站有密切的联系。烧了"九霄宫"后，住在山上的鬼子兵也龟缩到南镇街的大碉堡里来了，而"九霄宫"的道士也都下了山，有几间烧存的厨房有七老太腾瑞芝带两个小道士住着。

　　南镇街大碉堡里有一个经过日寇专门训练过的汉奸特务潘翻译，真名叫苏光普。在茅山地方，他经常挎着王八盒子，跟着鬼子四处作恶，群众恨之入骨，新四军便衣班也早就要逮他，但潘翻译很狡猾，一直无法下手。"九霄宫"道士李浩歧下山后，就让他设法到大碉堡给鬼子烧饭，不久他就与潘翻译混得很熟。潘的赌瘾很大，常常带着李浩歧到碉堡外南镇街上来赌钱。陈宪荣也乘机插入赌场和潘翻译打得火热。一次，潘翻译带着李浩歧又放心大胆地到南镇街白鹤泉东的茶馆里来玩麻将了，他屁股上插支王八盒子枪，李浩歧则腰带上插颗手榴弹。潘神气活现地跷起二郎腿，玩得正开心，不想凭空里一块黑布遮住了他的眼睛，枪很快也被人摘了，他就这样稀里糊涂地当了新四军的俘虏。待新四军便衣班万事停当后，李浩歧跑出了南镇街口，回头扔响了一颗手榴弹，装做慌慌张张的样子跑回鬼子的大碉堡。

　　本来一切都很顺利，谁知道两个月之后，潘翻译又神奇地跑了回来，随即大碉堡的鬼子就四处抓人，茅山四乡的老百姓都被赶到南镇街大碉堡前的广场上，潘翻译从碉堡的枪眼里往广场人群中逐个辨认。于是有四十余人被逐个拉了出来，陈宪荣、徐钦神亦在其列。四十余人被日寇残酷地凌辱后，一个又一个地被地方一乡保长担保了出去，唯有陈宪荣、徐钦神两位任何人来保也不行。原来潘翻译被抓到新四军交通站后就认出了他们。李浩歧尽管扔响了一颗手榴弹，但鬼子不相信他能单独跑回来，所以严刑拷打，尽管他的头发被一撮撮地全部揪光，但他终究未吐露一字。1945 年日寇投降了，他算捡到了一条命，不久他正式参加了新四军的部队。而徐钦神和陈宪荣两位被日寇押到句容县城，严刑拷问之下，他们就是不招供，鬼子百般折磨，放出狼狗将他们咬得半死，确认无法从他们嘴里掏出有用的情况后，在句容城东门桥附近将他们残酷地枪杀。

茅山"九霄宫"和"元符宫"还有两位教小道士读书的先生，吴济之和张明贵。吴济之在"元符宫"教学，学生有黎顺吉（中国道协前会长黎遇航）、鲁顺礼、朱顺贵、瞿宪凤、张宪龙也曾跟着一起学习。张明贵的父亲就是"九霄宫"俗号张小狗子的大房道士。张明贵教的是"九霄宫"二、三房的道士（"九霄宫"过去有六房道院）。清末之后人民生活穷困，茅山四方百姓，多有将七八岁的孩子送上茅山当小道士。但道教的义理是很玄深的，没有文化基础，就不会有学道的悟性，因此清末以来，茅山也就形成在社会上请饱学之士，来茅山道院当先生的传统。这些先生在茅山春季教事繁忙时，就帮道院做写表章、画符等文书教务的事情，春香庙会过了，教务事少了，就教小道士读书学文化。

抗日战争爆发后，地方名流知识分子诸如樊玉林、巫恒通等人，都投笔从戎。他们的同窗、朋友、学生也被动员起来，去参加抗日的工作，吴济之、张明贵亦在其列。吴济之 1939 年参加抗日工作，1939 年至1940 年任抗日政府县参议员，1942 年任茅山游击区副区长，1946 年 10月随大军北撤，1949 年后转地方工作。张明贵参加抗日工作后，先在抗日政府当文书。张明贵曾以道教特色配合新四军敌工部，绘制散发过一张鼓舞军民团结抗日的宣传漫画，据说影响很大。画面是利用茅山的原有"钟魁符"，加印上"癸未年（1943 年）、大劫年、人畜遭灾、若避此难、须军民合作……"团结抗日的符图印章。

日本军国主义挑起的这场侵略战争，欠下了中华民族一笔沉重的永远还不清的债！多少中华儿女为此献出宝贵的生命。日寇在茅山道观所施暴行，欠下的血债，血淋淋的事实，告诉道教界人士，爱教更要爱国，道教才有光明的前途。在国难当头、国将不国的危急关头，妥协、忍让只能做任人宰割的羔羊。如果真的国将不国了，道教也就不可能自然流传衍续了，道教徒也就更不能谈有自己的信仰了。

（载于《中国道教》1995 年第 3 期）

正一派授箓简介

    这是因龙虎山初开箓坛后，以笔名"南方"和实名发表的《正一派授箓简介》和《今日龙虎山嗣汉天师府》两篇文章，道教正一派在当代恢复"授箓"和正一派祖庭的情况，是教内外关心道教的人们都希望了解的情况，因此笔者在中国道教协会安排下撰写了以上两篇文章，为了使研究者更多获取这方面的情况，并将《中国道教》编辑部《龙虎山开坛授箓》的报道附后备考。龙虎山天师府授箓于1949年后即已停止，中共十一届三中全会后，在海内外道教界的要求下，中国道教协会经研究论证，决定于1991年恢复此项涉及正一派道士，通过正规渠道获得神权的教务活动。先是对海外要求授箓的进行举办活动，1995年中国道教协会决定对内地正一派道士试行初授箓活动，开展之后有效地促进了道教正一派有序正常的管理和发展。在初授箓的基础上2006年中国道教协会在江西鹰潭龙虎山天师府，举办了第一次内地36位道士获得升职的授箓活动。在我看来：现在江西鹰潭龙虎山天师府几乎每年都举办道教正一派授箓活动，这项神圣活动开展起来不能仅仅是为延续授予神权的过程，还需要通过这种活动平台强化和提升正一派道士的素质，更深更准确地探讨历史传统授箓客观实际的内涵，注重研讨授箓这种教务在教内外当下的实际价值、应达至境界以及现实应有的意义；要通过这一活动阐发有益社会的教义，凝聚教团人心和力量，在提升道教徒信仰的基础上，引导道教徒适应时代，适应社会，感恩天地自然，服务社会人群，使道教能够更为社会接纳拥护，从而有效完成新时代的转型。

东汉末年，天师道在汉中一带兴盛发展，后曹操迁封天师部众，第四代嗣师张盛率部重返老祖天师修道炼丹旧地。从张道陵开始，天师世系已六十三代。前三代天师活动中心主要在陕西、四川的一些地方，后六十代天师的活动圣地则在贵溪龙虎山中。

唐宋以降，天师世家重新得到统治阶层的承认，并备受尊崇。历代王朝对张天师也多有封赠，许多朝代的天师曾经官居一品，挂金印，着蟒袍。其封号有：法师、国师、先生、真君、大真人、大夫等等。并修建宫观，赐予良田。尤其是元成宗大德八年（1304），朝廷以三十八代天师张与材主领三山符箓，并为正一教主。于是南方符箓道派遂合流为正一道派，与全真道派分别为道教南北两个大的宗派。

正一道派对自己的道徒有专门的选拔方式，称作"授箓"。被"授箓"后的道士才可以称为"法师"。道士临坛"受箓"期间，称为"箓生"。1949 年前的"授箓"活动，一般均由历代天师主持科仪。临坛箓生受箓后，按正一道传统的法派、辈分取法名。龙虎山师传法派又称"三山滴血派"，其时的"三山"已不包括江西清江县的阁皂山，而是指江西龙虎山、江苏茅山、湖北武当山。法派内容是："守道明仁德，全真复太和，至诚宣玉典，忠正演金科，冲汉通元蕴，高宏鼎大罗，武当与兴振，福海启洪波，穹窿扬妙法，寰宇证仙都。"并依据正一"学道之士，修真有得，刊名仙籍之品格"的《天坛玉格》，授予神职，颁发职牒、符箓、法印、天蓬尺、玉笈、拷鬼棒、令牌、令旗等法器凭证。

《天坛玉格》是正一道举行授箓科仪时所依据的一部重要典籍，有多种版本传世，以五十三代天师张洪任撰序，光绪二十八年（1902 年）朱鹤卿录写珍藏的本子内容较为全面。按张洪任所说，《天坛玉格》是"老祖天师奏请纶音，按支干而分治气，照箓章以定品衔，犹朝廷有设官，有等级高卑，有贵贬正副，毫厘不可假借者也。今位三省专司其事，即如世间铨部天下官员职品，皆从选出焉。"通过"授箓"，并按《天坛玉格》而取得法名、神职的"法师"，可以"代天说法"，并能从事斋醮祈禳诸类法事活动。而法师自身也因此"名录天曹，乃有道位"。受箓者，初受《太上三五都功经箓》，升授《太上正一盟威经箓》，加授《上清三洞五雷经箓》《三清三洞经箓》《上清大洞经箓》等。逐次为初授、升授、加授，依凭道功德行，不可越阶授受。

南方正一道在 1991 年 10 月 9 日，于龙虎山"嗣汉天师府"重新恢复了授箓科仪活动，首先为台湾和海外正一派道侣举行了传度。当时授箓情景：道坛庄严，科仪隆重，既显示了活动的神圣，同时又不失欢快典雅、融融祥和之气氛。科仪活动不拘泥于过去天师主坛授箓的旧习，而是由"三法师"共同主持道坛传度。在悠扬典雅的道乐声中，两名道童执剑、捧印，引众"箓生"礼请玄冠法服、执简当胸的"三法师"。然后前导"三法师"临坛为众"箓生"授箓传度。"三法师"后则有身着法衣的高功道长、众道侣顺序呵护而前。步虚声声，仙乐悠扬，鸣钟击鼓，天人共庆！真所谓：高远而不可致，美妙而不可言。

授箓仪式中，"箓生"要表示决心终生尊奉"三皈九戒"。"三皈"即道、经、师"三宝"；"九戒"即一者克勤，忠于国家，是念真戒；二者敬让，孝养父母，是初真戒；三者不杀，慈救众生，是持真戒；四者不淫，正身处物，是守真戒；五者不盗，推义损己，是保真戒；六者不嗔，凶怒凌人，是修真戒；七者不诈、贼陷良善，是成真戒；八者不骄、傲忽至真，是得真戒；九者不二，奉道专一，是登真戒。

授箓时众"箓生"还要在掌仪道长的带领下，于道坛上发"十二愿"。其内容是：一愿乾坤明素，二愿气象清圆，三愿主躬康泰，四愿融洽八埏，五愿天垂甘露，六愿地发祥烟，七愿四时顺序，八愿万物生全，九愿家多孝悌，十愿国富才贤，十一愿箓生受福，十二愿正教兴行。

正一道派的授箓活动，规模较为隆重，场景较为壮观，不仅显示宗教的神圣，更有道教文化艺术的展现，是道教正一派用独特的方式方法，为道侣宣扬各类自律规戒的一种制度和仪式。道坛为道士授箓，自然是对修道者往昔精勤修道功德的肯定。受箓后的道士，应该勇猛精进，修得更完美、更崇高的道果。箓生（道侣）在法坛中皈依"道""经""师"三宝和"九戒"，并虔诚地发十二宏愿，是正一派道士宣誓持奉"清规戒律"信念和决心的定规方式，也是道士自我完善和启迪社会、净化人们心灵的一种倡议。

（载于《中国道教》1992 年第 1 期）

今日龙虎山嗣汉天师府

在江西省鹰潭市龙虎山有一座气势雄伟、形式如王府官第的建筑群，门楣上悬挂着一块镶金匾额，书写着五个雄浑苍劲的大字："嗣汉天师府"。府门前，一对雄视远方的石麒麟蹲伏在东西的石座上，齐整的铁栅栏，将"仙境"与古镇"凡尘俗世"的气氛划分开来。

天师府内建筑，层次分明。进入头门（即山门），就走上了笔直宽广，由鹅卵石铺叠成的甬道。道旁古木森森，草地宽广。油漆彩画一新的双层五开间建筑拔地而起，这是今年九月才竣工的头门，为府内第一部分的主要建筑。二门是前年完工的，门板上分别彩绘着尉迟敬德和秦琼两位"门神"的尊容。东西影壁也均绘有古代其他四位战将的形象，大概也是与"门神"这一民俗信仰有关的内容。二门之中有"灵泉井"，设于甬道之上，据说是古代张天师做祈晴祷雨法会时，专供提取净坛所用"法水"的井泉。入二门，在这红墙高筑的大院内，豫樟成林，古木参天，而其间之古钟、古碑、古井，也各有历史故事，更有较高的研究价值。

沿甬道向前，原有"伏魔殿"，现已不复存在。再前是书有"南国无双地，西江第一家"楹联的门楼，这是府内建筑最为集中的部分。中间是"天师私第"，往前有"三省堂"，分前、中、后三厅。前有客厅，中央有直径三尺五寸的翠绿色太极磐石一块，时逾数百年，而色泽犹艳，名为"迎送石"，历代天师送客人，到此止步。其后为天师内宅，再后即为"灵芝园"，紧接为珍藏过去朝廷诏书的"敕书阁"和天师夏日避暑的"纳凉居"。与其相连有垂柳依依的清水塘和古木葱茏的"植物园"。"私第"之西是"万法宗坛",其意为万神聚集之所,过去最多曾奉祀神像一百三十八尊,是历代天师在"私第"祭祀神灵的地方。院内有千年罗汉松,雌雄各一,枝盛叶茂,传为宋徽宗手植。"私第"东为"家庙",是供奉天师宗族历代祖先的祠堂。

新中国成立后,天师府的情况发生了较大的变化。虽然"文革"中也像其他道观一样遭受到冲击和损失,但是天师府还是得到了较好的保护。尤其是党的十一届三中全会以后,1983年江西贵溪县"嗣汉天师府"被国务院列为全国二十一座重点开放道观之一。现在"嗣汉天师府"已不仅仅是展现历史上天师生活起居的场所,而且是正一派道教徒和信奉者举行宗教活动的场所。随着时势的变化和实际需要,府中的建筑和布局也都发生了变化。

变化最为明显的是"天师私第"中,原为接待客人的"三省堂",前厅已改为"天师殿",其间塑设了威武庄严,仗剑而坐的天师张道陵的神像,两侧分列兵器仪仗,并有楹联曰:"有仪可象焉,管教妖魔丧胆;无门不入也,谁知道法通天。"朝拜瞻仰者至此一睹祖天师神威,定会肃然起敬。而"私第"西的"万法宗坛"部分所恢复的"三清殿""玄坛殿""灵官殿",其间则分别塑设了"三清""四御""三官""五老""玄坛""灵官"等二十余尊庄严的神像。

元惠宗至正十一年(1351)在杭州铸造的"上清宫大铜钟",高一丈,围长一丈八尺,钟唇厚三寸八分,重九千九百九十九斤。钟体上铸有《玉皇宝诰》、临川进士朱夏所作《钟铭》,以及"风调雨顺""国泰民安""皇图巩固""大道兴行"等隶篆文字。另有元代书法家赵孟𫗧奉敕为"玄教大宗师"张留孙亲笔书写的《敕赐大宗师张公碑》等珍贵文物。

江西"嗣汉天师府",背依西华山,前有琵琶峰。府中殿堂楼阁,雕梁画栋,建筑连绵,呈八卦布局,绿树红墙,交相辉映。在各级党和政府的关怀和支持下,宗教政策得到了很好的落实。"文革"期间被一些单位占用的房产和宅基地，地方政府为了落实宗教政策耗资百万余元，将占据单位逐一迁移安置。现在天师府已圈起了宽广的围墙，府内占地面积已达三万二千余平方米，建筑面积已经达一万二千余平方米。为了搬迁仍占用府中部分住宅的住户，地方市、县主管部门正千方百计地与有关方面协商交涉，争取早日彻底解决遗留问题。我们相信，在党和政府的领导下，天师府这一古代著名的宫观将以崭新的面貌迎接海内外前来参访朝拜的信徒和游人。

（载于《中国道教》1992 年第 1 期）

附　《中国道教》编辑部《龙虎山开坛授箓》

1991 年 10 月 3 日至 9 日（农历八月二十六日至九月初二）龙虎山嗣汉天师府万法宗坛为台湾和海外正一派道士举行授箓仪式。

道教正一派传度授箓科仪，自汉天师张道陵创教以来，便已成为正一道的传统。第四代张盛天师自汉中回居龙虎山，每岁均于"三元节"开坛，传度授箓，历来四方从受者甚众。宋、元以后，龙虎山张天师统领三山（即龙虎山、茅山、阁皂山）符箓，正一天师经箓遂为正一道众所尊崇。迨及后世，经箓授受的方法更加完善，远播于海内外。清末以来，正一授箓传度活动的科仪，虽因各种原因，在方法科式方面有所简化，但是仍然坚持按传统程序举行授箓。时至 1946 年，这一历史悠久的科仪传统，中断至今。

新中国成立后，特别是党的十一届三中全会以后，党和政府贯彻落实宗教信仰自由政策，实行对外开放，提出了"一国两制"、和平统一祖国的英明方针。近年来，台湾地区及东南亚一些国家的道教信徒，不断来大陆朝拜祖庭，寻根问祖。1987 年至今，来自台湾等地区和新加坡等国家的道教信徒，多次要求在正一道的发源地龙虎山，恢复道教传统的授箓传度科仪。他们都认为道教的根本在大陆，授箓是正一派的传统，应该恢复继承。大陆各地的正一道士，为了更好地加强自身的建设，也均希望按道教传统恢复授箓这一传统仪范。当今盛世，国泰民安，政通人和，百业俱兴。在共产党的领导下，人民充分享受到宗教信仰自由的权利。为了帮助和促进道教正一派继承传统，肃穆道仪，振兴道风，服务于祖国的统一大业，中国道教协会赞同江西省贵溪县龙虎山嗣汉天师府，为台湾和海外道教正一派道士举行授箓仪式。

正一派授箓传度活动，虽然断代近50年，但是据年老道长回忆，这次规模隆重的道场科仪形式，已属近百年未遇之事。龙虎山天师府此次举行的授箓传度活动，为正一派今后继承这一传统科仪，积累了可供借鉴的经验。

（载于《中国道教》1992年第1期）

铅山玉虚观传承

　　这篇文章真正的作者是江西铅山县宁明伦先生。宁先生是江西铅山当地人，对葛仙山玉虚观历史沿革和掌故很熟悉和了解，因为我是仙翁葛天师的故乡人，又因教内事务曾数上葛仙山，身在中国道教协会教务部门任职，宁先生时在江西铅山县宗教事务部门任职，也数至京为铅山葛仙山道教事联系，相互间颇有友谊，因葛仙山道教谈得来。宁先生拟写这篇文章时亦有研讨商量，文章发表时他未告知我却已向编辑部要求置我名于前，为记录这种情谊，谨将此文收录并予说明。

　　葛玄来到江西铅山县云游，登上高高的云岗山（今为葛仙山玉虚观）修道，并仙举于该山。此后，铅山道教年益昌盛兴隆。据明万历《铅书》记载"铅山邑小，而道集之大"，至明时已有道观17座，名胜仙迹荟萃，文人高道云集，遂得延传灵宝道教宗派源流，这无不与灵宝派祖师葛玄有关。至今铅山仍有道观9座，坐落在县内风景秀丽的深山幽谷之中，教务兴旺，并成为灵宝经系有地方特色的斋醮科仪、宫观庙会的道教活动。

　　葛玄（164～244），字孝先，祖籍山东琅琊（今临沂），其高祖葛卢曾佐刘秀建立东汉，任骠骑将军，封下邳侯，后葛卢将封爵让与弟弟葛艾，全家南迁居江苏丹阳之地的句容。其祖父葛矩官任安平太守黄门郎，其父葛正儒尊事"黄老"，为大鸿胪尚书。葛玄幼聪慧好学，13岁便通古今之学，十五六便名传江左。因受父辈"黄老"学的影响，葛玄"好慕道德，纯粹忠信，举孝廉不就，弃荣辞禄，志尚山水"，常"安闲淡泊，内足无求"，而辞去山阴（今浙江绍兴）县令，遁迹灵岳，入天台山学道。"精思遐彻，示周一年，感通太上，遣三圣真人下降，以灵宝经授之……合三十三卷"，以及《上清斋法二等并三箓七品斋法》《劝诫法轮妙经》《无量通玄转神入定》等经，"老君念其功修之徒，再降庐山敕左元放，授施存葛玄令继为仙官世祖师"，行教于世。为道教第二十八代神仙。葛玄于东吴赤乌年间传授给郑隐（思远）、李参、王玄冲、吴主孙权以及葛奚、葛悌、葛洪，《灵宝经》相继传承，从此，在道教中以葛玄为开派祖师的灵宝派形成。

一 灵宝派斋醮科仪在铅山的盛行

葛玄授真传得道后云游到铅山县，曾在铅山篁碧天柱山、永平鹅湖山、鹅湖峰顶山、杨村云岗山（今杨林葛仙山）等高峰幽谷结茅炼丹修道，一边弘扬道法，收功丹鼎；一边为百姓治病，庇护众生。从此，铅山境内处处留下了葛玄的圣迹和美丽神奇的传说。尤使灵宝派的祈福禳灾、建醮斋戒、科范仪式在铅山广泛传播。

据史载，北宋时期，铅山的宫观或民间每年都要举行斋醮法会，有七七四十九天的"罗天大醮"，也有七天七夜或三日四夜的"太平醮"。1945年7月7日，铅山悬城河口"觉悟坛"为纪念抗战8周年，"超度抗日阵亡将士，祈祷世界永久和平"，就隆重举行了盛大的365天醮典——"云城法会"。坛内两旁设置抗日将士牌位，经堂上供奉玉清、上清、太清以及张、葛、许、萨等道家祖师牌位，又有释迦牟尼佛祖和文殊、普贤、观世音大士菩萨牌位，10余位道佛经生轮换朗诵金刚经、观音经、三官经、道德经……1946年7月7日斋醮的最后一天，在县城广场还举行了数千名群众参加的"焰口法会"，为引导死难同胞早登极乐世界的几百盏彩纸结扎的"莲花路灯"，就排有5余里路长。

由此可见，灵宝派斋醮科仪和"道佛一致"的思想，在铅山早已盛行。至今铅山所有道宫每年必举行斋醮法会，县城、农村信仰者家门口都贴有葛仙公的《灵宝经》灵咒和符箓，以消灾辟邪，祈佑平安。

二　灵宝派高道辈出，名观林立

《铅书》三卷《柯仲炯鹅湖峰顶三胜记》曰："鹅湖之山，三峰特秀，已若揭三教而示之，先贤人智士，恒于此乎寄迹焉。始则汉末赤乌年间，山阴令葛玄，以《四要九训》行教如此，凿石为穴，藏于陇首"，而建鹅湖山宗华观（唐懿宗咸通年间860~874），以祀葛玄曾在此山开教修行，是铅山最早建的道观。宋英宗治平二年（1065）改赐玉虚观，该观建筑宏伟，香火鼎盛。

玉虚观当时住一道人，姓徐，名若辉，铅山人，道行颇深，因违诏不入，隐于葛玄修道之"石穴"，居于玉虚观。宋末元初，灵宝通玄弘教法师教门高士林灵真，来铅山参访葛玄修道之处玉虚观，在该观徐若辉与林灵真论道《灵宝经》曰："若辉所学，孝于亲，忠于君，居仁由义。调喜怒，正好恶，安时处顺，乐天知命，如是而已。"后因寓兴诗酒而仙逝于该观西房。葛玄曾修道之一处的天柱山之巅，有建于南唐升元（930~940）的南华观，据称昔日南华真人曾居此炼丹。治平二年朝廷赐额"鸿都观"，观主詹大顺，字德常，原为太霞宫道士，精通符箓和天文地理，闻名遐迩。宋时丞相刘正大微贱之时，大顺为其预卜兆期，"十八年后子孙当后宰辅"，后果然灵验。政和七年（1117）诏大顺赴洪城授冲虚法师，住持阳德观，第二年又授元素大夫。大顺不愿受此荣禄，屡请还山，直至建炎三年（1129）羽化该观，享年85岁。相传葛玄来铅山曾在篁碧一幽山修炼，但见杨村云岗山上峰峦环簇，灵光出谷，十分慕往，但已住一道。一日葛玄略施小计对该道人说："你山只有九龙窜顶，而我这里是十龙藏窝（原地名叫石垅），这福地让给你。"那道人一听即与葛玄对换。后人为祀葛玄建有会圣观。宋景德元年（1004），王通真人（字道静，又字道明），铅山永平人（1004～1065），遍游浙闽名山，学道武夷君，慕名返铅到篁碧葛玄所修道之处，居茅竹洞，专心修行，深究元旨。能飞神御气，号召风霜，因济世救人，颇积功德，而被诏封洞明普静真人，坐化于会圣观。至今该观前存有两丘田酷似阴阳"圣诰"，传说即是葛玄占卜"圣诰"之处。

宋明时期，铅山道教活动进入鼎盛，道观增到17座，其中主要有：葛仙祠（现为玉虚观）、清炎观、悟真观、崇真观、会圣观、紫宸观、玉清观、广福观、崇元观、秋水观、东隐观、元妙观和仁寿观等。民国期间，战火不断，宫观多遭破坏，废塌多座。1930年成立了铅山道教协会，道教活动一度兴盛，据记载当时有大小宫观20座。"文革"期间，道教活动停滞，宫观被拆。中共十一届三中全会后，党的宗教政策得到全面贯彻落实，铅山道教活动又得到恢复，先后复兴大小宫观18座，以葛仙山葛仙祠（玉虚观）的规模为最大，信徒崇奉不忘，递坦递修，越来越旺，现有殿宇十余楹，葛玄的神足仙迹10余处，一直保持着古老灵宝斋醮科仪朴实风貌，重沉稳古风。

三　灵宝派斋醮科仪在葛仙山玉虚观的传承

葛仙山（原名云岗山）位于县境内杨林、港东、紫溪、天柱山四乡交界之处，海拔1096米。山上古木参天，青松郁郁，山势巍峨，雾绕峰巅，环境十分幽雅，葛玄自登上该山后，"集百灵草服饵术修道，采日月气炼九转金丹"，还不时地在境内各幽山福地道观弘扬道法，常"以草药治病禳灾，以符箓伏魔驱邪"，"斋醮法事，祷告太平，济世度亡"行道于民间，深受民众爱戴。一日升天于南山"九龙窜顶"之巅，为纪念葛玄称谓葛仙山。后人为祀葛玄的功德，由"趺坐在上有百鸟罩护，下有九龙托座的容貌如生的真身"，到"搭棚遮真身""筑庙安神位""建殿塑神像"，随着道教历史的延续传衍，葛玄的"神灵赫赫"，慕名游山，参访人次日益增多，殿宇规模越来越宏伟，逐渐由葛仙祠（始建于北宋元祐七年1092）形成规模如今的玉虚观。观内有葛仙殿、太上老君殿、玉皇楼、三清殿、灵官殿、三官殿、地母殿、送子观音殿、钟鼓楼以及客堂、斋堂，近几年来具备了宫观的格局，有了更好的恢复和提高，故谓之玉虚观。明时，鹅湖峰顶山慈济禅寺的第六堂"隆隐堂"又在北山建有慈济寺，内有大雄宝殿、天王殿、观音殿、地藏殿、济公殿以及钟鼓楼，一条99级台阶（百步岭）与玉虚观相衔。从此，寺观融于一山，道佛共处，虽为罕见，但其是有宗源的。

著名道君皇帝宋徽宗下诏封为丹元真人的陆修静（406～477），是灵宝派的传承者，在他31岁时整理刊正完毕的《灵宝经》中，极力提倡"佛道一致"。当九江王向他问起佛道得失异同时，他答道："在佛为留秦，在道为玉皇，两教不过是殊途的一致罢了。"在灵宝经中，他把佛教的"涅槃轮回""因果报应""济世度人"等教义化为道教使用，使佛道两家进一步融合。又宋徽宗诰封的宗元翊教真人陶弘景（456～536），自小崇拜葛玄神仙"吸风饮露，乘云气，御飞龙，而游四海"的生活，弃官隐居深山得道后，所著《真诰》中，将佛教教义中"去情留性""铲去三毒"（贪欲、恚怒、愚痴）"生死轮回""地狱""顿悟"等学说，充实到道教理论中去，提倡"道佛双修"，对道教教义影响极大。因此，葛仙山的"道佛融于一山，道佛和睦共修"，也是道教延传发展遵循灵宝派宗旨的产物。

葛玄自在葛仙山（云岗山）修道登仙，留下了多处神秘的足迹，有一矗石上葛玄因"打坐"而坐成一凹的座位，为炼丹台遗址；有炼丹用的排列成北斗星座的七个泉穴"七星泉井"，至今乡民传为"洗眼则明，饮之病愈"；有为试剑一劈两半高4米余、宽3米余的巨大石壁"试剑石"；在一块岩石上有一尺余长清晰的"仙公足迹"；有明成化五年

（1469）按察使赵吾登山晋谒葛玄羽化之处，所题额"飞升亭"；还有座葛玄默默在山中修炼，结发成髻，圆领宽袖、飘逸仙姿的巨大"神仙石像"……这一幢幢独特风格的殿宇，一处处幽谧的神仙足迹，一件件葛玄传说的故事，一篇篇历史记载的史实，展现在葛仙山上"无处不是法，无处不是道"的神圣胜景，乃是葛玄在铅山葛仙山上弘播灵宝派的见证。且有《柯仲炯鹅湖峰顶三胜记》（铅书版）中曰："鹅湖之山，三峰特秀……使葛仙冢、四先生书院（即现鹅湖书院）、大义道场（即峰顶山慈济禅寺）并存与欤！"

　　灵宝经系斋醮祭度科仪在玉虚观活动中使用频繁，而且规模较大。1949 年前夕，为庆祝新中国成立，祷告国家太平，祈福禳灾，举行了七七四十九天的"太平醮"。斋醮坛场设置在 500 平方米的葛仙殿内，坛场分内、中、外三层，旁开各门，皆有法像。悬挂着东、南、西、北方位的青、赤、白、黑四色题榜和按巽、乾、坤、艮、震、离、兑、坎的八方八卦榜。高台搭起，高功道士在坛内做、念、唱、奏。闻信赶来参加斋醮的闽、浙、赣等省的民众每天达千人，并可领得一张"葛仙公符箓"，至今玉虚观每年都要醮祭一次。

　　每年六月初一至十月初一的庙会，也是玉虚观传承灵宝经系斋醮的一大特色。每年届时 120 天内，上山来往香客游人摩肩接踵，川流不息，其间八月二十日为葛玄生日，先后三天为葛玄祝寿，盛况更是空前。这期间还有 90 多个省内外城乡倾村（街）结队的民间"会队"，他们手擎会旗、鸾驾，伴以民间乐队（串堂、小戏班），锣鼓鞭炮神铳震天，浩浩荡荡赴葛仙山。他们除了敬香、求愿、还愿、诵经外，晚上则在大殿听"串堂、小戏班"演唱的赣剧，折子戏，有时几班"串堂、小戏班"轮唱、对唱，一直演唱到天亮方尽兴，热闹非凡。

　　现在玉虚观的道人属全真道，灵宝斋法科仪的戒律、威仪、玄章、表奏成为道士修持的重要法术，是观内道士共同的修持准则，道众每逢朔日、望日、重要节日、祖师圣诞，都要举行祝寿、庆贺等典礼。同时观内道人、执事以及来山游人香客一律食素，始终保持"夫道家所先，

莫道于斋"的"其功德重者，唯太上灵宝斋"的传统山规。今天的葛仙
山道教界，决心使葛玄—灵宝派在葛仙山万代传承，灵宝经系斋醮科仪
在玉虚观更为发扬光大。

（载于《中国道教》2000 年第 5 期）

道教仙源龙虎山

　　江西龙虎山古称云锦，位于鹰潭市境内，闻名中外！是山列天下洞天福地之三十二，因老祖天师张道陵早于山中炼"九天神丹"，丹成龙虎现，又山势虎踞龙盘，故获龙虎山之称。祖天师丹成之后，云游天下，在巴蜀之地设二十四治以统领教民；第三代张鲁承其志，割据一方，政教合一，后顺曹而封侯。张鲁有五子，其羽化后长子张滋袭其爵位，第四子张盛承其道业，于晋永嘉年间（307～313）迁徙而返回龙虎山中，设符箓宗坛世袭传授，遂为第四代天师。南宋敕三十五代张大可"提举三山（龙虎、茅山、阁皂）符箓兼御前诸宫观教门事"，元代第三十八代张与材获授"金紫光禄大夫"，封"留国公"，赐金印，视正一品。于是龙虎山称"南国无双地"，天师府称"西江第一家"，山中大上清宫和正一观同样著名。

　　自古以来龙虎山天师符法影响很大，就连元末明初出现的《水浒传》，第一回竟是："张天师祈禳瘟疫，洪太尉误走妖魔"，描述的就是三十代虚靖真人的故事，作者笔下一百零八将真正的原籍出处，竟是龙虎山上清宫那座殿宇中的深穴古井。他们是老祖天师镇锁井中的"三十六员天罡星，七十二座地煞星"。"道高龙虎伏，德重鬼神钦！"这是世人称颂祖天师道法高超的赞辞。其意旨内涵是：道德，无论出世、入世都是教徒和学人行持的功业和方向，追寻的目标和境界，是正人君子的依归。楹联辞句既是对祖天师道德高深、法术奇妙的赞美，更是以祖天师功修的境界，启示后学。对教内外既显劝善的伦理，也是劝修的教谕；

目的是企望世俗社会，人们向善、行善、关爱、互助，对教内则有要求教徒济世助人、适应社会、勇猛精进、内修外行、积德证道。道法高妙才能降龙伏虎，积德深厚人会感动、神鬼亦会钦敬，这实际是真修者的不传之秘。祖天师于云锦山中炼"九天神丹，丹成而龙虎现"，但龙虎灵兽亦敬伏威灵，这就是祖师真修的见证。为再现越地古老文化内涵和特点，当地政府部门也曾于泸溪两岸和河面举办多种风情表演的内容：织女浣洗、田野牧歌、隐女琴音、高崖对剑、水上道场、鸬鹚捕鱼、山村婚俗等等，尤其是原始土著部落围猎和安置悬棺的情景再现，更是引人入胜。碧水蓝天的陶冶和净化，真使人心旷神怡、胸怀变得更为宽阔了！

龙虎山称之为"祖庭""仙源""道都""仙灵都会"，确是十分的神圣。去参观山中众多的景观吧，山环水抱景色优美，自然显现出造化之神奇！山水刚柔之相依，龙虎阴阳之妙化，牝牡自然之玄理。有"仙女岩"，即有"金枪峰"；有山有水、龙虎相守、山环水抱、真显暗喻，展现阴阳玄化之道理。山有99峰、24岩、108处自然和人文景观。仙水岩景区是景点最为集中的区域，这其中凭兴致可乘船乘筏悠游于泸溪河上。可以看到仙水岩自然天成、鬼斧神工的僧尼峰、莲花石、丹勺洞、仙姑石、玉梳石、石鼓峰、道堂岩、仙桃石、云锦峰、仙女岩十大奇景，那景物的奇异，山形的神妙，碧水蓝天、自然成趣的山水文化，丹山碧水的奇异，牵动的是对往昔历史的更多回顾，引发的是对人文景观存在的更多的遐想和神思！

我有《龙虎山水设问》三阙：

其一：道都蕴玄妙，古今不记年；龙虎何所喻？峰峦何从起？泸水何处流？源自何水系？古代如此否？悬棺费猜疑。

其二：山中多神奇，阴阳有玄义；古人多灵慧，莫效东颦痴；宇宙容万物，存在合真意；牝牡天地设，山水自然理。

其三：河水清见底，两岸列美景；青崖悦心志，流泉陶灵性；

鸿爪雪泥

泸溪荡木舟，碧空悟宁静；放下凡俗事，且随神仙行。

后又有句曰：

云锦日月沂溪泉，峰崖常在水绵延；轻风有意吹不断，湖光山色多少年？

龙虎还应守丹灶，鬼谷亦要隐神仙；悠悠年轮春秋去，天师府第日月新。

（2001 年 2 月 17 日）

64

葛仙山的记忆

——登山忘俗　临水怀古

位于江西上饶铅山县境的葛仙山，方圆十余平方公里，海拔1096.3米，主峰群山环抱，诸岭绵延；九脉会聚，飞瀑流泉；烟雨晴岚，云海变幻；林木蓊郁，翠黛无际；因东汉葛玄修道于此，羽化登真于峰巅，魏晋时乡人即辟筑石庵祭祀奉礼。《葛仙山志》概括山中历史人文，称谓"山不在高，有仙则名"，而此山不仅丹台耸云，山川灵毓，且神仙威名灵响四方，古今称颂，形成有"斋期"开山门、关山门的宗教活动方式，传承道教灵宝派的斋醮科仪内容，曾获唐懿宗、宋徽宗、宋理宗三帝赐封，宋王安石、明费宏、夏言三相登山朝谒瞻礼，历任邑宰循例祭祀。三国以降，香讯盛况如云，道流绵延至今。

一　文化底蕴浑厚的江西铅山县

我是第三次到铅山县登临葛仙山圣地了。第一次是在1998年11月，那是慕名专程赴境参访。此前1993年5月，铅山县委统战部和宗教局的负责人曾专门到北京，来中国道教协会介绍山中的建设和道教宗教活动场所开展的情况，使我对葛仙山有了较为系统的了解。第二次赴山，是2000年4月。我在龙虎山中教事完毕，因念旧地友人，忆登山雅趣，即与汪华光先生联络。承他之情亲自带车到鹰潭的宾馆接我，于是转道登山。此次赴山之所以从行，是因2004年5月在江西庐山举办"两岸三地道教界纪念吕祖诞辰 1206 年"活动，28 日我乘间隙再登葛仙山。

铅山县境不仅有道教圣地葛仙山，还有名士朱熹与陆九渊兄弟"鹅湖之会"论辩"心""理"之学，开一代新学风的"鹅湖书院"。据《铅山县志》记载：春秋战国时，铅山地属闽越，因其地富有铅、铜矿藏，唐时在其地设"铅山场"开采。五代时扩大"铅山场"开采，故于南唐保大十一年（953）升场为县。宋开宝八年（975），铅山县曾直隶京师。这里确曾是骏才辈出，商贾云集，经济繁荣。从人文的角度，留传至今的佳话有："隔河二宰相"：指南宋陈康伯和明费宏；"百里三状元"：指北宋刘辉，元李谨斯，明费宏；"一门九进士"：指北宋赵士祁及其子孙八人。从地理的角度，她西接赣地贵溪、弋阳，北连横峰等地；南部紧邻则是闽北崇安、光泽诸县的地域。其地处武夷山脉，物产丰富。铅山县城称"河口镇"，位于铅山县境北部，《辞海》载：河口"镇名，在江西省东部，信江上游"。信江，是江西省境内的五大河流之一，其源于铅山县西北；经县境与域内源自武夷山脉的多股内水汇而成之铅山河，合流而东去鄱阳湖。信江与铅山河交汇处，就是河口镇。古代河口镇是著名的商贸集散地，号称"八省码头"，为江西省"四大名镇"之一。

第一次赴境时老朋友汪华光先生即带着我去转了几处地方。参观了距县城 15 公里处的"鹅湖书院"，这是儒生重视的圣地。南宋淳熙二年（1175），朱熹、吕祖廉、陆九渊、陆九龄在此聚会，高谈阔论，各自发表高见，相互研讨学问，发挥古圣先贤的文章奥意。也许这就是今天学者们所谓研讨会的启端吧？其后信州刺史杨汝砺在此筑"四贤祠"以为纪念。淳祐十年（1250），朝廷命名其为"文宗书院"；明景泰四年（1453）重建时，因其地旧名而称"鹅湖书院"。书院建筑背山面畈，占地约 5400 平方米。清道光二十七年（1847）修建后基本布局为：院墙前临照塘，墙内左仪门、右礼门。建筑共六进：头门为第一进建筑；青石牌坊，上题有"斯文宗主"四字；泮池，池上有雕栏石拱桥，泮池两旁各有一碑亭；仪门三楹，两翼有庑廊；会元堂五楹；御书楼及东西两廊读书号房各 20 楹。1957 年、1983 年均由国家拨款重修。1959 年即被列为省级文物保护单位。

参观县城中"河口古街"。河口镇之"古街"道由东而西沿信江南岸建筑，旧分一堡、二堡、三堡，全长约 2.5 公里，街道平均宽 6 米。路面用长青条麻石铺砌而成，石铺路面上布满了车辙。"古街"道两边尚存"旧店铺"450 多家，多数保持了明、清建筑的特色，由于年久失修已呈破败之象，急需保护。记得当年由铅山回京，曾与汪华光先生两人合写一篇题为《历史·地域·经济文化的沉思》的文章，也不记得在哪一个刊物上发表过，其中记载有这条古街道的沧桑。那篇文章中有一段话是这样写的："那街道上的青麻石铺就的路面中间，早已留下深深的车辙，建筑的木栅构图、门框石料的镂刻工艺，都在告诉人们这座古镇的年轮、历史、文化和她在过去商贸经济中的地位和辉煌。"其后，无论是实地还是在电视中看到介绍古建筑群时，我都能想起这条"河口古街"。

汪华光先生带我参观的第三处地方最使人感动。人们一定都不会忘记 1998 年那场大洪水。第一次到铅山就是那年的秋天，洪水肆虐后的景象仍在。"水"之威力真是难以想象，县城中一棵数人合抱的千年榕树，竟被平地移出数千米距离。更使人感动之处在于，其时政府在社会各界的支持下，已将这株庞大的"老树精"从泥淖中扶正起来，还请到数位著名的林木专家为其会诊开方。专家因其遭洪水冲刷，有伤根本，所以修整了底层累赘的枝节，而在大树的枝枝杈杈上下各处，也像人生病时输液似的挂满了营养瓶和输液管。专家说，这是为这株千年古木扶正固本，实其元气，促其生机焕发的较好办法。由此使我看到铅山县境虽然地处山区，但是人民仍保持着古老的纯朴、淳厚、回归自然、天人合一的认识，意识到人与自然万物都是平等的对象，应该和谐共存，同样需要包容、互助、关怀精神，这是当代人类最需要具备的重要意识，铅山人拥有这种自然纯朴的真爱。

第二次到铅山是春天，记得那次鹰潭市原宗教局副局长吴更生先生夫妇也随同前往。当年铅山县委统战部和政府宗教局的几位负责人，都陪我去登葛仙山。其时葛仙山玉虚观的寮房客舍已经建起，观前两口"龙眼井"中间位置的"龙舌池"正在清淤整修。这葛仙山真是奇特：峰岭绵延盘曲，仿佛巨龙的身躯，而葛仙山主峰即似巨龙之首部。那"龙舌池"也真怪得出奇，独生一块白色长长的玉石，真似蛟龙伸出的舌头。池畔有井左右两口是谓龙眼，其上殿宇仿佛巨龙抬起的额头，那太极殿就是龙角生出的位置。太极殿左右两座峰岭上，已由独具匠心的建设者们，按河图洛书、太极八卦的图式，树立起九十五块精美的石碑，碑文均为山中古碑石刻的原文，而由当代国中书画名家圣手亲书墨宝，更加烘托起胜地古观之文化氛围。那一次登山归来心情更是特别的好，所以后来铅山县委统战部编辑出版《葛仙山志》要我完成一篇序言，其中我表白登山时的心情："拾阶山径，花香醉人，满山的映山红和很多叫不上名的花木，都绽开花蕊，摇着身姿，仿佛也欢迎我这玄门后人来山参访。清风徐来，更觉神清气爽！"

葛仙山是常挂我心中的一处圣地，乘隙登临之心则常常有之。当真的有了空闲，有了机会的时候，当然会被我牢牢抓紧了。2004年5月28日下午，友人冯春生夫妇驾起他们的私家车即下庐山，经九江赴上饶铅山县。一路风尘，行程四百余公里，四个多小时，至夜晚九时之后到达县城。老朋友和政府的领导们在晚餐后，特别将我们安排于"铅山宾馆"居住。

二　体悟葛仙山人文景观

初夏，天亮得早。昨晚铅山方面就与我商定活动的安排，我们一行四位分两拨活动。葛仙山太高了，所以攀登者只有我了。5月29日凌晨，我即已起身洗漱，5时准时跨出宾馆大门。小车、友人早已在宾馆的广场等待，于是登车即奔葛仙山而去，到山下用些山农备下的家常大米稀饭和山菜，7时左右正式登山。

比较以前的印象，葛仙山仍然保持着纯朴、秀美、自然天成的形象，就像深处闺中的处子，虽然生机勃勃，但尚不为多人所识。山下的环境则与先前有了一些不同，从县城到山脚下，原来曾修筑有一条公路，现在看来似乎许多的弯曲已被拉直，显然至县城的距离也被缩短了。实际上葛仙山已经有了初步开发，但我还是喜欢那些保持古朴的内容。比如保护很好的植被，还有那条石阶山道，弯弯地、曲曲折折望不到尽头地向顶峰延伸，仿佛要升到峰顶那片乳白色的云端中去。石道两边的山野中，各种各样的山花，自由自在地开放着。但愿这座道教圣地在今后不断地开发利用过程中，注重论证规划，既增添有价值的文化内容，造福桑梓，又保护好生态，获得科学、合理利用。

葛仙山道场的文化渊源悠久，玉虚观敬祀道教"四大天师"之一的灵宝派高真葛天师葛玄仙翁，其来历可追溯到东汉三国时代。山中历史变迁，与铅山地域的人文历史交相互动，形成了葛仙山极富特色的文化内涵。由于不断建构，所以山之上下，历朝历代沿途增设景点。途中神庙最值得一说是半山规模较大的"娘殿"。据说源起于明朝时江西地方出了一位叫夏言的人物，时任内阁首辅。明嘉靖三十年（1551）夏阁老省亲返京，夜宿信州（上饶）驿馆，梦再抵半山，见老妪卧于半道，自称为葛玄天师之母，千里寻子而至山中。夏阁老梦醒甚觉惊奇，遂隔日遣使知会山观住持，构建"娘殿"祭祀葛玄祖师之母。历史中是否发生其事，有兴趣者当然可予考证，但在这里我们应认识到这其实是古人的一片苦心。神道设教，旨在于启发世俗：示神问卜，朝山参访，用心当正；行修以慈善助人，百"善"以"孝"道为先，目的是维护社会伦理之教化。至今登山祀神者在此息脚，自然要入"娘殿"虔诚拜礼敬香，以受伦理古风之熏陶。

"娘殿"以上的路似乎平坦多了，而有经验的人告诉我还有更长的山道需要攀登，但在我的体会中，之后的路只是缓步登攀，走得更踏实，更省力，速度反而更快了，不知道这到底是我的心里感觉还是事实？总之，汗湿的衣服逐渐地干了，步履轻捷了，我走在最前面要不时停下来等等他们。山道边有熟得红透了的野草莓之类，每次等人时我都去采摘野果品尝。真正的没有丝毫污染的"绿色食品"，鲜亮的、甜甜的。第一次登山时，那些在整修山道时被留下来的小树苗，此时已高高地挺起了枝干，叶片遮住了已升高的热辣辣的太阳，将舒适的阴凉赠留给了路人。站在这林荫山道上，在自然山风轻轻的吹拂下，享受大自然的优待，远眺青翠的山峦，近观绿色的四野，真使人感受到自然万化的潜力，身心也甚觉无比的惬意和愉悦！

出"娘殿"登石阶盘山而过拴马石，全程约 6 华里，再上新修台阶59 级，即到初建于明嘉靖年间（1522～1567）之古朴高雅的建筑"接官亭"。该建筑之设，据清同治《铅山县志》记载，过去每年农历六月初一葛仙山玉虚观道场开山门时，铅山县令都要循例上山祭祀葛天师葛玄仙翁。这其中道理在于"普天之下莫非王土"，县令是朝廷下设行政机构的首长，这就难怪这处道教徒清修的场所，为什么树有这么一座明确崇尚仕途功利的标志建筑了。石亭巍然高耸谷口，亭左古松成林，亭侧古松下有石砌龙井，泉水清洌汩汩流出，饮之沁人心脾。再上过紫云峰，有步云亭于前，此处有古迹"仙人足印"。亭以青麻石结构，基座为六方形，整体呈现圆形，石面以牡丹、梅、竹、云朵、鸟兽、祥云浮雕。身立亭内，山云触亭，清风送雨；傍晚"高霞孤映，明月独举"；凭栏远眺，真使人顿生凌空步云之遐想。此处有两条道可达玉虚观之太极殿，一条经"龙眼井"而上，另一条越"仙人足印"，过"七星井"而上。玉虚观有太极殿，以下直连三官殿、灵官殿、地母殿、玉皇楼，及其他大小殿宇共 17 幢。依山而建，层层递进。

玉虚观左前方象鼻山上有"观道亭"，沿山道登 76 级即达亭中。淡红色麻石结构 30 平方米面积，六角形。亭中石凳石桌俱全，藻井镌八卦图形；亭周配嵌 6 块石雕道家故事；亭顶浮雕双龙戏珠，亭中可俯视悬崖处酷似矗立读经之"石道人"。亭之柱镌有：玉"炉烧炼延年药，正道行修益寿丹"之楹联。玉虚观东北 300 米处有石台据说为葛仙翁飞升处，现建有巍然飞檐之"飞升亭"。亭周以铁链护栏，北侧为断崖峭壁，崖下古木森森，云海茫茫。此处有古迹"试剑石"，其上为撑腰石，聚仙崖，最高处为"葛仙峰"。

玉虚观之太极殿，正门为石砌八卦形拱门，石刻楹联"三清古道千秋业，四要玄机万世师"。这是告诉人们：这一座道教宫观是三清祖师座下古老道场，其间供奉的神圣非同寻常，是天机四相、四大天师之一品格高尚的神仙。两边朱红围墙上书"德配天地，道法自然"。大殿前后三进，正中24根圆柱落地，下垫八角形石柱基；大殿屋顶系长方形翘头铸铁瓦，长40厘米，宽24厘米；铁瓦两类：一铸有"大葛仙"三字，一铸有"名山"字中夹牡丹图形。此系1939年火灾后重建时铸造。殿中石坛上有葛玄仙翁神像和神龛；龛有楹联："葛水长流神泽达，仙山持立圣光明"。殿正中还有一处值得称道的古迹为：青石浮雕九龙金阶；金阶两旁竖立四根方形石柱，其上镌有"大葛青云路，仙翁紫金街，鹤岭驻仙踪，山峦撑突兀，朝拜须清静，登临自健松"等字样。柱顶端踞立石象、石狮。"太极殿"在清嘉庆二年（1797）毁于火，后修复；民国17年（1928）复毁于火，次年再度重建。殿外有仙井、龙池、上马石、下马石、息心岩、试剑石、仙人足迹、飞升台等古迹多处，其由来均与葛玄仙翁有关。

闽浙皖赣四省善男信女，从葛仙山玉虚观"开山门"农历六月初一至"关山门"农历十月初一，朝山进香者不绝如缕。尤以农历八月二十为最，是日传为葛仙寿诞，这天笙箫鼓乐喧天，香亭仪仗塞道，即到夜晚亦见山道灯火亮如长龙。清道光年间铅山知县林光曾作诗以记其事，其中有：葛仙山头钟鼓起，葛仙"山下人如蚁"；六月一日山门开，村村鼓角进香来；"填街塞巷纷杂沓，人声炮声喧如雷"。可见往昔葛仙山道场活动之影响确非一般。

三　登山临水之雅趣

曾有多人询问我登葛仙山朝真之动机目的，对神祈求些什么。细想起来真没有什么世俗功利对神求，确为兴之所至，适性而已。当然，人都有趋赴吉祥美好的心愿，这有助人之德行。人非神仙，都难予绝对免俗，关键在于通过不断检束自我的过程，提高修养和素质，不断洗涤庸俗。说来极为简单：第一次登葛仙山时，当玉虚宫住持方信才道长向我说："你这一次朝山了，记住以后还有两次，一定要三次朝山啊！"时任铅山县政协副主席、统战部长的汪华光先生也笑着讲："方道长讲的可是葛仙山的老规矩啊。"我当然要接这句话，即予表示：一定会三朝葛仙山！许人诺言未兑现之前，心中总有个牵挂。作为一名道教界人士，当然"敬神如在"。登山朝圣自然会有许多的感悟，但最主要是我完成许诺的诚信。"一诺千金"之成语标志古人诚信之境界，今天我三登葛仙山，是作为一个普通道教信奉者对人、对神允诺后的诚信。至于登山朝圣之感悟，则是额外之精神收获，其对我未来之人生道路无疑是极有价值和意义。

朝山最有心得体会可能是登山的乐趣！葛仙山是海拔千米以上的高峰，当到达半山"娘殿"之时，我全身的衣服已被汗水浸得透湿了。真是性躁气浮，劳心累形。待停顿片刻，抄一把凉凉的山泉水，洗漱一下，暑气顿消，山风轻拂，自然渐渐凉爽起来。有什么能比此时的心境！劳累后那种舒畅的感觉就是不一样。这就是真朴大化的馈赠，自然原野的奖赏，也许只有登攀者才能领略得了。要说葛仙山的水资源真是充足，登山沿途不管在多高的位置都有泉水"汨汨"地往外冒，难怪说"山有多高，水有多高"。古人所谓"仁者乐山，智者乐水"，冠之于道士，是最确当不过的了。道教主张"道法自然"，天下名山胜水钟灵神秀，许多宫观就建构其间。当我登山确有感受之时，真的想起许多工作之余享有"公休"的人们，何不利用闲暇抽身到山野中去，到溪流中去，去登山、去游历，增加有益身心健康的运动，启迪人生进取的灵智。拥抱大自然，那就是拥抱自己的生命！

陪同我登山的朋友告诉我说，尽管葛仙山富水，但葛仙山玉虚观管委会仍从长远考虑，计划要在今年于山脚选一处地下水源充足，水质佳好的泉眼将山下的水送到山的顶峰，完成水工程建设。这个计划不仅是考虑眼前获益，最主要是保证干旱之年山顶用水，以及古迹建筑的保护。他们计划在明年（2005）即将人力、物力、资金转向山顶玉虚观建筑的维修整理，届时沿途的景点也将一体得到规范整理，那时的葛仙山也许会更加体现出道教圣地的风貌。这葛仙山真的深蕴灵秀，使人记挂而难以忘怀！

下山后铅山县宗教局领导专门雇一条游轮邀我们一起登船游信江。信江的水静静地流走，真所谓"逝者如斯"！当船行至信江大王潭"九狮过江"石峰之下，那岩壁平直如削处，镌有"龙门第一关"五个正楷大字，笔力苍劲，系明万历年间当地名士费元禄所书。导游者介绍说："这里是'鲤鱼跳龙门'的第一关隘，跳过'龙门'的鲤鱼就能化而为龙。"我窃以为，这位费老前辈撰文意不在此，而当喻后人成大器者，是要经受自然造化之熏陶。古人早有"读万卷书，行万里路"之教诲，那山光水色，祖国的大好河山是陶冶人之情性的重要元素。要说现代社会，物质文明建设的不断成功，使社会的物质财富更加充裕，人们物质享受的标准不断提高。中国人也早已过上了"楼上楼下，电灯电话"的生活。即使偏僻的农村，除极个别地方外，恐怕也早已"种地不用牛，点灯不用油"了。人们都在享受着物质文明进步的成果，但人的欲望是最无止境的！在今天物质文明进步的同时，精神文明建设更加应该引起社会的关注和重视。

道教这种传统宗教形式，最重要的特点在于既关爱社会、关爱人群、关爱众生，又关心天人之间万事万物自然生态的和谐和变化发展，有直接导人清高，洁身自爱，越俗超脱的内涵。故无论名山胜地还是都城闹市中宫观之设，都是道教宣扬自身教义内容，展示传统宗教风貌形象，传播有益社会进步的文化精神。既是道教实践服务现实社会的渠道，又是社会了解传统道教形式的窗口，是道教与现代社会沟通、交流、互动方便的法门。人海茫茫、人潮滚滚，在和光同尘中道教自然要受到世俗社会的干扰。风月无边，净土无界，唯在己心。道教要将自身的文化传播给社会，使社会人群感觉道教的内涵和真谛，在整个社会发展进步过程中发挥应有的贡献和作用，自然既要坚持出世的修持，更要探索入世的方式。如此而已，这第三次到铅山县登葛仙山的感觉和心情，当叙之以文，咏之以歌！遂拟成三则24句言辞以记《登葛仙山之感怀》，内容为：

一则：晨光初起万籁静，偶闻数声蛙鸣音；起坐舒展筋骨皮，清水再沐树诚敬；存想默思当忘俗，轻装布履出房门；老友已立清风里，铁马静静待人行。

二则：快车出行山城道，偶遇仨俩赶集人；农家田头早忙活，少妇溪边浣纱巾；一片青天瓦蓝蓝，四野翠黛碧青青；铅山初夏山水好，自然画图展大千。

三则：登攀一层又一层，千仞高峰在前程；汗水如注沐凡俗，真历劳苦见丹诚；初始有盟许心愿，三赴胜地朝神真；再践灵宝古道场，始证崇奉证盟心。

感谢铅山县党政部门领导的支持和帮助！感谢葛仙山玉虚观道职员工对我的接待！谨以此小作献给铅山的朋友们！

（载于《中国道教》2004年第4期）

冰雪庐山纪行

　　2005 年 2 月下旬与内子在江苏年假返京，接安福友人——祖师魏夫人后人电话，邀参加其族人祭祖活动，并允诺要赠送族谱予我，大喜！回京稍停，先电联庐山叶至明道长配合，即携内子乘火车往九江，叶道友九江接上后即轿车赴安福，魏夫人后裔刘氏家族赠族谱一套（后为徒弟小马娘舅刘国胜先生借阅未还）。安福返回叶道友诚邀上庐山，仙人洞是叶至明管理的道场，至则受叶道长热情之款待！这篇文字是内子之文稿，因与本人关联多多，又其平日并不多作文，为免遗失故收入该书之中。文中"庐鲁道人""庐山仙人洞主"均为仙人洞住持叶至明道长之号。"外子"之称乃是对应"内子"笔者与妻之戏称也！红玉斋主人是应庐山仙人洞住持要求为内子所称之名号。其后一篇《安福纪行》是笔者应安福友人姚义兴（希）所请而作，意在记当时事情的经过。

　　岁在乙酉春二月（正月十六）之中，余随外子南下江西安福，北方寒气甚重的气候，越九江后南方的油菜花却已金色一片。然归途登得庐山之上，比之却又不同，更甚于北方寒冷，真是一番冰雪世界的情景。登山途中那雪花漫天，地结冰冻，沿途树木银装素裹，更壮庐山观瞻之景象！庐鲁道人亲驾帕萨特铁骑，余与外子同行共三人也。那道人之车技也真正是好，只听车轮辗压雪冻之路面发出"咔咔"声响。透过车窗的玻璃，阴沉的天光返照着冻结起来的路面竟如镜面一样。任谁都会觉得这个车不好开，但仙人驾车稳稳当当地向山上行驶，转弯拐角毫不含糊，对路况了如指掌。此种天气并非人择，实天公之安排；铁骑行程千余公里后的庐山之行，也是八年之后余之再上庐山。况有庐山仙人洞主亲驾铁骑，外子亦为余提包尾随状若跟班，这其中之乐趣真是无法具体描述，心情是非常地愉悦！

踏冰冒雪上得山来，这庐山之上虽然瑞雪飘飘，街面上却还是车驾人流不绝于途。道长领着一起去采购中餐的菜蔬，露天菜市场中却也是各色蔬菜应有尽有。问价应答，讨价还价，你来我往，真是一片繁忙热闹。紫菜苔、玉莲藕、豆芽、萝卜、雪里红，这时令菜蔬冰雪世界庐山顶上也能拣喜欢的随意选购。这庐山仙人洞是社会人士所熟知了，却是了不起得很，小小洞府并不起眼，却架起一座桥梁，搭起一个平台；不仅将道教传播到山上山下，香港台湾，国中社会，而且通过这个桥梁和平台，将道教传播到国外社会之马来西亚美里地方，还由当地人建起一座三清宫，将这仙人洞主聘请着去兼起这外国道宫的住持。据说最近洞主还张罗着要到马来西亚那里去传道教全真派的初真戒，这可是道教传播国外少有的例子。对于道教之意义无疑是重要的，这真要使人刮目相看了。来到仙人洞府本应亲下厨去，用一番工夫，亲炒几样小菜为此行壮色，添一笔趣话，但观中女道友绝不给机会下手。无奈只得由她，坐下来享用道长亲烹各色名茶。

各业均有学问，茶亦有道。道长真乃茶艺专家，观其煨水，涤器、洗茶均有技艺；听那滔滔不绝叙说其中窍要，却是甚有学问。茶道不仅讲究茶之品种优劣，亦求器具之精良，更重取水之地区情况。则壶中茶水浸泡时间，酌茶之手法程序等等，则均有内涵和讲究。在这里泡茶之水，用仙人洞中自然"一滴泉"之水，自然用水是上上之选了，所谓："几滴清泉水，一壶逍遥茶"真是神仙境界。庐鲁道人敬茶亦甚奇特，各色茶之品种，多种精良茶壶齐泡上，但均以三道为限，明明茶色尚鲜，茶之清香亦醇，再言渴时却偏不给了，则要小道友送白开水一大杯摆上。言是茶陈三道为之品，过则为饮，若言渴者非此茶道也，故陈白开水大杯，为解渴，补助其牛饮也。当然这是一种茶道之理，亦是趣谈。余于此却受上宾之礼，再说各色三杯，也足以亨用了。午餐更是甚有特色：小道友摆上了一桌丰盛素餐，仙人洞主言明这是为八年后余重上庐山之接风，故外子亦为陪客。各色素菜罗列，主人亲为余满上酿制多年的"红花冬虫养生酒"。其与外子同为玄门人物，却上了洋酒，同桌陪伴就餐，另有五六人均庐鲁道人之徒，仙风道骨、礼貌谦恭，甚有教养。外子与道长饮酒言欢，高谈阔论，均为道教知识文化之主题，甚契庄子逍遥之风，余于座中时为插言，亦甚觉风雅有趣。

因尚在正月，也算来庐山仙人洞给吕祖师和仙人洞主人拜年了！窗外雪花纷飞，室内暖气融融，不知山下天气如何？京都又是什么气候？真是"洞中方七日，世上几千年"啊！古之修神仙者，身心愉悦忘忧，自是健康养生的奥妙。道长是已绝世俗之高人，清福逍遥自是仙人情致；外子虽在道门之中，亦未全然绝俗；余之不同处在于家有二子就读，亦未予社会建丝毫功德，安于享乐则不助家风。洞中清幽，凡俗不易久处；山中半日足以悟理醒梦！故于当日下午促请仙人驾云驱鹤，送余等入世归俗而至九江。再一日后，即返京都陋室。余因八年后再登庐山，故仙人洞主庐鲁道人，命以余之号，外子执笔，书拟一段文字，纪念今日之聚会，来日之高人若见之，切勿笑话！友人情谊，谐顺为高，而不在于才高八斗，方寄文字，如此余心坦然无愧。

（作者：红玉斋主人；2005 年 2 月 27 日夜于九江）

安福参访纪行

　　岁在乙酉，时属孟春，公元在 2005 年 2 月下旬，我乘北京南下江西的 T167 次火车，去追溯一段淹没的历史，却是一则真实的故事，一段久远的史实。时序要前移到魏晋末年：河南有官宦刘文、字幼彦，为南阳太保修武县令；娶山东任城（现山东济宁市）名门魏氏女为妻，夫妻和睦，育有二子，长子名朴，幼子名瑕；魏氏更善黄老养生之道，在丈夫幼彦公的支持下，常处别室独修。幼彦公因身在公门，终日操劳公务，故而乘鹤先举。魏氏夫人遂安顿家务之遐，常赴山中隐修。适因统治者争权夺利，中原动荡，在社会混乱的背景下，魏华存这位洞察时势睿智的女性，遂携二子适应社会时势而举家南迁。这个时期魏晋士族大规模南迁，当时建康成了东晋南渡后的政治经济文化的中心。在江南文化事业逐渐因之而繁荣起来的前提下，其时在距建康约六十公里处的茅山传承出一个道教著名经学派系，后人称之"上清派"。该道派奉魏华存为太师，称魏氏指使其子传上清法于建康杨羲，再传许氏父子，延续传承，是成宗系。教内尊称魏氏为魏夫人，又称南岳魏夫人。

　　魏夫人传经过程留存文字甚少，常为学人苦为谜团。我为道教上清派后人亦常因此困惑。确是获机缘巧合，去年（2003 年 3～5 月）两次因教务工作到河南焦作，第一次焦作市道协成立，第二次是参加沁阳市魏华存研究会的活动。原来这里就在修武县近旁，而沁阳市之神农山即古之阳洛山，是魏华存修道之处。传这位古代伟大的女性曾在该山修道四十二年之久，山中存有唐朝为纪念这段史实初创之古庙"静应庙"为证。第二次在沁阳参加活动时，竟与魏夫人之后、刘遐公第五十四世孙刘永先等族人相遇，知在江西省安福县和湖南南岳承传有魏氏血脉。别后与刘永先先生多有联络，刘先生以医济世，承其抄录"魏氏事跡"寄赠，又约2005年族人有活动当邀参加，欣然应允。新年伊始，愚赴江苏探亲返京途中接刘永先先生电话，告知家族已安排了活动日程，即邀与会。虽时间促迫，但"君子一言"，不能失约，即由内子相伴夜行出京。九江知友江西省道协叶至明副会长连夜赶下庐山清晨接站。真是神龙星驰，日夜兼程，再登叶道兄所驾铁骑帕萨特，风行四百余公里，于2月25日（正月十七）下午1点而达江西安福县境。其时安福县志办姚义兴先生、博物馆刁山景先生，及魏氏后人刘永先大夫皆已在彼等候。获刘大夫赠送1995年版《安福县志》；中午又有族人刘书平先生于数百里外赶达，下午洞渊阁管理人员易明先生等亦来参与。

安福"古称安成，秦时建县，地处吴楚之间"，即赣中西部，位于武功山东南麓，是井冈山的一部分（见1995年《安福县志》）。这里古来"秀民多，儒学盛。士积学，而科第相望；矜名节，重然诺"，"邑多望族。族有谱，家有祠，岁时祭祀必以礼。"（见1995年版《安福县志》引明张崧《安福丛录》）"良知之学，安福独精；诣风流所暨，莫不根抵义行；士不谭道，即耻笑以为匪类。"（见1995年《安福县志》引光绪《吉安府志》）今天现代文明已与安福历史传统链接，这里既有宽阔的大道与高楼，亦有保存完好的千年古建筑东山文塔、孔庙、洞渊阁、凤林桥。在安福县博物馆刁山景馆长的陪同下，首先参观了县中的孔庙。安福孔庙是江西省重点文物保护单位，始建于宋朝，县博物馆驻此，现正办一个效果很好的《可爱的安福》陈列，是图文并茂浓缩了的安福数千年山川人物的写照。在第一室一幅民居藻井图片很吸引人，这是镌刻着八卦和周围星点连接的河洛图案。据博物馆介绍，这幅河洛八卦图，是摄于明朝状元彭时的故居。《可爱的安福》陈列中介绍了安福古今许多有影响的人物，馆中还收集到许多的碑刻、石雕和很有价值的文物，使人感受到博大精深的庐陵文化的内涵。确是得睹安福之境古今人物之风采，观赏当地珍奇众多！如此民风民俗成就此地历代甚盛之文风，故学者名流，志士仁人亦代不乏人。朋友还将我们带到城北一座正在维修中的洞渊阁参观，据县志办姚编辑介绍，该阁始建于后晋，距今已千多年的历史。古时，阁内曾是管理安福全境道教教务"道会司"的办事住址。洞渊阁里原有"清净源"，阁外有"集仙桥"景致。原供奉吕洞宾神像，香火曾经旺盛，这种盛况有元代大儒欧阳玄所撰《洞渊阁碑记》可证。由于天灾人祸，洞渊阁屡有兴废。今天，新一届的安福县委、县政府为了落实党的宗教政策，同时保存地方文化历史，在财政很困难的情况下，仍然克服困难搬迁阁中居民，维修这座千年古建筑。

当日住安福武功山宾馆，第二天姚义兴先生向导，出县城去乡村到上街"刘氏宗祠"观光。中途经刘永先诊所，并安排去看了"王母坛"道观（登记开放道观），礼拜神尊奉献奠仪，稍稍休息并于内外参观后离去。在上街刘氏族人燃放鞭炮，以热烈的方式欢迎我们，刘帮志先生以刘永先名义赠予《刘氏宗谱》。午餐则以丰盛家宴相待，刘氏家族中长者相伴其情尤诚！这"刘氏宗祠"过去是红军时期的"列宁学校"，所以"文革"中得以保存下来。第二天即是其家族祭祖活动，自觉在此不便，即托辞告别。上街"刘氏宗祠"是刘遐公二十一世后一支族人迁居安福后建成，由此分根而去者海内外百余万人之多。据称此次前往上街来参加活动者也有千人之众。河南焦作沁阳市也派人前往观礼，此次活动确是甚为热闹。

近来甚有道缘，河南沁阳之行，成愚二游神农山之行（第一次在此前三个月参加焦作市道教协会成立），又得往修武县云台山观光，去年用"十一"长假又往参访了王屋山。河南境内这三座名山与上清派太师魏华存早年的修持联系紧密。今赴安福亦是缘分，并甚顺利，获益匪浅。据地方志载，道教在东汉、三国时即传入了江西安福，东汉时梅福在县中金田大桥修道，所以这座大桥古称"梅福市"；三国赤乌元年（238）葛玄入境武功山炼丹；晋室南渡后魏华存随次子刘遐到安福赴"安城太守"之任，遂在城西立丹霞观和城西十里处斑竹山、文旗山立坛修道；

同时期还有黄仁览（据称为许旌阳女婿）亦在县之清化乡洞阳山修道，因之命观为"黄公洞"；后晋道士刘悟真住修城北洞渊观，使之成为安福道教一大丛林。其后历经唐、宋、元、明、清，道教在安福之境一直绵延不断。

回程时因一段路线复杂，仍然姚义兴向导。他说起当地女性有一种由来甚久的古习俗：每年正月之中清茶集会的风俗。方式是，在正月初，地方女性即轮流坐庄摆茶，邀请所在老幼女子与会。届时逐门各户，均奉家中正月中待客之最上等果点，纷至沓来相聚一起。寻相契姐妹二三不等，家长里短，喜怒欢乐，生活中的哀怨辛酸，内容无所不及，一吐心曲为快！或奉或骂，发泄对自己男人的不满，亦未尝不可。但这一活动是绝对女性的隐私，禁忌男性与会或窃听，地方人士均知此俗。这一时期如有粗细家务，亦为男人全部承办。是日邀客主家之男性，即会在女宾登门前自觉地早早离去。邀客主人一般只设茶座供给茶水，而不必承办酒席饭菜，日落之前众女客也收拾各自带来茶点告辞离去。这使我不由得想起，沁阳静应庙的一幅壁画，表现太上老君试魏夫人道法的故事。是说魏华存修成道法后，太上老君要试试她的法力，逐一祭起法宝都被魏夫人破解。最后老君召巨石自天空击来，夫人拔下发髻上银簪子拨去，巨石被从中划开并轻松地摆在地上，使得太上老君也不得不佩服这位女仙的修为和法力。这则故事和安福正月女性的清茶集会，真有异曲同工之妙，都体现了对女性的关注：前者表现出对女性生活环境现实的充分了解和理解，是开掘渠道提供放松、疏导女性情怀的一种独特方式，如此了解和关爱女性也许即魏氏之遗风；后者则充分展现了女性的风采，树立起女性自信、自尊、自觉、自强、自立的典范，更契现代女性主义的理念。魏华存先后在河南沁阳、江西新建、峡江、安福、莲花，湖南衡山等地修养炼道，著有《黄庭经》，在道教人物中享有极高的声誉，据《安成笪桥刘氏族谱》收录有称为她所作的另一篇文字《劝心文》，其中有内容为："福生于清俭，德于卑退；道生于安静，命生于和畅……"据说《劝心文》也有不同的版本，这尚需考证。

在安福一天半的时间里，我们参观了几处遗址景观。由于时间所限不能到当地的道教圣地武功山参观了，但目睹安福古今人物风采，观赏当地众多文化积存，已使我十分感动！临别之际，应安福县博物馆之邀，叶道兄欣然为洞渊阁题了《洞渊延真阁》的匾额，我则叙写如下一段感文：

　　神仙故里，先贤乡中，诚信朴正，风尚佳先；
　　文化荟萃，圣哲绵绵，根柢道义，人杰地灵；
　　山川秀美，物产丰盈，自然大化，光彩万千；
　　身在安福，愉悦无限，德者居之，世外桃园。

安福其行，实是我在友人协助下的一次私人参访，待返程回京时，铁骑记程已 1100 余公里。虽然时间仓促，身体疲倦，实现承诺和朋友相会交流，精神上却是无比愉悦，所以深庆此行又交了新朋友，获得了新知识。在此感谢帮助和方便我此行所有涉及的朋友！

（2005 年 2 月 27 日）

天师宗风日月新

——江西龙虎山嗣汉天师府建府 900 周年寄语

"道高龙虎伏，德重鬼神钦！"这是世人称颂祖天师道法高超的赞词。解读意旨内涵，我们认识到：道德，无论出世、入世都是道教徒行持的功业和方向，追寻的目标和境界，是道教徒信仰的依归。楹联词句既是对祖师道德高深、法术奇妙的赞美，更是以祖师功修的境界，启示后学。对教内外既显劝善的伦理，也是劝修的教谕；目的是企望世俗社会，人们向善、行善、关爱、互助，对教内则有要求教徒济世助人、适应社会、勇猛精进、内修外行、积德证道。道法高妙才能降龙伏虎，积德深厚人会感动、神鬼亦会钦敬，这实际是真修者的不传之秘。祖天师于云锦山中炼"九天神丹，丹成而龙虎现"，但龙虎灵兽亦敬伏威灵，这就是祖师真修的见证。

初，祖天师于东汉之际，整合时人奉道方式，提出天师道信仰之旨要，设二十四治道靖场所，设男官女官祭酒管理制度，在巴蜀之地创立早期道教基础。虽距今岁月悠悠，但龙虎之青山不老四季常在，沂溪之清波长流绵绵不息；老祖天师于道教之功德莫大焉！今之奉道者，获正教精神之皈依，得道德教义之熏陶，无不源之于斯。又有天师道四代之祖，不慕世俗功名，逍遥神仙之祖风，率徒众毅然来归云锦，修治初祖元坛，延仙真之玄妙，承续道脉，每至三元日开坛授箓，创祖庭千余年之教制，乃有龙虎山宗坛传度绵延之历史、北宋哲宗、徽宗经营三山，意在"三山鼎峙，辅持皇化"；南宋更于龙虎山中修治府第，金元之际

83

天师道更显尊荣。元大德八年（1304）授天师道38代祖师张与材真人"正一教主，主领三山符箓"。这是道教符箓诸宗合流的标志，由此天师府成为道教正一派祖庭，上溯东汉天师道源流，绵延有1800余年历史，道宗传承法脉相续，虽府治900余年，但其时序意义就不在于一个简单的数字了。

正一之教教人真一不二、持身正大、乐善好施、济世助人、关心弱势、功德社会；注重正信正行、降妖伏魔；深层意趣和境界在于心灵感应、感神、通神、会神、遣神。正一教徒身在社会，但要看淡世俗；常涉名利，但应淡泊名利；不仅需要人格魅力，更需要真正之宽阔胸怀。当代道教界正在积极与社会主义社会相适应，面对新千年的挑战，道教既有历史的底蕴，亦面临许多新的课题，正是传统与现代同在、传统必须与现代链接；重负与动力同在、潜力与负担并存、则艰难也必然与机遇同在。天师府是海内外关注的道教重要活动场所，道教界对其寄予厚望的，在道教徒心目中这里是蕴道之所，藏法之阙。因此，在现代社会过程中，天师府全体道众更应该读经习法，孜孜不倦、刻苦勤奋、加倍努力、把握机遇，使天师府为道教事业的正常发展和传承进步，发挥更为积极的作用。

适逢嗣汉天师府建府900年大庆，道子造句致贺曰：

敬庆高展旗幡飘，致贺频递报法号；弘传天音述神意，正一祖师续玄妙。

元帝颁敕府第始，振作兴隆是创业；教门基础东汉建，宗风何止九百年？

作为道教徒，真心希望天师府在道教事业的进步过程中，炼好内功、适应社会、强本固体、功德社会，以纯正的道风为道教界尤其是为道教正一派做好榜样，推动道教事业的健康发展。因于此，道子联词以颂：

云锦日月沂溪泉，青峰常在水绵延；轻风不言吹不断，湖光山色多少年？

龙虎还应守丹灶，鬼谷亦要隐神仙；悠悠年轮春秋去，天师府第日月新。

（2005 年 8 月 30 日于北京白云观）

葛玄修道与《老子》

　　道教中有四位著名的神仙，被尊称为"天师"，葛玄就是其中的一位。葛玄是三国时的道教人物，据《历代神仙史》载述，他的籍贯是"丹阳句容"，亦即今之江苏句容市区，现在葛氏古址上已经修复"葛仙观"。葛玄"生而颖秀，英姿振发，性识明茂"。八岁失"怙恃"，但他"能好学自立"，"十三岁通五经；子史书传，靡不该览。见父手泽履迹，必仰天哀号！怅然曰：'山川不改色，严父已归空。天下有长生不死之道，何不修之？'因循迹灵岳，访求异人。"葛玄性格安闲淡泊，"内足无求"，好弹琴、诵老庄，十五六岁即已名振江左（指长江下游地方）。根据其操守品德，当地的贤良想推荐他为"掾"的职位，但葛玄说："蔬食被褐，枕石漱流，吾所乐也。岂能以此而易彼哉！"于是他干脆穿起道装，到浙东天台山中精思修道去了。据说他遇到当时著名的养生家左慈，得其授予"炼气保形之术，及《九丹金液仙经》"，后又获高人授予老君道德真旨，遂"年十九，仙道渐成；乃遨游山海，倏忽去来"。仙传称其会绝谷术，能"分形变化"，"入水不溺"，"入火不焚"，并且能"祭炼鬼魂"，"尤长于治祟"，其神通法术应有尽有。

　　葛玄对道教最显著的贡献，还在于对道教理论的完善做出的贡献。人们都知道古哲老子的不朽之作《道德经》，首先是中国人的哲理书、智慧书，其间阴阳调和，天人合一，天道自然，清静寡欲，知止知足，有为无为，人道天道，处下柔弱，清虚不争，玄同玄德，返璞归真，祸福相依，上善若水，不言之教等深邃的道德哲理，养生的思想理念，宗

葛玄修道与《老子》

教的玄想思辨，为社会提供了丰富的思想营养。道教从黄帝养生起始，一路走来既继承祖先的祭祀方式，并探索养生长寿方法和理论，所以方仙道早已在社会中活动。老子《道德经》问世，由于其固有的宗教玄想，无疑为道教充实典定思想理念，巩固教理教义基础，提供了理论的保障和依据。为了阐明这部著作道教理论的内涵，相传汉文帝时河上公就开始为之注释，他说："道可道"，是"经术政教之道"，而非老子提出的"常道"和"自然长生之道"的概念；他认为"常道当以无为养神，无事安民，含光藏辉，灭迹匿端"。如果不是这样，是"不可称道也"。由于河上公站在道教的立场注释是经，道教界称他是太上老君老子转世。相传东汉时张道陵（也有人说为系师张鲁）亦注释是经，认为"道"是有意志的最高神灵，"道"即是始"一"，"一散形为气，聚形为太上老君"。"奉道诫，积善成功，积精成神，神成仙寿"。由于他将"道"与道教最高神"太上老君"统一了起来，所以道教奉他为四大天师第一位。三国时葛玄进一步注释规范《道德经》的版本，人们称经他规范的版本为"葛本"，据专家考证："葛本"是"南北朝至隋唐道教徒传授讲习之《老子》版本"。葛玄对道教事业的贡献，教内给予了充分肯定，所以他位列"四大天师"之一。

据称三国吴主孙权及太子孙登，仰慕葛玄在社会中的好名声，以宾礼特邀他到都城相见。强留多日，他随吴主各乘船行长江之上，至三江口时狂风大作，葛玄和其他船只均漂没，吴主叹曰："仙公有道，何不能免此？""逾宿，忽然葛玄安然归来。"嘉禾二年（233）正月辞别吴主出京。前往阁皂山之东峰，谢绝人事，建卧云庵，筑坛立灶，专心修炼"九转金丹"，据说终于此而成就理想。葛玄曾于浙东仙居、缙云一带的括苍群山之中，湖南衡阳南岳之中，广东博罗、增城的罗浮山中，湖南汨罗境内玉笥山中，江西与福建的葛仙山、三清山、阁皂山、武夷山等处名山佳境中云游。他数十年如一日，选胜云游二十二处名山佳境修炼，自认为于丹道养生均未有深入效果，唯于阁皂山方得成就。因此他感而作《流珠歌》咏唱道："流珠流珠，役我形躯；奔驰四海，历览群书；

87

披寻不悟，情思若愚；焚遍金石，烧竭汞珠；赀财荡尽，拊膝长吁！吾年六十，功效踌躇；赖师指授，元气虚无；窈冥中起，恍惚中居；真阴真阳，一吸一呼；先存金鼎，次认玉炉；离火激海，坎水升虚；玉液灌溉，洞房流酥。天机真露，万类难如；真人度人，要大丈夫！天长地久，同看仙都；念兹在兹，语吾记吾。"

"天人合一"是中国社会传统固有的理念，外涉万物而返诸己身，是道教徒养生中必然的方式。如果这首《流珠歌》确为葛玄所作，说明三国时期通过外丹烧炼的研究实践，他触类旁通对丹道养生不仅有深刻认识，而且有熟练的操作和独到的体悟。葛玄门下获其真传者有张泰、孔龙、郑思远、释道微等人。江西阁皂山因葛玄于其间修道，被道教界奉为"三山符箓"之一。在北宋崇宁三年（1104）葛玄被封为"冲应真人"；南宋淳祐六年（1246）加封他为"冲应孚佑真君"，道教中奉他为"四大天师"之一，尊称"太极左仙公"。

（2007 年 11 月 3 日）

葛洪著作《抱朴子》

　　葛洪（284～364）字稚川，号抱朴子，著名的道教理论家、炼丹家、医学家，东晋时丹阳句容（即今江苏句容市境内）人。唐房玄龄等著《晋书》说：葛系是葛洪的祖父，在东吴时任"大鸿胪"的职务；葛洪的父亲葛悌是晋时邵陵太守，但葛洪从小是在贫困的环境中成长。他"性寡欲"，不尚交游，"为人木讷，不好荣利"，但年少时即十分好学，"夜辄写书诵习"，由于经济条件差，"躬自伐薪以贸纸笔"。"时或寻书问义，不远数千里崎岖冒涉，期于必得，遂究览典籍，尤好神仙导养之法。"三国时被人称为"葛仙公"的葛玄是葛洪的叔祖，据说葛玄于东吴时"学道得仙"，在道教中是被尊奉为"四大天师"之一的人物。葛玄后来"以其炼丹秘术授弟子郑隐。洪就隐学，悉得其法焉"。南海太守上党人鲍玄（又称鲍靓、字太玄），不仅善于炼丹养生神仙之内学，而且有"逆占将来"神通，葛洪又拜于他的门下求学，不仅深受这位老师的器重，鲍玄并将女儿鲍姑嫁予为妻。葛洪既获郑隐之学，又传鲍玄之业，博览群典，著书立学，炼丹养生，兼综药学医术。所以当时有人称赞葛洪："博闻深洽，江左绝伦！著述篇章，富于班、马（班固、司马迁）"。

　　葛洪在学术上达到的成就巨大，其中尤以《抱朴子》影响更为深远。《抱朴子》由内篇和外篇两部分组成，他自己说：外篇"言人间得失，世事臧否"，辨析学术的问题，议论当时的时政得失，批评世俗行为的善恶等等，"属儒家"范畴。内篇"言神仙方药，鬼怪变化，养生延年，禳邪祈福之事，属道家"范畴。据《晋书》记载，葛洪曾为这部著作自序说："大凡内、外一百一十六篇。"但是现在只有内篇二十卷，外篇五十卷收入《道藏》太清部，若《晋书》史料记载无误，葛洪原著有四十六卷显然已逸。据专家学者的考证：《抱朴子》著述的时间，约为晋惠帝光熙元年（306）至晋元帝建武元年（317）之间。外篇的写作年代当在内篇之前，约在公元 306～310 年；内篇的写作年代约在公元 312～317 年（请见《中国道教科学技术史·汉魏两晋卷》）。这部著作总结并继承了东汉以来的炼丹方术，并将他在长期亲身经历研炼丹药的实践中积累的丰富经验，融会贯通于这部著作的撰述之中，不仅对后世道教影响很大，并由道教炼丹的实践而为中国古代化学史、冶炼史等等方面，提供并总结了弥足珍贵的资料和经验。

学术的成就并不等于全部的葛洪，在社会中葛洪也是一位成功的人物。史料记载：流民首领石冰在太安（302～304）中率众起义，吴兴（东晋时治所拥有今浙江和江苏许多地方）太守顾秘等兴兵讨伐，征召葛洪为"将兵都尉，攻冰别率"，首战获胜后，被迁升为"伏波将军"。后又在南方多年，参与广州刺史嵇含的军事。司马睿尚为丞相时，起用他为掾，并以其参加平息石冰起义的功劳，赐爵"关内侯"。咸和（326～335）初司徒王导召补州主簿，转司徒掾，迁谘议参军。与东晋时著名学者干宝感情深厚，干宝向朝廷推荐葛洪"才堪国史"，于是被"选为散骑常侍，领大著作"，但是他固辞不就。葛洪对于炼丹养生的神仙内学，真正是拥有着一份真性情！曾记得当年石冰的起义被平伏后，他却不求功赏而径往洛阳，"搜求异书以广其学"；现在他又有了一个新的借口，即是"以年老，欲炼丹以祈遐寿"，闻交趾出丹砂，所以求为勾漏（今广西北流县）令。帝以其资高不许，葛洪解释说："非欲为荣，以有丹耳。"携子侄至广州时，为刺史邓岳挽留不让离去，"表补东官太守，又辞不就"，"乃以洪兄子望为记室参军"。葛洪遂止于罗浮山中炼丹著述，悠游斯山。

葛洪的主要著作《抱朴子》内、外篇共七十卷之外，另有《神仙传》《隐逸传》《良吏传》《集异传》各十卷；《移檄章表》三十卷；《肘后备急方》四卷；《碑诔诗赋》一百卷；《金匮药方》一百卷；抄录《经史百家言》三百一十卷，共计为六百五十四卷。另有《抱朴子养生论》《大丹问答》《枕中记》《稚川真人校正术》《抱朴子神仙金汋经》《葛稚川金木万灵论》等文字内容散见于《道藏》之中。

　　葛洪撰《抱朴子》，是道教史上一部重要的著作，他关于炼丹术的撰述，对后世道教影响很大，更重要的是他为中华民族的科技史写下了光辉不朽篇章！他的养生理论畅述的以运气为主的吐纳术和导引术等养生方法，为当代社会人们的健康炼养提供了宝贵的内容。不仅如此，他的医学著作中还记载了世界上最早的关于治疗诸如天花肺痨等疾病的资料。作为道教的著名学者，他的著作中对早期道教进行改造，将儒家的纲常伦理的内容，融入道教的教理教义，强调忠孝仁信为修道之本，使道教的教义思想更适应现实社会，更具有社会哲理的内涵，为深化道教理论做出了重大贡献。

（2007 年 7 月 11 日）

祖天师整合道教

道教史上的重要人物张道陵（34～156）的影响很大，他是创汉功臣张良（字子房）的八世孙，祖籍沛国丰（江苏省丰县）人。据《历代神仙通鉴》说：他的父亲名翳，字大顺，与妻林（《天师世家》称为"刘"）氏"客于吴之天目山"，梦神人"遂感而孕；复归沛，建武甲午上元（东汉光武帝建武十年正月十五）夜生道陵"；《三教源流搜神大全》和《茶香室三钞》等文献资料，称张道陵"光武建武间生于吴之天目山"（《天师世家》同此说）。史料又称其名为张陵，字辅汉；据说他7岁时通《道德经》，随着年龄渐长，即予天文地理、河洛谶纬、三坟五典、诸子百家，皆极其妙，"从学者千余人。天目山南三十里，西北八十里，皆有讲学之堂。临安神山观，余杭通仙观，即其地也。后自浙逾淮，涉河洛，得炼形合气之书，辟谷不寐。永平中（58～75）拜江洲（今重庆市地域）令，谢官归洛阳北邙山，章帝、和帝"时，先于建初五年（80）诏举贤良方正不起，复征为博士，封冀县侯，屡征不就。

他"与弟子王长游鄱阳，溯流入云锦山炼九天神丹，丹成而龙虎见，山（指龙虎山）因以名。时年六十余，饵之容貌益少"。因爱蜀中溪岭深秀，遂入蜀修神丹符咒、炼形合气、辟谷少寐诸术，多有神圣事迹传承。据说张道陵初于蜀中居阳平山，得贞女雍氏为配，生长女文姬，再生长子衡，字灵真，越三年生次子权，字合义，继而生文光、贤姬、芳芝三女。又西行"居鹤鸣山（又称鹄鸣山），服五云气，感太上授以符箓印剑"。在张道陵的弟子中王长、赵升两位很重要。关于王长他曾对门下诸人说:"尔辈多俗态未除,不能弃世。正可得我行气、导引、房中之事,或可得服食草木数百年之方耳。某有九鼎大要,惟付王长而后合。"赵升后来"从东方来",张道陵曾"七度试升,皆过,乃授丹经"。永寿二年(156)张道陵驻鹤人间社会123年,"乃以经箓印剑付子衡","以丹付(王)长、(赵)升(皆其弟子)分饵",于蜀中彭州云台峰"与夫人雍氏乘云上升"。

据《云笈七签·道教相承次第录》所述:当道教的源流承袭到第六代时,"太上老君"下降"授张陵为云台治,火芝火仙之经,方术变化长生不死之药,登升云天之道;敕陵为第六代道之外孙,而东海小童君为陵保举师,太上老君为度师,度云台治封陵为天师";张道陵"天师"尊号由此获得。据《列仙传》文字内容,"太上老君"曾向张道陵天师布置任务说:"蜀中有六大鬼帅,枉暴生民;子可为吾摄邪归正,分别人鬼,以福生民。"实际上黄帝以下,道教的方式由萌芽,而至战国、秦汉已经渐次成形,但各行其道、一盘散沙应是当时道教状况,"太上老君"所说一番话,也正是张道陵"天降大任"的神圣职责和他为道教建树的功绩所在:就是在当时那个对道教发展至关重要的时代,他进一步成功地整合了道教!据史料记载:张道陵在鹤鸣山中"著作道书二十四篇,乃精思炼志"。又有高人自称"柱下史"或称"东海小童","授陵以新出正一明(盟)威之道,陵受之,能治病。于是百姓翁然奉事之以为师,弟子户至数万。"他曾"以神印封鬼市,立二十四治,以应二十八宿正气,以六十甲子生人分属各治;定三十六靖庐,七十二福地,三百六十名山品秩,各置神司之"。

这其中"二十四治"就是张道陵在(巴)蜀、汉(中)之境,为行道布化所设之行政机构;他管理道众的方式是:创立制度规范,以弟子为"祭酒"(道职)分领其户,这犹如世俗社会"长官"职司一样;他要求弟子根据各种不同事情的需要,以及自己真正的能力或出米绢、器物、纸笔、樵薪、什物等不同的布施;因其中要求入道者须交"五斗米"为信,故有人称其为"五斗米道";又因其中称部众为"鬼卒",故当时官府又蔑称为"鬼道";教内因尊称张道陵为天师,故称其所创教派为"天师道"。值得注意的是:张道陵很重视"治"所之间交通道路的疏理畅通,他用宗教的方式动员徒众集体的力量,发动并带领徒众去修复桥梁道路,他对大家说:修路筑桥是功在当代福荫子孙的善事,谁如果不参加修复道路的活动,神灵怪罪下来都会得疾病。他像古代许多思想家、怀柔的施政者一样,注重"以廉耻治人,不喜施刑罚",所以他对于治下的徒众犯错或者"有疾病者皆疏记生身以来所犯之事,乃手书投水中,与神明共盟约,不得复犯法,当以身死为约"。

张道陵尊老子为"道祖",奉《老子五千文》(即《道德经》)为教内敬诵的重要经典,世传他依据《道德经》旨要自撰《老子想尔注》,发挥老子的"道、德"思想,以"道"为最高信仰,宣称"道"即是"一","一散为气,聚形为太上老君";将"道"和老子巧妙地进行了链接和神化,于是"道"就是"太上老君",就是老子;其理论范畴的"道",既是道教信仰的最高境界,也是教徒顶礼膜拜实有的崇高的神圣形象。此外他还信奉《太平洞极经》《太清经》《太玄经》《正一经》《五斗经》等经典。张道陵其后由子张衡、孙张鲁三代,在蜀汉苦心经营、行教布道。张鲁时更形成割据一方"政教合一"行教布道方式,后因曹操攻打汉中,张鲁顺应潮流而归顺曹操;于是天师道徒众被大量北迁,"张鲁在迁到邺城的第二年"仙逝,第四代张盛时天师道得以南迁,移居江西龙虎山中而绵延至今。张道陵的功绩对当时社会尤其后世道教的发展影响很大,在中国社会中"张天师"几乎就是家喻户晓的神仙人物,在人们的认识中他画符念咒,召神遣灵,呼风唤雨,斩妖驱鬼,无所不能。古籍中描绘:张道陵身材高大魁梧,庞眉广额,朱顶绿睛,隆准方颐,目有三角,伏犀贯顶,垂手过膝,人望之肃然起敬!唐僖宗敕封为:三天扶教辅元大法师;宋代敕封:三天扶教辅元大法师正一静应显佑真君。

(2009 年 2 月 28 日)

张陵修道　功德成神

对于道教组织的完善贡献最大者，是祖师张道陵天师。相关史料记载：祖天师为兴汉功臣留侯公张良九世孙。其父桐柏真人张大顺，母刘氏梦"神人以蘅薇香授之"而有娠，于光武建武十年（34）正月十五，生祖天师于吴地天目山（地处浙江省）中。师七岁读《道德经》即达其要旨，随着年龄的增长，其道德文化素养神速提升：天文地理、河洛图书、谶纬之秘咸所贯通，所谓三坟五典、八索九丘一览无遗，年龄仅二十余岁但从学者达千余之众，即为往来于吴越之地的高道硕儒。师常于山中修炼长生之道，又自浙逾淮、涉河洛、入蜀山，得炼形合气、辟谷少寐之书。永平二年（59）赴"直言极谏科"获中，汉明帝时拜巴郡江州令（今四川重庆），未几归隐北邙山（今河南洛阳）中。建初五年（80）诏举贤良方正不起，复征为博士、封冀县侯，三诏不就，后入吴。

据《天师世家》记载：师与弟子王长游鄱阳，溯流入云锦山，炼九天神丹。丹成而龙虎见，山因以名。师时年六十余，有神人自称赵公明，从黑虎诣前曰："愿永护丹扃。"向西寻访仙源，得制命五岳、檄召万灵及神虎秘文于碧鲁洞。复往嵩山石室，得《三皇内文》《黄帝九鼎丹书》《太清丹经》。入蜀，居阳平山，能飞行远听，分形散影。居西城山，筑坛堳以降五帝。居葛溃山，隐形岩舍，服气调神。居秦中山，修九真秘法。居昌利山，采服五芝众药。居隶上山，授弟子养形轻身法。居涌泉山，得出入水火之术。居真都山，思神念真。居北平山，有猛兽数百扰于户外。居稠粳山，有一老翁，化为狞鬼，来恐天师，天师诵经不顾，逡巡自退。居鹤鸣山，服五云气，感太上授以经箓印剑。又于渠亭山炼九鼎神丹。居本竹山，众真降授《灵宝经》。居鹿堂山，炼九转神丹。居平盖山，合九华大药。至成都，太上复降，说诸经要。

天师在蜀中神行圣迹众多，最主要的是"以神印封鬼市，立二十四治，以应二十八宿正气。以六十甲子生人分属各治。定三十六靖庐，七十二福地，三百六十名山品秩各置神司之"。祖天师于永寿二年（156）传法，以经箓印剑付子衡，与夫人雍氏等乘云上升。祖天师其后，第四代张盛天师率徒众南归，遂使龙虎山成为天师宗之祖庭。祖天师尊老子为道祖，奉《道德经》为道教的根本经典。他著《老子想尔注》（有说该经典为其孙张鲁撰著），发挥老子思想，以"道"为最高信仰，宣称："道"即是"一"，"一散形为气，聚形为太上老君，"将本来形而上之"道"，分解为形而下之"气"，并与具体的人格化的"太上老君"老子统一起来。据专家考证"道教"一词，最早见于《老子想尔注》一书。江苏茅山上清宗与江西龙虎天师宗，在经系传承方面也都有着密切的关系。据《上清经箓圣师七传真系之谱》记载：当圣师六传的过程中，茅山祖师茅盈之师尊西极总真王远道君，在汉安元年（142）就"从老君降鹤鸣山，授天师张道陵经符千卷"。祖天师在唐受敕封为"三天扶教辅元大法师"；在宋受敕封为"三天扶教辅元大法师正一静应显佑真君"；在元受敕封为"正一冲元神化静应显佑真君"。（祖天师资料见于《龙虎山志·天师世家》《历世真仙体道通鉴》《列仙传》和《云笈七签》等）

萨守坚"铁罐"炼度

　　萨守坚，道号紫云，自称汾阳萨客。《历世真仙体道通鉴续编》（以下均称《续篇》）记载："萨真人，名守坚，南华（今山东菏泽县）人也，一云西河（今山西汾阳县）人"；但《萨祖铁罐焰口科仪》（以下均称《焰口》）卷首说："原籍四川，修隐于武当，显道于青城"。生卒年亦难考证，根据他活动时间，以及与林灵素、王文卿等名道士之间的交往，他应是北宋徽宗年代人物，也有道书说："出于后汉"，就是纯信仰因素了。《续编》说：萨守坚"少有济人利物之心，尝学医误用药杀人，遂弃医。闻江南三十代天师虚靖先生（张继先）及林（灵素）王（文卿）二侍辰道法之高，欲求学法，出蜀至陕，行囊已尽，方坐石（上发）闷，忽见三道人来，萨问'此去信州（江西贵溪）远近？'道人问所欲，萨云：'欲访虚靖天师，参学道法。'道人曰：'天师羽化矣！'萨方怅恨。一道人云：'今天师道法亦高，吾与之有旧，当为作字，可往访之。吾有一法相授，日间可以自给。'遂授以咒枣之术。"另两位道者，一授棕扇一柄，曰："有病者则扇之即愈"；一以"雷法"相授。据说萨守坚路途所遇，就是张继先、林灵素、王文卿三位；他后来在贵溪天师府，又广阅道经典籍，"由是道法大显！"

　　萨守坚以法术著称，撰有《雷说》《内天罡诀法》《续风雨雷电说》等，存《道法会元》经籍之内。《焰口》则是一部以萨祖（守坚）冠名的科书经籍，教内外许多研究道教的专家学者都很熟悉，许多道观都能组织道士根据《焰口》的内容熟练地作法事。看起来这仅是道教"度亡"信仰方式的一部科书，但实际上这其中体现的内涵深刻而丰富。无论《焰口》是否萨守坚亲自撰成，但这种方式和经籍中内容，体现了萨守坚所强调："行先天大道之法，遣自己元神之将"，内炼神丹与外用成法，皆赖"一点灵光"的思想。《焰口》开篇即曰："一窍包藏造化功，三般大药（精气神）内圆融；巽风吹起炉中火，炼出神丹满鼎红。"可以清楚地明白，道教做科仪法事，更重要的在于登坛法师修持炼养内在的功夫，以及他真实意愿和思想深处要与施法对象分享自己炼养成就的慈心。高功法师从登坛开始，方式贯串有：召将请神、诵诰焚香、步罡宣牒、书讳掐诀、法师变身、沉思默想、礼神说法、发愿说戒、焚牒送神等诸多的内容方式；这些不仅是道教信仰层面上的方式，更是浸透着道教"人性"关怀的理念，尤在于洗涤心智劝诫教化内容上的意义和价值，同时也有着当代戏剧和舞蹈表演艺术上可供借鉴的很多信息和内涵。

　　《焰口》经籍中，一方面是讲道的神妙，认为人要重视修持，"炼质入仙真"之行列，这使自己"遂成金刚体"，只要有心向道，则"有念无不契"，道不舍弃任何人。经籍中并向信众描绘神的形象，在人们心中安奉神的位置。法事是通过有神权的道士来完成，但是道士是现实中的人，要完成萨守坚思考的请"太乙救苦天尊"诸神灵临坛，道士要在法坛通过"变身"的程序，才能获得代神说法，也才有资格超度鬼魂升出地狱冥府。担纲高功法师的道士，在法坛上依据《焰口》经籍的内容，讲"一动一静，阴阳之造化"道理，叹"古今之兴废"，嗟"贤愚之成败"！阅读优雅词句，既有人生感叹，更有美的享受！"生为异境之人"，"死作他乡之鬼"；"罕逢故友，少遇良知"；"春去秋回闻鸟唱，寒来暑往听鱼音；尺书难寄于双鲤，寸心谁达于孤鸿？""黄壤未沾新雨化，红尘不改旧家风"，这既是对地狱鬼魂悲悯，也有对其种种过失劝勉；其实这哪里是对逝去者说词，分明是对现实人生的种种点评和劝诫！法师向着茫茫的夜色说："十方三界，八极四维，万国之中，九州之内，天道、地道、人伦道、地狱道、饿鬼道、畜生道、一切幽魂"，"普入济度之法会，豁悟良因，早生仙界"，"齐登慈爱，异骨成亲，各生庆幸之心，同证逍遥之果！"这表达了高道萨守坚对众生的大爱！

据称萨守坚修行持守谨严、微暗不欺，真有"德重鬼神钦"的风范！确是教内外影响很大的高真道士。关于他神妙的法术行持曾为多种古籍记载，根据相关典籍记载他的形象说："手执五明扇，身披伏魔衣；咒枣书符，施药普度众生，更将食上加符，铁罐利幽拔苦，赈济孤魂，垂科度亡"，确是慈心济世的神仙！道教中称萨守坚为"萨祖"，谓其神职为"都天宗主大真人"；而《历代神仙史》又称其获得"九州提刑，篆主鬼神功过"的神权职称；并且他还被推崇为道教"四大天师"之一。

（2009 年 12 月 15 日）

王文卿政教互动

北宋徽宗年代道教中新出符箓宗系神霄派，据考证，该道派实际创始人是当时建昌（今江西南昌）南丰人王文卿（1093～1153），相关史料记载：王文卿字述道，生于宋哲宗元祐八年（1093）二月十七日，少小即聪慧神异，尝诵诗曰："红尘富贵无心恋，紫府真仙有志攀！"所以性慕清虚之雅趣，唯习养素之方法；乐游灵境胜地，不恋名利尘劳。最早推荐王文卿的是当时在宋徽宗座下任"侍辰"这种名称道官的林灵素。宋徽宗年代是崇奉道教的年代，据说林灵素向宋徽宗说："先生（指王文卿）乃三天都史掌文史，下生人世以赞清静之化。"于是"凡十八诏，天下搜求，不知所在。皇叔廉访使，巡历至高邮军，得病医不效，遇先生（指王文卿）求符水得愈；初隐姓名，至恳方知王文卿也！回朝首奏仙异之端"。宣和四年（1122）七月宋徽宗派侍辰官董仲允充採访使，具礼延聘王文卿进京入朝；既至以"玄化、无为、大道"之理应对，"龙颜大喜！赐馆于九阳总真宫。奉使络绎繁至，颁赐金鞍玉马，龙茶玉醴，珍玩奇果，金钱币帛，并皆表还不受。"但因其行道有术，宣和七年（1125）七月下诰文敕：冲虚妙道先生王文卿，可特授太素大夫，凝神殿校籍，视朝请大夫；又敕：凝神殿侍辰，加同管辖九阳总真宫提举司命府事；父肇始赠承事郎，母江氏赠太宜人；其后又封冲虚通妙先生、视太中大夫，特进徽猷阁待制、主管教门公事，父再赠承议郎、母太令人，妻平氏宜人，叔王深赐承信郎，弟次卿迪功郎。真是一人得宠，举室皆荣。

　　王文卿所创神霄派以五雷法祈神禳灾，相关史料载说：他在"徽宗宣和初（1119）将渡扬子江遇一异人，授以'飞章谒帝之法'，及'啸命风雷之书'，每克辰飞章默朝上帝，召雷祈雨；叱咤风云，久雨祈晴；则天即朗霁；深冬祈雪，则六花飘空；或人家妖祟为害，即遣神将驱治，俱获安迹。常隐声不誉，诗酒落魄，俗流不得而晓"。王文卿自称得"火师汪君"（唐道士汪子华）点化传授神道，又于金陵清真洞见雷母得雷书。该教派尊奉三清、玉皇和四御为主神，称说其符法传自元始天尊的长子——万雷总司"神霄玉清真王"，说南极长生大帝和扶桑日宫大帝即是。当时天师府张继先和林灵素都擅长雷法，他们说宋徽宗就是"神霄玉清王"应世，宋徽宗因之自号"教主道君皇帝"。神霄雷法南宋至元盛传江南，但该派尤须修持内丹，所谓：我身一天地，认为：行法之要在我不在他，这是将内丹与符箓相融合的特征。王文卿说："盖人居天地之中，借斗运转三才，此谓一窍通万窍通！"所谓"斗"既为天穹之星斗，亦为人自身元精、元神之初性；雷法的旨趣首要在于：通过修持提升内炼道功的成就，所谓："行雷之士，须当断淫绝欲，保养元神，炼成金丹，驱役雷霆，祷雨祈晴，治病驱邪，无施不可。"具备了内炼道功的成就，就能调动起自身先天之元神，并以之为枢机斡旋调理自身内在的天地阴阳，将自身元精、元气、元神聚之为雷神将帅，对应符契自然天地之外在神将，因之可以役使鬼神而遣使雷霆。神霄派雷法，对后世道教影响很大。

　　关于神霄派传承，（明）张宇初《道门十规》记载："神霄始于玉清真王……自汪（子华）、王（文卿）二师而下，则有张（继先）、李、白（玉蟾）、萨（守坚）、潘、杨、唐、莫（月鼎）诸师，恢弘犹至。凡天雷酆岳之文，各相师授，或一将而数派不同，或一派而符咒亦异。"王文卿之后学雷法著名者：萨守坚开道教西河派、天山派，至今在道教中亦有影响；又有王文卿同乡人邹铁臂，得王文卿《九天雷晶隐书》，传湖州（浙江省境内）人沈震雷、莫月鼎，莫月鼎名声尤著，苏州玄妙观曾是他行道的坛场，又曾蒙元世祖召见。又有淞江人王惟一，自称得邹铁臂、莫月鼎之传，著作《道法心传》，阐发神霄派雷法。因神霄派有较大范围的传播，至今在道教中都有一定的影响。据称王文卿亲历并参与了宋徽宗宣和七年（1125）十二月二十三日禅位东宫的事情，因宋师与金军交战败绩遂代皇帝出京降香。靖康元年（1126）四月因其累表求归，钦宗赵桓遂准其奏请；南宋高宗赵构绍兴十三年（1143）诏请不赴，绍兴二十三年（1153）八月二十三日亲与棺木题颂：我身是假，松板非真；牢笼俗眼，跳出红尘！颂毕仙化。

（2010 年 1 月 15 日）

张继先以心喻道

　　道教天师教派第三十代张继先真君，字嘉闻，一字道正，号翛然子。他是天师教派第二十七代张象中真君的曾孙辈，张象中有子三位：张敦复、张敦信、张敦直，其中张敦复为长子得嗣二十八位。第二十八代因膝下无子续位，遂选父亲的孙辈中名张景端为子，嗣第二十九代位；第二十九代张景端真君又因膝下无子，就以张继先为嗣。张继先九岁就嗣真君位，年龄稍长，得以传授道法。虽然是同一位曾祖，但祖父是张敦信老前辈，张敦信有子张处仁，为官临川（江西抚州区域）知县。张继先宋元祐七年（1092）诞生于父亲任职地方的蒙谷庵中，据说到5岁时都不讲话，父母非常着急！一天，因雄鸡的鸣唱，竟然引得他心动而笑出声来！更使人惊异的事情是，这位5岁刚笑出声音的孩童，竟然又随口即景赋起诗来，诗曰："灵鸡有五德，冠距不离身，五更张大口，唤醒梦中人！"实际上他被张景端真君选为嗣子，是因为他的种种神异。

　　第三十代张继先真君并没有让大家失望，崇宁三年（1104）他仅12岁，即应诏赴阙。宋徽宗看他年幼，故意考核他说："卿居龙虎山，曾见龙虎否？"他机敏地坦然应对说："居山，虎则常见，今日方睹龙颜。"徽宗知道天师道士善符咒，所以请张继先也画了一张符，但是否灵验？"灵从何来？"他笑着将心中的疑团提了出来。张继先坚定地应对说："神之所寓，灵自从之！"徽宗与历史上许多帝王一样，都关心修炼金丹的方术方法，但是当赵佶问这个问题时，这位年仅12岁天师教派的当家人回答说："此野人事也，非人主所宜嗜。陛下清静无为，同符尧舜，足矣！"此次会见后不久的五月份，徽宗又召见，提出"道"与"法"异同的问题。张继先回答说："道本无为而无不为；道、体也，法、用也；体用一原，本无同异。若一者不立，二者强名，何同异之有？"宋徽宗也很同意他的观点（见《天师世家》）。这种与帝王得体的应对，比较唐代司马承祯、李含光及同时代稍早的刘混康等，这些曾因应对帝王类似问题得体而著名的大师，张继先同样毫不逊色！

第二年宋徽宗又请张继先赴京建醮祭祀，甚获徽宗尊重！史书记载说："崇宁四年（1105）五月，赐信州龙虎山道士张继元（先）号虚靖先生，汉张道陵三十代孙也。张氏自是相袭为山主，传授法箓者，即度为道士。"（见《续资治通鉴》卷89《宋纪·徽宗》）在张继先这一次赴京过程中，朝廷还"赐金铸老子及祖天师像"，于是龙虎山中得以大兴土木："迁建上清观，改为上清正一宫；复立靖通庵、俯然亭，以为修炼之所；建灵宝、云锦、真懿三观，改祖天师祠为演法观"；等等。大观元年（1107）张继先第三次奉召赴阙，同馆而住还有道士徐神翁，这位徐道爷也是名望很高的道士，他为当时北宋社会显现出的暮气而担忧、议论说："世事悠悠，不如归休！"道教徒面对复杂的形势若水若风，道祖老子说："上善若水"，所以张继先直截了当地回答说："归则便归，何思何虑？"据说听到这样的回答，徐"神翁遂坐而逝"。徽宗是有事要请教张继先，其中有两件：第一件是宫中好像有"妖"，请"祛之"；张继先告诉徽宗说："臣闻邪不干正，妖不胜德，陛下修德，妖必自息。"第二件是"遣使问道要"，张继先作《大道歌》以进，辞曰："道不远，在身中，物即皆空性不空；性若不空和气住，气归元海寿无穷。欲得身中神不出，莫向灵台留一物。物在心中神不清，耗散真精损筋骨。神御气，气留形，不须杂术自长生。术则易知道难遇，纵然遇了不专行。所以千人万人学，毕竟终无一二成。神若出，便收来，神返身中气自回。如此朝朝还暮暮，自然赤子产真胎。"徽宗很满意张继先此次赴京为他办的事情，所以"授太虚大夫，不拜；御制诗以赐"。

据《天师世家》记载，张继先第三次由京城返回时，其高徒鄱阳人石自方前往迎候，他因此心情高兴地赋诗叙怀："喜见石浑沦，忘言意独真；还寻石桥约，一洗客京尘；香篆丹炉静，诗篇彩笔新；高霞不孤映，携手洞门春。"（张继先《得请还山喜元规迎迓》）原来他的徒弟石自方：字元规，又称石浑沦。张继先觉得"浑沦"二字，很体现纯朴自然的道义，所以有意建修"浑沦庵"以铭志，其后他就在龙虎山中西仙源建浑沦庵，并安排弟子石自方管理其事，庵成他即常与诸弟子讲道其中；张继先常为弟子讲"死生之变"的道理，石自方不明其中之理，提问说："吾得全于天，不知好生，不知恶死，奈何得以死哉！"张继先即为之剖解说："不然，尔谓得全于天，天复得全于何？真宰不明，性识交炽，一真独露，万幻皆空，则天亦无所全。"实际上，张继先为弟子所讲的仍然是："道、体"，"法、用"；"体用一原"；"一者不立，二者强名"的道理。在这段时期中江西旴江曾为徽宗侍臣的王文卿也回到家乡，张继先"相与往来酬唱"叙怀。政和（1111～1117）间帝召以疾辞，丁未年（1127）钦宗遣使诏，赴阙至泗州（今江苏宿迁东南）天庆观，"作颂而逝"，张继先仙化之日，京师陷落。

《道藏》中有《虚靖真君语录》七卷，其中有《心说》《大道歌》《虚空歌》等内容，是为天师教派第三十代张继先的著述。在《心说》中他说："夫心者、万法之宗，九窍之主，生死之本，善恶之源；与天地而并生，为神明之主宰。"他认为："我之本心，"即"空劫以前，本来之自己"。他认为"心"就是"道"，因为"道"也是强名之辞，他说："然则果何物哉？杳兮冥兮，恍兮惚兮，不可以知知，不可以识识，强名曰道，强名曰神，强名曰性，强名曰心，如此而已。"心的作为地位很"大"很高"贵"，"用之则弥满六虚，废之则莫知其所；其大无外，则宇宙在其间；其细无内，则入秋毫之末；而不可以象求矣。"同时心邪起处，"一念萌动"，"天堂地狱，因果之报，"都在其中。所以他引用"老庄"的话劝诫人们：要知"常"道，守"常"道，如果"不知常"道，不守"常"道而"妄作"，结果就"凶"险！（见《道德经》章内容）希望人们做到："谨言语，节饮食，除垢止念，静心守一，虚无恬淡，寂寞无为，收视返听，和光同尘。"（见《庄子》章）努力的方式就是："斋戒以诚明其德，一真澄湛，万祸消除。"很明显，张继先是借老庄之学，显现"清静"精神，而以"心"喻"道"。张继先对道教的思考，对宋元及其后的道教教义、教徒的修持，都有着一定的影响。

（2010 年 9 月 15 日）

"三山符箓"合正一

　　早在成吉思汗创国之始，为统治并稳定这个汉民族人口绝对多数的泱泱大国，就派刘仲禄等臣僚不远万里，邀约会见高道邱处机真人，虚心地倾听这位道教人士的建言划策和真知灼见。正式立国之后的元代皇帝，不仅优礼全真、太一、真大这三个北方道教的宗系，还以积极的姿态笼络亲善南方道教各符箓宗系，其中尤以天师宗系更为获宠！至元十一年（1274）夏四月朝廷遣使"持诏召嗣汉四十代（实际36代）天师张宗演赴阙"（《元史·本纪》，说明：天师道三十五代张可大天师有二子，长子宗汉字圣传，号敬斋，好诗酒而不乐应酬，遂让天师位予次子宗演），至元十三年（1276）蒙古大军已平定江南，元世祖这时接见张宗演，深情地对他说："昔岁已未（1259），朕次鄂渚，尝令王一清往访卿父（指三十五代天师张可大），卿父使报朕曰：'后二十年天下当混一！'神仙之言验于今矣！"因命坐锡宴，"特赐玉芙蓉冠，组金无缝服，命主领江南道教，仍赐银印。"（《元史·列传》）十四年（1277）春正月"赐嗣汉天师张宗演：演道灵应冲和真人，领江南诸路道教"；并"命嗣汉天师张宗演修周天醮于长春宫；宗演还江南，以其弟子张留孙留京师。"（《元史·本纪》）到至元十五年（1278）秋七月，"建汉祖天师正一祠于京城，"时至冬十月"乙丑，正一祠成，诏张留孙居之"。（《元史·本纪》）十七年（1280）秋七月"己巳，遣中使咬难，历江南名山访求高士，且命持香币诣信州龙虎山，临江阁皂山，建康三茅山，皆设醮"。到"冬十月甲申，诏龙虎山天师张宗演赴阙。"十八年

（1281）三月"甲辰，命天师张宗演即宫中奏赤章于天七昼夜"；七月"命天师张宗演等即寿宁宫奏赤章于天凡五昼夜。"八月"设醮于上都寿宁宫。"（《元史·本纪》）二十四年（1287）二月壬辰又"遣使持香币诣龙虎、阁皂、三茅设醮，召天师张宗演赴阙"。（《元史·本纪》）张宗演于"至元辛卯（1291）卒"。（《天师世家》）

　　第二年（1292）春正月元朝廷"以（嗣）汉天师张宗演男与棣嗣其教"。元成宗继位，张与棣参加了元贞元年（1295）"长春观"等处，南北道士一千余人与会共建的大醮，醮后朝廷"赐天师张与棣、宗师张留孙、真人张志仙等十三人玉圭各一"。（《元史·本纪》）张与棣，字国华，号希微子；因留京师时间较久，他"乞归未允，遂示化于崇真宫"。（《天师世家》）三十六代张宗演的次子张与材，字国梁，号薇山，别号广微子，与其兄张与棣一起参加了改元元贞（1295）的活动，在大明殿同时受到元成宗的接见，并获得"俾自给牒度道士，免宫观差役，护法箓"的权利。其兄张与棣仙逝后，元贞二年（1296）春正月"甲午，（朝廷）授嗣汉三十八代天师张与材：太素凝神广道真人，管领江南诸路道教。"（《元史·本纪》）社会各界都知道符箓斋醮是道教天师派主要的表现形式，所以张与材嗣三十八代天师后，即于"大德二年（1298）奉诏治海潮于杭州"，"五年（1301）入觐，丞相答剌罕请祷雨"，"冬无雪，成宗命建坛祷之"，史料记载：由于张与材符箓咒勒、斋醮科仪的祈祷活动成功率很高，元成宗也为之感叹道："卿能感神明一至此邪！"张与材则认为：天人之间有着自然的感应，"诚可格天，天必有感！"大德六年（1302）他辞归之时，朝廷"授银印，视二品，敕百官饮饯之，使祷所过名山宫观"。就在这一年（1302）夏季又遇多雨无晴，"遣使请祷，三日而霁。"元代的统治者实际得很，因三十八代天师张与材，多次应诏祈禳的宗教活动圆满周到，所以"八年（1304）授正一教主，主领三山符箓"。元武宗即位（1308），"特授金紫光禄大夫，封留国公，锡金印。"元仁宗即位（1312），"召见嘉禧殿，赐金冠组织文金之服。"张与材天师延祐三年（1316）仙逝。（见《天师世家》）

天师道三十六、三十七、三十八代、直至四十一代，张宗演由子而孙及重孙六代传承，稳固地完成了元代这个历史阶段天师掌教的重要过程，在道教史上有着重要的意义：最重要的是在政治集团的支持下，有效地协调了"三山"乃至江南道教的教务，以天师道促使了南方道教符箓派的融合，为道教正一派的形成奠定了坚实的基础；其次是至元十三年（1276）张宗演率弟子入京，第二年还江南时"以其弟子张留孙留京师"，开创发展起道教"玄教"宗系，对道教尤其是北方全真派后邱处机时代，整个道教形势是重要的提振和充实；第三是以斋醮科仪的方式，表达道教"道法自然""敬天爱民""济世利人"的主张，认为斋醮科仪"诚可格天"，能够产生"天人感应"的效果，从而有效地规范了道教科仪法事的形式。当时的天师掌教还积极地推动起慈善事业，尤其是三十八代天师张与材"捐粟为义仓，以周贫乏"，既发扬了古代天师道设"义仓"帮困济贫的精神，也为其后道教关爱社会，热心公益慈善事业做出了学习的榜样。历代天师道掌教人物在文学艺术方面也多较高造诣和内涵，元朝过程中的六代天师不仅秉性仁厚宽容，而且多才多艺，尤以三十八张与材天师："为诗文千言立就，作大字有法，草书亦精奇，尤善画龙"，王稚登《丹青志》神化他的画作说"晚年修道，懒于举笔，人有绢素辄呼曰'画龙来！'顷之，忽一龙飞上绢素，即成画矣"；其子：嗣成为三十九代天师"所画《庐山图》为当时所称"，嗣德为四十代天师"画墨竹禽鸟"，二子"画龙尤得家法"（见《天师世家》）；他们均以艺术的方式来提升并弘扬道教文化的内涵。

（2010 年 11 月 15 日）

仙境福地三清山

　　江西省上饶市有一处仙境福地名"三清山"，山之最高峰海拔1817米，山名之获称，是因其间玉京、玉华、玉虚三主峰，为众峰拱卫，犹如道教玉清元始天尊、上清灵宝天尊、太清道德天尊三神尊列座峰巅，俯视群峰；众峰峦似如众神恭列于三清祖师座下，听宣"三洞"三十六部妙旨之状，故有意者遂以"三清山"称之，渐而为朝山香客和观光游人所认同。

　　此山不仅气象万千，峰峦秀美，而且气候宜人，物产丰厚，因此丹流羽士早于山中活动，三国时道教祖师葛玄（教内敬称为葛仙翁）于山中结庐炼丹，也有文史载称其侄孙葛洪（教内敬称为小仙翁）东晋时亦曾入山炼丹。社会人士都知道古代道士重炼丹术，这里所指是对自然物质按程序烧炼合成丹药的外丹方式，是古代道教一种重要的修炼方术，三国魏晋延续外丹术的著名道士有：左慈、葛玄、郑隐、葛洪，这其中葛洪是代表性人物。葛洪说："夫金丹之为物，烧之愈久，变化愈妙；黄金入火，百炼不消，埋之毕天不朽。服此二物，炼人身体，故能令人不老不死。"（见《抱朴子内篇》）虽然服食外丹成神仙只是古人的理想，但是外丹术对科学技术的贡献尤其重要，其反复的烧炼实践，在药物、矿物、冶炼、铸造、古化学的方面有着丰富的经验积累和成果。三清山现存道教建筑，主要分布在登山古道沿线，至今丹井、丹灶遗迹犹存，于是这处胜地成为道教丹鼎派的道场。

　　沿三清山道盘折向上前行，陡然处需经众妙千步门、冲虚百步门、南天门，有石坊、华表立其前，上刻楹联曰："高凌云汉，江南第一仙峰；清绝尘嚣，天下无双福地。"行至海拔 1526 米处有山岭环抱，中间舒缓的一处山间盆地，称为"三清福地"！在其间形似龟背的巨石上，建有三清宫主体建筑。建筑坐南朝北，左抚飞升台，背依玉京峰，前向紫烟石，正殿大门横额："三清福地"，两边有楹联："殿开白昼风来扫，门到黄昏云自封"。殿内神龛供石刻三清像，后殿为慈航堂，殿前有小石坊，横额"三清宫"三大字。整座建筑除屋顶外，均为花岗岩石所成，就连殿前香炉也是石头雕琢而成。宫后郁郁葱葱黄山松成片，前有长年水溢，水静若镜，面积十余亩大小，称之为：清华、涵星、净衣的三大水池。葛洪丹井和龙虎殿、演教殿、纠察府、九天应元府、风雷塔等建筑；因山就势，因岩造起，简洁古朴，协调自然。还有应予提示的德兴邑人王祐墓，明景泰年（1450～1456）王祐修缮保护了山中古迹，并创建了"三清宫"，功不可没！

三清山仙境福地：中心区 70 多平方公里，总面积 220 平方公里；由三清宫、梯云岭、二桥墩、山羊床、玉京峰、西华台等内容组成，自然景观以峰、石、松、云、瀑为最奇：可考奇峰 48 座，石峰林立，竞相崛起，变幻无穷，如巨蟒出山、仙境再现、南海重生、慈航琵琶等等都很著名；怪石 52 处，有升天石、紫烟石、香炉石、天梯石、雷公石、蟆头石、天宝石、仙果石、判官石、寿星石等等；秀岭苍翠如碧，原始森林覆盖率达百分之八十以上，无石不松，无松不石，植物 250 多科 2000 余种，有姿态最美的黄山松，有近千亩最珍贵木质坚硬的华东黄杉等等；每年有云雾日 210 天，云烟雾霭，浓、淡、明、灭、沉、浮、飘、逸，千峰万壑，变幻莫测；清泉飞瀑，处处幽谷飞彩瀑。三清山真正是仙山福地！

（2011 年 2 月 17 日）

历史、 地域、 经济文化的沉思

—— 参访江西铅山县河口镇之后

　　这是一条全长 2.5 公里，由东而西的古街道，长条青麻石砌成平均 6 米宽的街道路面。这条称作信江的宽阔的水由西向东滚滚流去，古街就建筑在信江的南岸。街道两边明、清店铺尚存 450 余家，旧为一堡、二堡、三堡。那店铺的建筑特色：前店后坊，延深多进的房屋；房屋多为数层，高层建晒楼，楼栏围以精雕之木栅，栅多以典故或吉祥花的精致工艺组合而成；外围的封火山墙，体现商家早有防火安全的意识；店铺建筑的门前均砌有台阶，可以看出古街初建时即有统一协调的格局和整体统筹的规划。

　　那街道上的青麻石铺就的路面中间，早已留下深深的车辙，建筑的木栅构图、门框石料的镂刻工艺，都在告诉人们这座古镇的年轮、历史、文化和她在过去商贸经济中的地位和辉煌。

　　这就是至今保存完好的江西铅山河口镇古街的风貌。

一　历史、 文化与名镇

　　铅山县是江西省东北部饶近旁的一个五代南唐之时即已设置的古县署。她西接赣地贵溪、弋阳，北连横峰等地；南部紧邻则是闽北崇安、光泽诸县的地域。其地处武夷山脉，物产丰富，人文积存深厚。

　　历史上的江西铅山县，确是俊才辈出，人文荟萃，商贾云集，经济繁荣。从人文的角度，就有留传至今的佳话："隔河二宰相"，指南宋陈康伯和明费宏；"百里三状元"，指北宋刘辉、元李谨斯、南宋明费宏；"一门九进士"，指北宋赵士衸及其子孙八人。他们都是铅山历史上有代表性的名士，是当地人民的骄傲和自豪！

铅山县境内，更有道教名胜灵宝派圣地葛仙山玉虚观；佛门净土，鹅湖峰顶寺；还有名士朱熹与陆九渊兄弟"鹅湖之会"，论辩"心""理"之学，开一代新学风的"鹅湖书院"。比较这些，铅山县境更引人兴趣的是明清江西"四大名镇"之一的"河口镇"经济、文化当时振兴腾飞的盛世。

河口镇位于铅山县境北部，全镇面积约6平方公里，除镇南部有丘陵约2000亩外，其余均为冲积平畈。1949年前，河口镇并非县署所在地，清乾隆八年（1743）所修《铅山县志》有载："河口镇，县西北三十里，即古沙湾市也。"1949年5月4日古称沙湾市的"河口镇"解放，7月县人民政府才由永平镇迁来。

《辞海》载曰：河口"镇名，在江西省东部，信江上游"。信江，是江西省境内的五大河流之一，其从铅山县西北而来，经县境与域内源自武夷山脉的多股内水汇而成之铅山河，合流而东去鄱阳湖。信江与铅山河交汇之处，自然就是河口镇了。又考："铅山河，原在汭河镇（铅山县地名）入信江。明前期洪水泛滥，于是经凤来墩（铅山县地名）注入信江。'河口'之称始于此。"（见1990年版《铅山县志》）

高品位地域文化的积存，不断增多的商贸意识，丰饶的物产，便利的水陆交通等综合资源的优势很自然地成就了铅山县河口镇为江西明、清经济振兴的"四大名镇"之一。

二 商贸经济中的辉煌业绩

因地处闽浙赣边区地带，由于明前铅山河由其地入信江，从而造就了交叉的水利之便，促使河口镇形成周边货物的集散地。其时的河口镇

"是为信江沿岸主要码头之一"。到明万历年间（1573～1619），这里已是"技艺杂沓，盖期舟车四出，货锱所兴，铅山之重镇"。由于经济地位的上升，使得朝廷原驻湖坊（地名）的巡检司，也不得不移来河口镇驻扎。清代乾、嘉时期，河口镇"商贾云屯雨集，五方杂处"，真所谓"货聚八闽川广，语杂两者浙淮扬"。其商贸盛极一时，号称"八省码头"，成为江西的"四大名镇"之一。史料记载：乾隆四十年（1775），由于河口镇经济的不断繁荣，朝廷巡检司的职责权限又已无法驾驭或管理该地的经济和社会领域，于是广信府乃将司知官的衙门移驻河口，设同知公署以管理水陆交通和商务税收等事宜。

河口镇商贸经济的发展也有一个过程。据史料记载，宋、元年代，时为沙湾的河口镇只有少数店铺，仅是"定期的农村圩场"。明代初年也只是少数店铺，但眼光远大的名士，还是敏锐地看到其蕴藏的潜力和发展的前景。明万历年间铅山名士费元禄在其《甲秀园文集》中叙及："余祖始迁时，河口仅两三家，今阅世七十余年，而白而千，当成邑成都矣！"这说明河口镇在兴起的初始，市场和经贸环境也有一个不断养育、发展的过程。

同时，古代商贸经济发达的地区，往往也都是自然资源较为丰富的区域，因为这便于获得商品生产的原材料，并就地加工生产后随即投入市场，从而迅速促进该地区商贸经济的崛起。江西"四大名镇"在商贸经营的过程中，据考都各自有商贸优势的当地主要特色品种。如江西樟树主要以药材经销闻名（称"药都"），景德镇主要以瓷器经销闻名（称"瓷都"），吴城（村）则为木材的集散地，而河口镇作为江西"四大名镇"之一，是由于其地处武夷山区，又有信江和铅山河水利之便，所以成为周边省地商品的集散地，而其经销地方的特色产品则有纸张、茶叶、竹木器具、药材等，尤以纸张、茶叶更为其主要商贸品种。

三　商贸有效带动起当地经济的发展

河口为铅山县之重镇，其地处武夷山脉，得天独厚的自然环境，正具备了地域经济发展的客观条件。峰峦起伏的十万大山，有取之不尽的自然资源，勤劳朴实的山区人民，为简易的手工作坊、轻工业生产提供了足够的劳动力资源。于是各种形式的加工业小作坊出现了。

早在宋代，铅山的矿场就曾出现过一段辉煌时期。元祐、绍圣年间（1086～1098）铅山铜矿的采矿工人就多达 10 万人之众。制茶业也发展较早，始于宋景祐（1034～1038）年间，景祐后当地政府上贡朝廷的白水团茶、小龙凤团茶即为铅山产品。尤其在明宣德、正德年间（1426～1521），制茶业在原有名茶的基础上又精制出小种河红、玉绿、特贡、贡毫、贡玉、花香等名茶。其中"河红"即以河口古镇命名，为我国最早的著名红茶。

当时从事制茶和经销者，就有二三万人之众。因武夷山区生产毛竹，所以元代时铅山的造纸业就颇具声名，明代这里成了江南造纸业的主要基地。由于河口纸业经营的兴旺，几乎使得铅山处处山村均有造纸业的作坊。有一处叫石塘的山村，就"纸厂槽户不下三十余槽，各槽帮工一二十人"。所产纸张品种齐全，粗细兼备，尤以"连史纸"最为名贵，畅销国中及海外。

河口镇商贸经济的发达，确实带动起当时地方经济的发展，促使铅山之境的劳动力，以积极的姿态加入到加工劳动的生产发展行列之中。据史料记载，清乾隆年间（1736～1795）河口茶行就多达 48 家。茶行形式：房屋多为三四进，有的深达六七进，前店后坊，既加工又销售。春夏之交，加工新茶，就连妇女亦抛头露面，纷纷前往茶行帮助做采茶、炒茶、拣茶的工作。清人程鸿益在《铅山竹枝词》中描述这种劳动妇女积极加入生产劳动的热闹情景："狮江妇女趁新茶，鬓影衣香笑语哗。齐向客庄分小票，春葱纤剔冻雷芽。""千盘茶饶代香薰，一日青蚨二百文。抛却女红入尘市，桑鸠蹄遍不曾闻。"由于茶叶经销的繁荣，所以当时河口镇的制茶技术高超，在全国都有一定声望和地位。武夷茶的主要产地崇安县，每当采茶、制茶之季也大都在河口镇聘请制茶师傅。

四 名镇、古衙留下的沉思

　　完整保留的河口镇这条明清古街建筑，就其意义，除了其本身历史文化价值，或建筑特色和风格可供专家学者研究，同时更有爱国主义和市场经济建设等内容，以及社会学研究的价值和意义。因为这标志着一个已经过去的时代，其地域经济在当时当地繁荣、发展和受社会大环境、大气候影响而曾丢失长远发展机遇的过程。

　　当然，古代的商贸经营与今天的市场经济和商品经营，从环境、规模和方式等方面都不可能同日而语，无法类比。但商品资本积累的过程，什么时候的道理都是相通的。当整个社会都已进步，停滞者必然落后。尤其是社会观念更新，科学技术不断发展的新形势下，保守必然跟不上社会的步伐，僵化自然要被新时代抛弃！

　　明、清时的河口镇，能够成为江西重要商埠的因素之一，主要是资源的丰富，纸、茶业的发达加之铅山为闽赣交通要道，"江浙之土产由此入闽，海滨之天产由此而达越"。

　　随着全国释道网的形成，从铅山循陆路可通全国，从河口顺水路可达鄱湖、长江。这标志着铅山河口镇地域经济文化当时的振兴、繁荣，这是河口镇辉煌的时代！

　　但是商场如战场，顺利的境遇中同时潜伏着危机。深谋远虑的商战人士往往抓住其中的有利因素，突破困境，迎接挑战，从而将事业推向新的峰巅。"铅山是我国内地早期民族资本主义工业基地之一"（见《铅山县志》），但也像我国其他民族资本一样，由于本质上的软弱和保守，对外不能抵御外来资本主义的强劲冲击，对内不能适应社会形势的不断变化，所以难以抵挡或化解危机、迎接挑战。据《铅山乡土志》载，"清道光二十年，闽浙海禁开通"，"货物商运即由海道，不由铅山"。实际上，对集散市场的河口镇来说，这既是一个危机，但更是一个发展的新机遇。因为铅山有丰富的物产，河口镇市场多年来也应已积聚了相当雄厚的经济实力，如果有组织、有部署，完全可以冲出去，像今天的温州人那样到更大的环境中去寻找和占领更大的市场。不过，这些都是今天才有的惋惜！实际上，当时的社会环境，人们的思想认识水平，远不能达到今天的地步。何况鸦片战争后，外国列强正在凶狠地瓜分我们的祖国。东方睡狮虽然正在觉醒，但当时尚未扬首、振体、奋威。

今天，我们的国家改革开放，以经济建设为中心，综合国力不断增强，铅山县的经济也正在不断振兴。1984 年 7 月铅山已被列为江西省农村经济综合改革试点县之一。铅山丰富的物产和水路、公路、铁路便利的交通，为铅山经济的发展提供了先决优越的条件。现在河口镇为铅山县人民政府所在地，是全县政治、经济、文化、交通的中心。面对新的世纪，重振昔日雄风，再创历史辉煌，正是时代再一次赋予的使命和机遇。

适应当代　发挥作用　感恩奉献

——应邀于"第六届海峡两岸道教文化论坛"的发言

尊敬的各位领导、各位同道、各位朋友、海内外嘉宾，先生们、女士们：大家好！

首先感谢举办方邀请我来参加"第六届海峡两岸道教文化论坛"的活动！

这次我给会议提供了两篇涉及江西道教的论文：《道教正一派源起简溯》《五显大帝是有稽考的道教正神信仰》；专家学者、嘉宾朋友，有兴趣、有时间请阅正。我将这篇发言稿称名《适应当代　发挥作用　感恩奉献》，希望包括我个人，以及今天来参加"第六届海峡两岸道教文化论坛"的，甚至整个道教界、道教人士都有这种认识和境界。

作为一名道教界人士，正一派道士，我非常高兴到江西来参加各种类型的正常活动。为什么呢？因为江西是道教的大省，道教在江西的祖庭多，众所周知：天师派祖庭在龙虎山，灵宝派祖庭在阁皂山，净明派祖庭在西山，五显大帝信仰的祖庭经台湾信众考证确认在婺源；虽然"三山符箓"茅山上清派祖庭在江苏，但是经考证上清开派第一代魏华存太师，后来许多的时光也是在江西安福地方活动和度过的。

了解情况的朋友都知道，我担任中国道教协会教务部主任多年，到江西参加道教活动的次数非常多。记得20世纪90年代初，经国家宗教局同意，龙虎山天师府开始对海外举办首次授箓活动；这是已经停止多年重新开启的神圣活动，不仅事先需要论证的内容非常多，海外参加授箓典仪活动的箓生非常多，授箓仪典中需要进行的科仪内容非常多，其中尤其是授箓仪典中要进行的科仪需投入演练的时间多！为了恢复好授箓的神圣活动，我受中国道协委派，来龙虎山在天师府中住了许多的时日：一方面配合金涛会长抓"道团"队伍的排练，一方面配合协调初次海外授箓繁杂的教务；以后每年的授箓活动我几乎都来一至两次。1995年道教界恢复对内地正一派道士授箓，我先受中国道协委派在青城山配合当年的中国道协老会长、青城山律坛传戒大律师傅元天老方丈刚完成传戒的相关教务，就到龙虎山来配合金涛会长，做农历十月十五（下元节）内地道教界、正一派首次授箓活动的教务准备；这些事情回顾起来，一晃就是近二十年时间了！

　　两千年后，我于2008年因中国道协和北京市道协安排兼起北京东岳庙道教的教务，虽然来江西、来龙虎山的次数比以前少了，但是涉及江西道教的教务我一直很留心关注！今年4月底5月初，因婺源"五显大帝信仰"这个主题，我应邀随中国道协所组团队赴台做工作考察，来回共6天，其中工作考察4天，每天我们都在路上奔走；中国道协国际部11月7日之后又通知我，11月30日至12月6日赴台参加"五显大帝信仰文化交流暨学术研讨会"；我们协会的国际部说"您可能来不及准备论文，准备一个致辞就可以了"。但这怎么能行呢？举办方会怪我的！所以我不仅准备了致辞的文稿，也准备了《五显大帝是有稽考的道教正神信仰》这篇7500余字的文稿，但后来因故那次活动被取消；所以也将该文稿提供给此次"论坛"。这次"论坛"，天师府邀请我的道友，也是在12月初才给我们北京东岳庙电话，但既是天师府金涛会长的意思，虽然时间很紧，觉得这是义不容辞的事情！正好关于天师道、正一派、道教源起等问题，我也有话要说。我就是正一派道士，身处道教正一派之中，既然有机会，还是应该就此方面谈些想法和认识，所以集日常思考的内容，整理出《道教正一派源起简溯》一文，也提供给"论坛"，就教于诸位。

　　我认为，道教正一派正式形成教派的时间节点，是元成宗大德八年

（1304）。我们知道，天师道发展到宋、元，与统治者之间的关系就非常地亲密了！尤其是元朝统治者与天师道宗师的关系：从35代张可大天师起，忽必烈称"元"为国号的前一年"己未"（1259），就曾派部下官员王一清"往讯"请教，35代张可大天师预测蒙古政权："后二十年当混一"天下！由于"预言"的准确，使元朝称世祖皇帝的忽必烈非常佩服！所以当他在至元十三年（1276）平定江南后，即"遣使优诏，召"36代张宗演天师进京，"命坐赐宴"；其后陆续从五个方面予以褒奖：一是"特赐玉芙蓉冠、组金无缝服，封真人"号；二是"命主领江南道教，仍赐银印，得自给牒、度人为道士"；三是在江南"路设道录司，州设道正司，县设威仪司，皆属焉"；四是"复宫观赋役"；五是"即京师创崇真万寿宫，敕弟子张留孙主之"。这在《天师世家》都有记载。36代张宗演天师至元辛卯（1291）飞举后，第二年春正月元朝廷即以"天师张宗演男与棣嗣其教"，是为37代。

元成宗铁穆耳继位，37代张与棣天师在元贞元年（1295），与玄教张留孙大宗师，会同南北千余位道士，在长春观等处为元成宗的登基共建祈祥祝福道场；道场完成后，元成宗挽留张与棣天师，不让他回龙虎山，张与棣天师"遂示化于崇真宫"。36代张宗演天师的次子张与材，同兄长张与棣共同参与了成宗皇帝元贞改元的大典活动，并获得"俾自给牒、度道士，免宫观差役，护法箓"的权利。其兄仙逝后，元贞二年（1296）春正月"授嗣汉三十八代天师张与材：太素凝神广道真人，管领江南诸路道教"。其后38代张与材天师，多次奉诏为元朝廷办事有功，元成宗大德"八年（1304）授正一教主，主领三山符箓"。元武宗海山即位（1308），"特授金紫光禄大夫，封留国公，锡金印。"元仁宗即位（1312），"召见嘉禧殿，赐金冠，组织文金之服。"笔者认为：到38代张与材天师"授正一教主，主领三山符箓"之时，道教正一派正式形成。这方面其他的观点，因为时间限制不多说了，有兴趣就请诸位去看我撰定的论文吧。

我以为，对道教正一派进行探讨研究不仅很有意义，也切合本次

《论坛》"传承、和谐、健康、发展"的主题。"海峡两岸道教文化论坛"选择在鹰潭也很有意义，这里有今称龙虎山，而古老名称则是祖天师炼"九天神丹"的云锦山；这里是神圣的道教正一派祖庭，更是第四代张盛天师重整老祖天师古坛、推动天师道转型的源起地。道教正一派渊源很深，上溯黄老，下及海内外道教的方方面面，本着"传承、和谐、健康、发展"主题去探究，同样会涉及非常宽广的领域和内涵。当代提出"文化大繁荣大发展"，形势也为当代道教提供了正常前行和发展的平台。不仅两岸道教是同根同源的属性，天下道教神源信仰之追溯，都是我中华民族之先圣祖灵！其正信正行，其神圣纯粹，又何尝不是同样的无上和崇高！道教在当代，社会潮流滚滚向前，容不得任何倒退和观望，前进中自然有许多现实的机遇；"一阴一阳谓之道"，道教是求新求变求发展的宗教，在当代社会更应有积极的适应和担当，应该发挥好作用、感恩社会、报答社会、努力奉献社会。

　　发言如有不妥，请指正。

　　谢谢诸位！

（2012 年 12 月 28 日）

老君故里见闻录

随中国道教协谢宗信副会长踏上豫东平原，应邀参加鹿邑县老君台老子圣像开光典礼。怀着对道祖的崇仰，在这老君故里，我自然希望多知道一些该地道教的情况，以告同仁。

鹿邑县，史称："楚、苦县。"人口103万，总面积1240平方公里，县建城距今约2800年，资源丰富，人性纯朴。境内百姓口碑盛传；无论旱涝灾荒，在鹿邑的土地上每年均有八成收获之望。县城东南五公里处，有俗称之"牧牛场"，有若隐若现古河道"厉乡沟"环绕这座史称为"厉乡（又称濑乡）曲仁里"的小镇，这就是道祖太上老君诞生的故里！据称宋初家喻户晓养生有术的著名道士、睡仙陈抟老祖也诞生于此。圣贤辈出，该地自然就有"仙源""真源"之称谓了。

县境内现在仍存在多处道教圣迹，如城内有老子飞升之处"老君飞升台"；城东为老子诞生地的古镇"曲仁里"，现建有"太清宫"；镇西半公里处为圣母藏蜕之"洞霄宫"，又称"圣母宫"，据说此处过去有大土丘，为李母坟，因历史颠沛而夷为平地，但大中祥符所立之"先天太后赞碑"仍岿然屹立在宫之东南。除此县内还有陈抟圣迹多处。老君故里，众望所归。在海内外道教界要求下，河南省政府和鹿邑县政府为贯彻落实党的宗教政策，将老君台、太清宫、洞霄宫三处道教圣地开放作为道教界奉祀祖师的宗教活动场所。

鹿邑县县委、县政府关心道教事业，爱护道教界人士。今年调来一位主管宗教工作的副县长，名郭风云，积极落实宗教政策，维修道观，千方百计挖掘道教资源以为经济建设服务。他们都认识到太上老君名闻遐迩，信徒遍布海内外，现存道观不仅是文物，古往今来更是道教的活动场所。于是紧紧抓住"宗教搭台，经贸唱戏"的契机办实事，这种利国利民的举措无疑更加提高了党和政府的向心力和凝聚力，加深了党和人民群众之间的感情，同时招来了新的投资客户，用内挂外联、开渠引水，吸引外资的行动，带动了地方经济更好的发展。

现老君台正南方宽广大道间耸立起一座引人注目的"众妙之门"大牌楼，夹于牌楼与现老君台之间是一座中学，县政府已投入 400 余万元于城东郊新建校舍教学楼，准备搬迁。据郭副县长说：明年（1994）上半年搬迁完毕，退出的校舍地面将按规划重新修复老君台原建筑。太清宫正山门之前，已修成一条宽阔的青砖仿古路面，一直通入道观，还有被镇政府使用的部分建筑，县政府已促其搬迁，交还教界，亦规划建筑。圣母宫，县政府将会同有关方面尽快落实政策，将先设计出总体规划。

在省市，尤其是鹿邑县委、县政府的关怀下，老子故里的道教在沉寂多年后，现又以崭新的姿态向世人展示和召唤。续 1992 年太清宫开光，1993 年 10 月 23 日上午 9 时又为老君台圣像举行隆重的开光典礼。中国道协谢宗信副会长做热情洋溢的祝贺，河南省宗教局、周口地委统战部的负责人，鹿邑县委、县政府及人大、政协四套班子的主要负责人全部出席了会议。郭风云副县长代表县委、县政府讲话。河南省道协以及南阳地区、洛阳市、中岳庙等道教界近三十余名道士前往为圣像开光，建两日夜的祈祥道场。台湾板桥太清宫庄正郎先生、高雄南清宫周国祥先生分别率团共 51 人次前来祝贺，并向老君台捐资十余万元，用以维修。

（载于《上海道教》1994 年第 1 期）

沁阳旅游发展中道教的地位

旅游业在国外，早已是操之熟练的产业了，在我国初尝甜头后，正被更加地重视和经营利用。旅游业作为第三产业，确实是推动国民经济发展的生力军，这其中可以开发利用的潜力无形而巨大。沁阳市旅游业的兴起，能够促进地方的经济发展，增加社会的就业渠道，提高和改善人民群众的经济和生活条件，增长地方财政税收，以及促进其他许多的公共事业等。旅游业可以旺市强市，可以造福百姓，为建设社会主义新农村，构建和谐社会注入活力，这是有目共睹的事实。就沁阳而言，在这个过程中，道教处于沁阳市旅游发展战略的什么位置？借此机会，谈谈我的认识。

一 道教在沁阳旅游发展战略中的位置

道教不是凭空出现的宗教形式，追寻其根源，她的产生与中原文化的关系是非常密切的。道教的信仰和文化内容都是在传统基础上形成，与中华民族的历史传统文化紧密相连。道教在修持养生方面，承继黄帝神仙的方术方式；在思想理念上，以老子思想为教理教义；在崇拜方式方面，以夏商周古代传统礼仪为基础，创造形成道教的科范礼仪。我们知道：祖先早就有自然、原始的许多崇拜方式，这些方式现在我们道教中都能找到印证的内容。我们考证一下，古时夏商周时代所管辖、统治的地域，以及其建都的所在，我们就知道其对中原文化产生的价值，从而对道教的创立所产生的影响。中国历史上第一个出现的王朝是夏，其初建都之地为阳城，据考证是今天登封市的区域；商汤建都之地在亳，据考证是商丘市的位置；后商盘庚又迁都于殷，为现在的安阳市；这些地方都是现在河南的地域，都在沁阳周边地区。西周建都镐京，虽然到了陕西境内，但又仅是西安市附近，距离河南也不太远。而太昊演易藏蜕于周口市的淮阳，道祖老子诞生于河南鹿邑与安徽涡阳的区域中，神农尝百草就在沁阳的山中，这些都是与道教产生有密切的渊源。在沁阳市神农山中，还曾有一位道教的著名人物，在山中修持 42 年之久，她就是被上清宗派奉为上清道主，第一代太师的魏华存。魏华存距今 1750 余年，上清教派因之兴起于东晋年代，请注意，这是与太平道、天师道的出现年代非常接近的一个道派；到唐宋年代，上清派盛行传播很广，由此唐代沁阳获唐王于神农山中间建"静应宫"，俗称"二仙奶奶庙"。文化是需要有一种方式来传承的，神农山中虽然当年有神农活动的圣迹，但在这里传承神农文化的方式是道教，这也许是当年魏夫人之所以选择在神农山中修心养性的一个原因。因此，道教与河南很有关系，道教上清派更与沁阳关系密切，所以，沁阳市在谋划旅游发展战略中，应将道教放在较高位置上去思考。

二 沁阳的道教历史人文和自然资源优势

我们为了旅游经济的发展，当然要多角度、多方位地整合自然、人文等涉及旅游各种各样的资源优势，其中历史传承的人文资源尤为重要。因为历史已经走过，人文应经发生，景观自然存在，这都是有专属地的人的主观难以臆造的宝贵资源。地处中原文化重要地域的沁阳市，今天注重旅游发展战略的研究，在注重自然资源的同时，应该重视盘点所在地域中人文资源的状况。

沁阳市历史人文资源底蕴深厚。据沁阳市政协文史委 1997 年 10 月编辑的《沁阳文史资料》第九辑载录：有周而始，至 20 世纪 80 年代，沁阳区域中稽之有据，涌现出的杰出人物有 150 余位。这些人物所涉及的专业很广，有政治家、军事家、天文学家、医学家、文学家、音乐家、画家、武术家、数学家等等，清官、富豪、专家、学者等等人物，在书中都有了自己的代表。如周时富豪皇父，沁阳古时是他储钱的地方；乐松，是东汉时沁阳就涌现出的清官人物；韩浩，是三国魏时甚得曹操赏识的军事家；李香为晋时人物，是二十四孝中表彰的孝女，她因见父亲为虎所捉，危机当前，虽是弱女，但心底至孝促使她忘记了自己的安危，奋不顾身与虎搏斗，竟然掐死猛虎，解救了父亲，这是一则发人深省的伦理故事。在这 150 位人物中还有专家学者。如三国时"建安七子"之一的王象，他撰《皇览》49 余部，达 800 余万字；南北朝北魏张子信，他不仅有文学修养，对医学亦有造诣，更突出的是他研究天文历数。张子信曾隐居海岛埋头观测天象长达 30 年之久。由于他的刻苦观测和钻研，所以他发现了太阳系的运动规律，以及日蚀、月蚀的规律，他是我国历史上最早发现五大行星运行周期和变化的科学家。张子信在天文学上的研究成果，促进了天文学和历法的进步和发展。他的成就在《北齐书》《北史》《隋书》中都有较详记载，史称其为我国古代科学家。还有元初的许衡，既是政治家，也是一位大学问家；明代的朱载堉，既是音乐家，也是数学家。在沁阳一定还有许多被埋没未被录入书中的杰出人物，如晋时养生学家、中医学家、慈善家、宗教家魏华存，就未被录入这 150 位杰出人物的书中，她在沁阳的山中修持 42 年，在沁阳社会中行道 42 年，她的著作有在医学和养生学方面价值都很高的《黄庭经》，其对道学的传播，促使道教上清派在江南的出现，所以魏华存应具有被录入沁阳杰出人物专集的资格。我在这里提出这些历史人文的情况，目的是要说明沁阳地域中，古往今来，一直是人文荟萃，人才济济，显示出了地灵人杰的历史人文旅游资源的优势。

山明水秀的自然资源是沁阳区域中又一显耀的特点。沁阳神农山现在已是国家 4A 级旅游区，已成为世界地质公园、国家级猕猴保护区、河南省十大旅游热点景区，在旅游界应具有相当的地位和层次。据介绍，神农山景区中，还有省、市级文物保护单位 13 处，历史遗迹、殿堂庙宇、寺院道观、亭台楼阁，古代名胜随处可见，对于研究中原历史文化、佛道教和园林建筑等都有很高的历史价值。我认可这种介绍，因为我在其间确实看到过其中提到的内容。同时在参观自然景观中，我还认识到神农山峻奇秀逸的特色：峻，是那绝壁千仞，使人叹为观止；奇，是那峰崖鬼斧神工的造型，使人不得不感慨自然的造化和杰作；秀，是那丹山碧水，植被葱葱，群峰如画；逸，是雾霭缥缈中，看那动灵戏嬉之状，悬崖绝壁处看那白鹤松风的潇洒和神妙。这些真使人认识到生命弛张的潜力，也使人感悟自然超越的美丽和境界，这种使人由现实而意识的感觉，是我在参观游览神农山时的真切感受。其他旅游者身临其中，可能比我获得更深的感悟收获。

道教遗存神农山中的历史古迹很多，这是沁阳市旅游发展拥有的重要资源。山中现有多座道教宫观、场所：清静宫是以道经名为之冠名的宫观，清代建筑，内部似窑洞形式，外以山中开采青石筑成，造型古朴独特，是神农山中现在保存较为完善的道教宫观建筑；在缆车处现已修复三皇殿，并已有道士管理；峰顶祈天坛处尚有几座殿堂，也将塑设神像按原状恢复开放；另一处是距今较久远的唐代敕建的静应宫，因建以供奉上清派道主、太师魏华存，所以世人俗称其为"二奶奶庙"，该庙观在日本侵华战争中，被日寇烧毁，现在战后恢复的一些建筑和遗存古迹；还有一处称沐涧祠或称魏夫人祠的景观，在净应宫后的山中，为魏夫人当年最初于山中修道的旧址。据有关材料介绍，沁阳还有神仙洞景观、玄女洞景观、伏羲洞景观等等，这些道教留存的历史建筑，以及遗址、遗物，在道教界认为都是圣迹，当然也都是旅游发展的资源，都极其宝贵和重要。

三　道教文化遗存的开发和利用

在旅游节可能常用旅游资源的开发和经营这样的词句。对于道教历史文化的遗存，我认为首先是保护好，保护的目的无疑是利用，是使其产生较好的社会价值，同时也应该让其产生经济效益，所以开发经营是在情理之中的事情。这对地方的经济建设，也是应该的，必然的，必需的。但是过去的历史不能再生，所以开发要认真做好前期专题研讨论证，策划出细致周到的实施方案。既然山中多为道教文化历史遗存，那么开发经营应符合国务院第 426 号令颁布的《宗教事务条例》的精神。我认为：道教遗址按宗教的规范修建竣工后，按有关法规政策登记开放为道教活动场所，对方方面面都有利。宗教的活动场所虽然是自主管理，不仅是在当地政府统一的领导下，而且道教界在管理使用的过程中，对宗教文物的安全，宫观环境优美和经营，以及宫观财务的管理等等，都要按照相关的制度规章管理，接受政府相关部门的政策指导；旅游区内开放的宗教活动场所，实际和区内其他的单位一样，都各自根据自己的性质，各守本分，在政策允许的范围内，到位而不越位地行使各自的职能；旅游区内的道教活动场所，如果真的能够道像道，庙像庙，场所内宗教气氛浓厚，这对旅游经济的发展会有意想不到的好的作用和效果。旅游区内恢复的道教宫观庙宇，依据历史根源交道教界管理使用，落实了宗教政策，使道教界由衷地满意，既为旅游区增加了文化底蕴，激活旅游经济的增长，又可以避免不必要的矛盾和争议，使大家心情舒畅地配合协作，这种共赢的好事何乐而不为呢？

据我所知，神农山中的道观清静宫，已按宗教政策开放为道教活动场所，其他几处尚未落实为宗教活动场所的宫观，我真心地希望能经过合法的程序，落实开放为正式的道教活动场所。登记开放的道教活动场所，应安排有素质的道教徒常住，开展活动。这样对促进这些开放场所的正常活动，并与旅游等社会各界协作协调，对地方经济建设都有好处。当然，道教场所中关键的问题还是人才问题，是选择什么样的人去管理和带动宫观的恢复和建设。选择也是需要积累条件和基础的，在沁阳实际上我们还缺乏道教人才选择的资源，这个问题各地可能都有各自解决的办法。人才都是在组织的关怀教育下，经过选择培养，一步步地成长和成熟起来，我们许多人的成长过程都经过这样一个程序，所以应善用这种方式方法。

沁阳神农山地处太行山南麓，在其左右尚有王屋山和云台山旅游景区，这种布局的旅游资源潜力巨大，对中原经济的发展有着重要的价值，同时沁阳利用好这两个天然存在的旅游区，已形成左右拉力和自然的竞争力，这必将对沁阳旅游经济的发展起到积极的推动和提升作用。我真心期望沁阳的旅游事业，有一个更加美好的前景；老百姓在奔小康、构建和谐社会的过程中，生活进一步改善，获得更实惠的利益。希望道教在沁阳旅游事业发展过程中起到积极作用，发挥出应有的价值，能在地方的经济发展中尽一份力。

道教上清派祖庭静应庙碑铭

太行之阳，黄河之滨，有神农止焉。左带云阳，右腋王屋；沁水环前，紫金嶂后；青崖千尺，林峦万叠；神谷灵秀，明湖泉鸣；乃自然造化，仙家福地！入谷三里，楹拱凝烟；钟馨盈耳，殿宇连云；气势恢宏，乃静应神庙之琳宇也。礼尔圣哲，敬仰真人，奉我祖师，紫虚元君。天造圣域，成就素志；魏氏修养，证道成真；驻世出世，启宗上清。

紫虚元君姓魏，名华存，字贤安，尊称魏夫人，西晋时山东任城名门司徒魏舒之女。幼而好道，恭敬静默，志慕希夷，欲求冲举。年二十四，奉父母命，嫁南阳修武令幼彦公刘文。无为向化，韬光同尘；顺应伦理，琴瑟和谐；膝下朴、遐二子，其后皆成社会栋梁。魏氏更善黄老养生之道，在幼彦公支持下，常处别室斋静；亦在安顿家务之际，赴山中隐修。笃诚感应，称神人王褒等众曾为其师，降授真经宝文，教其密炼真气，注心三清，昼夜存念，勤勉行之。久之三魂悦和，三宝充盈；五脏生华，六腑清净；体性湛然，窍窍光明；颜如冠玉，神会意通。集修持玄奥，宣养生旨章；延续道脉，择人是授；传经宏富，撰《黄庭》尤著。夫人医道精深，善治百病；操守高洁，动契教旨；帮困济穷，助孤扶弱；广行功德，普结俗缘；悠悠千年，惠爱无尽；百姓奉若神仙，士庶偃仰趋敬。

李唐王朝，褒崇元君；静应庙宇，代有缮增。太宗李世民，为魏元君大兴土木；遣大臣尉迟敬德，选址神农山中；仿唐宫旧制，建殿宇阔三十丈，深五百丈，竣工称"紫虚元君宫"，北宋徽宗黄帝御赐《静应庙》匾额。后时势动荡，庙宇渐显毁坏；元代初年，当地善士，西紫陵村苗氏诚信、诚德兄弟，感夫人灵应，发心重起庙貌，再新殿宇；经营百废，内外修饰；历时两年，终成是功。明、清之季，亦多整缮旧宇事迹；建树处在成五重七进庙宇格局，使静应庙于道教宫观中，更展现华夏名山仙府之风貌。昔日是时，仙神谷中，行馆如林；碧瓦与日月争辉，琳宇偕神山映照；江汉湖海，十方善信；云朋霞友，骚人墨客；咸心仪向往，慕名而至者多多矣！元碑铭刻：春秋祭祀，朔望瞻依；祷雨祈晴，芟邪治病；叩之者，如谷之应声；远者来而近者悦。地方史志有记：每年三月，由朔而望；男女老幼，密密如蚁；层层如织，昼跻途中；夜休盈院，盖焚香者也。自晋至今，神应如响；香火悠悠，未尝稍息。时因日本军国主义侵华战争，在1938年十一月初二下午，日军纵火，神宫烘灭；参天松柏，数围梧桐，几百碑碣，经籍字画，堂堂宫院，煌煌圣像，无不遭动。野蛮残暴，如有斯耶？日寇暴行，真是天人公愤！

21世纪的中国社会，政通人和，国泰民安。神农山享誉神州，静应庙香火日盛；感祖师开源上清宗系，铭元君千秋惠民恩泽。薰沐拜书，颂紫虚元君魏夫人之功德；敕石镌文，记祖师修道养德神农之岁月；《道藏》有载：魏元君生于魏齐王嘉平三年（251）；西晋太康九年（288）十二月十六日悟道获法；咸和九年（334）弃俗，时年83岁；又十六年修得颜如少女，兴宁三年（365）六月二十三日赴建康杨羲家中传法，其驻世当否在120岁以上？谨此，愿道教嗣上清第一代太师魏华存，古代著名的养生学家、医学家、慈善家之清誉，千秋流芳、万古长存！赞曰：

古晋神山，秀岭水环；洞天福地，誉享中原。建之神宇，奉我道主。

敬之香烟，遗尔福祥；众生叩之，静应灵感。黄庭宝卷，万世长馨。

念念归正，邪秽不侵；泽被万物，惠及子孙。谨承民愿，昌吾国运。

天人自然，与时俱进。敬之仰之，德侔天地；叩之拜之，紫虚元君！

（沁阳市道教协会敬立公元二〇〇五年三月初一吉时）

《元朝浚州重修神霄宫碑》识读记

识读河南浚县《元朝浚州重修神霄宫碑》，缘起约在 2002 年秋季，河南浚县冯国相先生和王继安、朱元德三位来访，他们是为河南浚县当地发掘出了一块石碑，有人以其记载未听说过的宗教名称内容，遂认为是"邪教"之物而主张砸碎毁掉，幸因几位力争保护才使之得以完好保存。为明白碑文内容，此前已将碑拓寄来要我解读，为此亦曾复信解答相询的问题，故见面后即谈起石碑的事情。

该石碑是戊辰至元五年（1268）十月下元日，由浚州道教威仪刘志尚、神霄宫知宫党志谨率众所立，很明显这是元代早期刻石所立的碑石。碑拓额题《大朝浚州重修神霄宫碑》，碑文由"燕京大长春宫"道士"玄学讲经"彭志祖应刘志尚、党志谨所请，为褒扬当年恢复神霄宫功德卓著的全真道士明真子高志条而作。这里要说明的是，彭志祖、刘志尚、党志谨都是曾获朝廷"赐紫"荣誉的道士。而彭志祖"玄学讲经"的职称表明其学识，又在中央掌教部门从事教务，自然深获教内外尊重，浚州道教徒得知他于甲子年（1264）春受"嗣教真人"张诚明委派，取道浚州前往办理教务，遂写好事状准备赶往"蓟邱口"这个地方，请求他撰写这篇碑文，但机缘巧合彭志祖不仅直接到了浚州，竟然就住宿在神霄宫中。

元代浚州道教界给道士高志条树碑立传，既是对前人功德的认可，亦将之作为后世道教徒学修的榜样。碑文记载："戊子春，黄冠师明真子高志条者，西京威宁人，家世宦族；自幼入道，寻得法于国师长春；

思欲宏衍元教，杖履云水。自燕而南行，丐于滑浚之间，不期年阖境富庶以公道行清实，有尸而祝之之仪，请主□□□□□因其故而新之之意，遂允其请。辛卯秋，行缘新卫郡，人思之恐其去已，以修真庵归之。壬辰春还浚，复建太清观于宫之右。乙未，有司俾公提举滑浚教门事。辛丑春，投诚于掌教真常大宗师李君门下，授正一盟威宝箓，传五雷秘法；凡人之妖邪疫疠，祷无不应。壬寅秋，州之长官李实率诸僚庶，具状恳请兴造是宫。公日夕抚响道众，起废补坏，经营缔构，靡所不尽其力。十余年间，三清有殿，众真有堂，斋厨库厩，园圃器用，以次而具。公为人器量宽博，虽处忧患之际，未尝易其所守，独于周急继困恒若不及。南渡后，逋亡累累无所依，托公竭力救援者甚众，视儒释道为一家，来者馆谷，虽将迎稠，迭殊无情，容人用是，重之奔走，承事请为门弟子者，不啻百数。前后修建庵观近十余区，仍度聚仙坛众八十余家，立金莲会至今不辍。"简练的文字记载了这位高道的身世经历、所宗教派以及在浚滑两州间和光同尘艰难创业，深获当地社会群众信奉认同的经历。他当年带领道教徒和信教群众艰苦创业，使浚州神霄宫道观终于获得恢复。碑文以较为具体生动的文字内容，记载了这位普通道士奉道行道，弘道教旨，身体力行教义精神的事迹，还对其在为人时博大的胸怀器量、处事中于忧患而不易操守，周急济困，慈爱救人，堪负重托的人格魅力，都作了相应的记载和彰扬，使人读后对传主自然产生尊敬之感。今天再读这段文字，我们的认识则并不仅于此。

研究道教的学者和道教界人士都知道，以"神霄"为道教宫观命名，起源于宋徽宗。《宋史·方技传》有载：政和（1111～1117）末年徽宗召见道士林灵素，林对徽宗说："天有九霄，而神霄为最高，其治曰府；神霄玉清王者，上帝长子，主南方，号长生大帝君，陛下是也。"宋徽宗因此自称"教主道君皇帝"，令天下诸州建"神霄玉清万寿宫"，简称"神霄宫"，以祀"神霄大帝"，道教"神霄派"由此出现。神霄派创始人是高道王文卿，林灵素和张继先对该派的创立亦贡献很大。改派以传行神霄雷法即"五雷法"为主要特点。在宋"政和""重和"其后即为宣和（1119～1120），浚州神霄宫碑记载内容的时间由此起始。据碑文载此期间神霄宫易名"天庆观"，经金贞祐（1213～1216）"神宇焚毁"直至元代。世祖忽必烈至元八年（1271）确立国号为"元"。《大元浚州重修神霄宫碑》"戊辰至元五年（1268）十月下元日立石"，时在元国号确立三年之前。

依据碑文的内容可知，在浚、滑之间有一块"高原峻坂"之地称名"浮丘"，其间所谓"境胜气清"，下视则"清流绵亘"，西南而北方位有"大伾"和"紫金"与之"三山品峙而立，矗目天堑、弥漫汾流，山趾拿舟鼓枻"，"及水导南而流，岁移物换，涸为民居，农亩树林，桑梓杂然而萃"。这段文字写景状物，江山如画，历历如在眼前，不仅使人明确了"三山"方位，更使人自然联想到"渔樵耕读"生活的美好画卷！相信这里有人们向往的如同神仙隐修般"世外桃源"的清静。"浮丘之上有道宫曰神霄，宣和间易天庆观额，金贞祐兵乱，仙庐神宇焚毁殆尽。"这段碑文很重要，它可以证明道教文化传入浚县的年代。1995年5月版《大伾山志》称：明代道教传入浚县；2001年8月版《浚县志》称：元代以前道教传入浚县；依据是浚县的另一通《重修碧霞元君行宫碑记》，碑文中记载有"李实"这个人物；在《大元浚州重修神霄宫碑》中亦有"李实"其人。《大元浚州重修神霄宫碑》证明：北宋宣和年之前浚县即有道教宫观神霄宫，可见道教传入浚县的时间更早；该碑在陈垣先生《道家金石略》中亦未有文字收存，碑文内容所涉及的问题，使石碑的发掘出现并不仅限于以上意义。

通过碑文感觉到，元统治下的宗教状况就道教而言，从上层到地方都管理得规范有序，州有"提举教门事""道教威仪"，观有"知宫""副知宫"，高层则有"掌教"，"燕京大长春宫"还设有"玄学讲师"的职称。但是了解道教史的人都知道，元代佛道之间曾有两次"辩经"事件发生。元宪宗八年（1258）首次"辩经"事件离彭志祖甲子（1264）春赴浚、滑地方办理教务的时间仅六年，离戊辰至元五年（1268）立该石碑时间也仅十年，但浚州碑透露的信息说明，道教全真派并未因此次"焚经"的残酷而受到根本的损伤。这通碑还增多了有关研究道教神霄派的资料,并由此发现元代时道教全真派传承过程中的奇特方式。李真常这个人物,"真常"其号,"志常"为名,是邱处机之后全真派第三代"掌教",张诚明为第四代。特殊的是,概念中的全真派传承以传戒方式进行,但浚州神霄宫碑文明确地记载元初全真派李志常掌教为全真道士高志条"授正一盟威篆,传五雷秘法",这种资料是较为少见的。这说明元代时北方的全真道士同样可以授受正一法篆,正一法篆在全真派道士中同样获得重视。

很显然,浚县《元朝浚州神霄宫碑》的出现是很有意义的一件事情,这通元代石碑首先是距今已有 735 年历史的珍贵文物,既是金元之际道教文化在浚县地方传播的历史见证,更是我们民族一份宝贵的文化积存。碑文述及金元之际道教客观的现象和情况,涉及当年道教全真派道士的行为风貌以及授受正一法篆的事实,还透露出北宋以降北方金、元道教其他方面的许多信息,为宗教学专家学者的研究增添了宝贵的史料,对当代道教界内部信仰建设、组织建设、教制建设、宫观管理,更是提供了弥足珍贵促进思考的内容。

附 《元朝浚州重修神霄宫碑》 碑文

葆真大师燕京大长春宫玄学讲经赐紫彭志祖撰书丹篆额天党牛润伯男居信州

浚距滑迤逦而下者几一舍,高原峻坂,地曰浮丘;境胜气清,人迹罕到;其下视清流,绵亘数百里;直西南而北,大丕、紫金、与此丘三山品峙而立;曩目天堑、弥漫汾流;山趾拿舟鼓枻,喘息靡暇;及水导而南流,岁移物换,涸为民居,农亩树林,桑梓杂然而萃。浮丘之上,有道宫曰神霄,宣和间易天庆观额,金贞祐兵乱,仙庐神宇焚毁殆尽。及国朝甫定,民属更生;岁戊子春,黄冠师明真子高公志条者,西京威宁人,家世宦族,自幼入道,寻得法于国师长春;思欲闳衍玄教,杖履云水；自燕而南行，丐于滑、浚之间；不期年阖境（富）庶，以公道行清实，有尸而祝之之仪，请主□□□□因其故而新之之意，遂允其请。辛卯秋，行缘新卫郡，人思之恐其去已，以修真庵归之。壬辰春还浚，复建太清观于宫之右。乙未，有司俾公提举滑，浚教门事。辛丑春，投诚于掌教真常大宗师李君门下，授正一盟宝箓，传五雷秘法；凡人之妖邪疫疠，祷无不应。壬寅秋，州之长官李实率诸寮（庶），具状恳请兴造是宫。（公日夕抚响道）众，起废补坏，经营缔构，靡所不尽其力。十余年间，三清有殿，众真有堂，斋厨库厩，园圃器用，以次而具。公为人器量宽博，虽处忧患之际，未尝易其所守，独于周急继困，恒若不及。南渡后，逋亡累累，无所依托，公竭力救援者甚众；视儒释道为一家，来者馆谷，虽将迎稠，迭殊无惰；容人用是，重之奔走，承事请为门弟子者，不啻百数。前后修建庵观近十余区，仍度聚仙坛众八十余家，立金莲会至今不辍。甲子春，予承嗣教诚明真人张君命，以道门缘事取道是州，信宿于宫。公之高弟本州威仪刘（志）尚，知宫党志谨，状其师建宫事迹，合辞而言曰：尝欲诣蓟邱口请于予，今予至矣！有以纪述之可乎？予曰：夫天下之事，方今无住也，已往无物也。兹一革囊尚非已有，况崇土辉金碧而为已有邪？志尚等曰：不然，道之为物，周流于六合之间，无所不在，谓之有物、不见其所有之迹，谓之无物，则日用之间、动作云为无适而非事也。吾学道诸人，或栖心崖谷，或隐迹城市，至于兴象教，盛馆筑，虽日应万缘，常炙然尘垢之外，不以一毫累其心，乌贵乎拘拘郁郁蔽于以隅，烈然谢事然后为的哉。予谢曰：达者大观，宜他人之所未知也。予于此又嘉二子之所乐者，复神霄道宫为国家焚修之所。先师明真隐迹之地，得全有而居之，将见仙源道派，亘千百载而不坠矣！其志又可尚。如此是为书之铭曰：粤浚之州，地曰浮丘，巍巍道宫、额建神霄，无可世变，干戈日振，仙神所庐，悉为灰烬，复兴馆筑，系谁之力？起废补坏，实公之口，为人所思，出于无为，尸而祝之，孰云不宜，门徒敬慕，崇建斯宇，为国焚修，介祉斯土，浚丘高直，浚流不息，铭之是宫，亦终无极！

时岁戊辰至元五年十月下元日立石

太上紫虚道德五千文秘箓弟子同司北极驱邪院事充本州道教威仪通和大师赐紫刘志尚，通常大师知神霄宫事赐紫党志谨，副知宫李志口。

（说明：为便于读者了解《元朝浚州神霄宫碑》的内容，谨依据《大朝浚州神霄宫碑》拓片的文字，参照浚县冯国相先生复印寄来的另一份资料《浚县金石录》载入该碑的文字内容，与该碑碑拓文字对照考证校补。以上碑文内容括号中的文字，是为现在碑拓文字内容中缺少或模糊无法辨认，而依据《浚县金石录》载入该碑的内容校对补正。2003年袁志鸿点校。）

四川三市五县调研

  1989 年 7 月初我应中国道教协会借调至京，组建中国道教协会教务处，时有协会黄明先生与我谈话说："教务部经宗教局批准成立，虽然我（黄明）兼主任职，你现在尚未正式调过来就任副主任（主持工作），待关系正式转过来后主任职务正式由你担任，现在教务处的组建工作都由你负责，有困难我（黄明）负责帮你解决，你大胆开展工作。"当我将教务处正常组建运转后，即在中国道协统一部置下组织进行了新中国成立后的全真派的传戒活动。一晃就是半年时间，中国道教协会向江苏句容提出将我正式调入主持新建教务处的工作未获应允，1990 年初我回到江苏茅山。1991 年初中国道教协会因工作需要，各方努力还是将我调入北京任中国道教协会教务部主任。正式任职之前，协会安排办公室张立光先生带我去四川作了半个多月的社会调查，过程中我注意写日记做笔记，结束后写了这份调研报告。

我正式调中国道教协会之后，1991 年 5 月 5 日至 5 月 23 日，协会领导即安排办公室张立光主任，带同我往返四川做道教情况的调研，共 19 天。我们对四川成都周围和川东、川北地区三市五县一些道教宫观进行了调查。调查期间，我们受到四川省宗教局和成都市宗教局的大力支持和密切配合。四川省宗教局二处吴正新处长与我们一起进行调研，成都市宗教局和市道协，为我们的调研提供了很多方便，保证了该次调研活动短期内得以圆满成功。

一　基本情况

据四川省宗教局提供的情况，四川省现有批准开放的道教场所 25 处，从事道教职业者 500 余人。我们主要就蓬溪县高峰山、射洪县金华山、三台县云台观、彭县葛仙山进行了调研；并专访了青城山、二王庙、鹤鸣山；还看了一些较小的道观，如都江堰市八角庙、南充市文昌宫。因为常住在成都青羊宫，自然对成都市道协和青羊宫的情况较为了解。粗略统计，以上这几座道观共有道士 159 位。

高峰山道观

位于蓬溪城北 40 华里，与射洪、南充、西充三县接壤。道观附会八卦，按东、西、南、北而设四门，形同山寨式样。1986 年经遂宁市政府正式批准为道教活动场所。观所据之高峰山，是四川蓬溪县境海拔最高的山峰。山势秀丽，形似栖凤，故又名高凤山，所以川人以"高峰"称其势，则以"高凤"赋其形。山中原有"广教寺"，又称"高峰寺"，清末即长久闲置无僧侣，时有全真道士王源清与徒范明清（道号云峰）寓驻于此。适值 1932 年 10 月国民革命军第一路军司令李炜如，提卖西充、蓬溪两县公产，此庙产亦在提卖之列；于是王源清、范明清师徒四出募化集资，将此庙买得；从此师徒主持庙务，高峰山遂由佛寺更易为道观。王源清道长是全真教徒，自然依高峰山道观而张扬全真"三教合一"的宗旨，这是以"道"为主体，兼融"儒""释"要义而成的教法；王源清羽化之后，其徒范明清系代承其衣钵，而于此传扬教法。范明清原为西充裁缝，并没有较高的文化层次，但其人思路敏捷，口齿伶俐，善辞令，好交际；尤其是座下僧明性、何通山、何子剑、李光荣、吴于春五大弟子神通广大！五大弟子发挥各自的能量，活动范围竟突出四川，而进入江浙、上海一带；在为范明清于国中四方募化钱财同时，与国民党上层军政要员均有往来。据相关资料介绍：盘点高峰山道观留存楹联匾额的资料，竟有 30 多位国民党要员先后曾为高峰山道观题赠留墨；据统计清末至民国以来，道观共存有名人题写的 300 余块匾额楹联。据称高峰山道观兴盛时驻有道士、管理者和帮佣工人竟达 400 余人，是国中极有影响的道观之一。现在该观驻有道士 22 名，其中有坤道 7 名，主持马理良道长。高峰山道观现有房屋建筑 230 余间，使用面积 4800 余平方米，占地 5200 余平方米。有殿堂十余座，主殿为：三清殿、祖师殿；道观内外有风景林木 5000 余株，各种果木 1300 余；高峰山道观主要庙会是：二月十三至二月十九，六月十七至六月十九，称"慈航会"；九月初一至九月初九，称"九皇会"；正月间来高峰山进香还愿、游山玩景者更多，有达 10 万之众！现在道观每年总收入为 40000 余元。

金华山道观

位于射洪县北 40 华里金华镇，属遂宁市射洪县所辖。射洪县政府于 1986 年 3 月 20 日正式批准这里为道教场所。该观现有道士 12 名，主要庙会是农历三月三，平常每日香游客有数千人。该观初名金华观，唐代该山观名称为九华观，宋英宗赐名玉京观。主要建筑有：飞虹桥，又名百尺桥；登石阶上 39 级入小山门，再登 270 级有大山门，其上为南天门；在南天门内塑造有土地、山神、社稷神，石阶再上即灵祖殿，设王灵官其中，前有拜台；右侧设有五瘟殿，其后正中设有天师殿，设张陵祖天师其中，两旁设姬神、无常神；越级而上是太乙殿，内设太乙救苦天尊，两边殿宇内设十殿阎君，各殿均有王者和吏卒相佐，再上为杨泗将军殿；对面为城隍殿，正中设东岳大帝、南岳大帝和炳灵王，两旁塑十二时辰，并设的牛王、慈航送子，殿后设观音、文殊、普贤、灶王、财神、螺祖、狐仙诸神；再上台阶即是药王殿，正中供设药王孙思邈真人，左设岐伯、张仲景，右设华佗、李时珍诸药王祖师；其后尚有二圣祠、紫云宫，其中间有大殿供雷神大帝、真武大帝、斗姥元君、无级老母、杨忠节祠、太上老君和十二金仙；再其后有三清殿、藏经楼、玉皇阁。在金华山名胜古迹中，道教宫观殿宇和设神供奉的内容，在此展现得非常丰富。在四川省境内，射洪金华山、三台云台山道观、都江堰青城山、成都青羊宫，并列川中四大道观。

云台山道观

位于三台县城南 50 公里安居乡境内云台山上，原名佑圣观；其山高三百六十丈，形如云中之台，故名是观为"云台观"，是川北著名道观之一。该道观建于南宋绍熙年间（1190~1194），初创者赵法应（号肖庵）。明永乐年间（1403~1425）诏命大修后，有明一代曾先后十二次修缮扩建。以后历代也频繁维修，至民国时观中常住道士 30 余人，新中国成立初有 65 名。民国时，三台道教会会址，也设于此观内。云台观主要建筑分三个层次：一以："乾元洞天"为主体，中设十殿阎罗、地狱冥君；二以"灵祖殿"为主体，中设王灵官，周围按方位各设青龙、白虎、朱雀、玄武；这两层次分别代表地狱界和人界。三以"玄天宫"为主体，中设真武大帝各有邱祖、吕祖左右设相，两边廊又设五天君、五元帅；间隔玄天宫与灵祖殿，"乾元洞天"还有一座宏伟建筑"降魔殿"。其三个层次代表着：天界、地界（人界）、地狱界。宫观面积有 5000 平方米，其中"降魔殿"650 平方米，"玄天宫"740 平方米，多数为明代建筑。云台山道观有森林 300~400 亩，尚存松柏 8000 余株，其中直径达 2 米以上的唐柏 20 余株。云台山道观 1989 年成立道教协会，会长詹少卿，副会长符元法，周澄元。云台山道观现有道士 11 名。

葛仙山道观

地处彭县之县城东北 50 华里万年乡境内，属彭县所辖。葛仙山名与著名道教人物葛玄、葛洪的事迹无关；山名由来，据说是因晋时有葛永馈与道友杨升贤，于此山中结茅为庐，炼丹修仙而得名。葛永馈其人史无记载，但晋时道教人物葛玄与从孙葛洪，在道教史上都非常著名，他们都曾漫游天下，世人称其为大、小仙翁。川中葛仙山，奇峰平地耸者凡 20 座，原来东、南、西、北、中五峰，均有道观互为映衬；新中国成立之初，山中尚有殿堂 100 余间，神像 500 余尊，1964 年尚有 80 余间，十年"文革"期间则破坏殆尽。葛仙山道观的庙会：每年农历三月初三，届时游人拥道，十分热闹壮观。现在葛仙山道观，已经彭县人民政府批准为道教活动场所，成立了道观管理委员会。道观在山中原遗址上修起了总山门，并建起了两处简陋的道院；道观资金的来源：主要是日常信众香火和道士募化解决。葛仙山现有道士9名，其中坤道6名；主持杨明远，是彭县人大代表，年龄53岁，是位懂医的坤道。他们的生活十分清苦，每月不发零花钱，道士只是日求三餐，夜求一宿，而所得香金和布施，大都集聚用来修庙。

鹤鸣山道观

一作鹄鸣山，在大邑县城西北鹤鸣乡三丰村境内，距成都72公里，属岷山山脉，海拔900米左右。鹤鸣山的地形：南向川西平原，东西北三面环山；双溪合流，江水滚滚；植被葱绿，古木参天。这里是道教天师道祖天师，东汉张道陵创五斗米道的圣地。最早的建筑"上清宫"即"老君殿"，据明庠左翘《鹤鸣山记》记载：该建筑是汉顺帝时张道陵创建，历经隋、唐，赵宋开宝三年（970）又重建立碑。明永乐十一年（1413）朱棣皇帝为迎请高道张三丰，于此山兴建"迎仙阁"；嘉靖二十五年至三十三年（1546~1554）又于山中修建醮坛等建筑。于是该山道观遂拥有太清、天师、紫阳、迎仙、文昌、三官等殿宇百余间。"文革"中，这里被四川计量分院（1141工程占用），有些道教文物古迹被拆毁破坏。党的十一届三中全会之后，鹤鸣山道观于1985年被成都市人民政府批准为市级重点文物保护单位。1987年5月大邑县人民政府批准为道教开放场所，成立了鹤鸣山道观管理小组。现已重建了迎仙阁，慈航殿，新建道众住宅22间等等，但道观主体部分仍未收回。道观现有道士9名，其中坤道5名。住持张至益大师，已是年近90岁的高龄。1989年北京白云观道教全真派开坛传戒，他曾被聘请出任戒坛引请大师。道观现在开放的范围较小，经济来源少，道士自带口粮，每人每月5元生活费，生活清苦。正在向社会各方募资修缮殿堂，道士户口多数没有落实到庙观之中，也没有定额编员。

青城山的道观

青城山北接岷山，为邛崃山脉的分支；海拔1800多米，位于都江堰西南15公里处。山周围120公里，有36峰、72洞、108处胜境，《读史與纪要》谓：青城左连大面右接鹤鸣；道教称其为：十大洞天之第五洞天。全山林木青翠，诸峰环绕，状如城郭，犹如青色之城，故名青城山。山中现开放道观 6 座，有酒厂、茶场、植物场共 3 处自养经济实体。在川中各地道观中，青城山全山道观道士的总人数最多，总计有 144 位之多。现就青城全山道观作逐一的情况简介：

（一）建福宫：位于青城山登山必经之路口，道观古朴庄严，创于唐开元十二年（724），原名"丈人观"，宋名"会庆建福宫"。观中现有道士 20 余名，其中有坤道 15 名；住持张明心和副住持刘至康二位均为坤道。

（二）古常道观：即天师洞，列全国重点宫观。隋名延庆观，唐改名常道观，宋易名昭庆观；地处海拔 1000 公尺的高峰之上。观内有千年银杏，传为祖天师张陵真人手植；有唐代岐棕和近代神奇的三岔棕，有明代仙人松和清代三世同堂的公孙橘等珍稀植物。道观中主殿为：三清殿，其楼上有明代木刻浮雕花屏；该殿后是黄帝殿，殿侧是三皇殿，有唐代石雕轩辕、神农、伏羲三皇造像。观左有天师"降魔石"，观内藏有董其昌、郑板桥、冯玉祥、于右任等古今名人的墨宝手迹。青城全山共有 200 多幅楹联，天师洞道观中约占其半。这里是青城山道教协会所在地，时任中国道协副会长傅元天大师居住在此。该观住持唐诚青，副住持吴菊林（坤道、号理冲）；观中有道士 40 名，其中坤道 20 余名。

（三）祖师殿：又名清都观、真武宫。创建于晋，列全国重点宫观。唐睿宗女玉真公主、金华公主均在此修道。这里有唐著名道士杜光庭的读书台，薛昌的浴丹池，北宋丞相文彦博为张愈置宅隐居的白云溪。殿内有八仙壁画和其他诗文石刻，殿外还有冯玉祥将军闻抗战胜利出资修建的"闻胜亭"。观中有坤道 6 名，住持曹明仙道长。

（四）朝阳洞：道观依山洞形成，古朴自然，其中有大小两洞。道观中有道士 7 名，其中坤道 6 名，住持尹明道道长（坤道）。

（五）上清宫：建于晋代，五代前后蜀辟为行宫，顶峰老霄顶海拔1600 米，为青城第一峰，高入云表，晨看日出，夜观圣灯。宫门"上清宫"三字，为蒋介石1940年题写。宫内有方、圆二井，其名"鸳鸯井"三字，是名画家张大千的手迹；宫内张三丰、王母、麻姑、花蕊夫人、张天师等青城神仙人物画像刻碑均出其手。上清宫的建筑宏伟古朴，可与天师洞相媲美。道观中常住道士24名，住持郑明德道长。

（六）圆明宫：旧名清虚观，建于明万历年间，宫内有神奇的无尘殿，宫后有纯阳洞，此处环境清幽，院落寂静，有道众10名，住持周诚明道长（坤道）。

（七）玉清宫：有两座殿堂。左侧峰有神仙洞、天然泉，宫前有莲花石。常住道士10余名，住持戴宗谦道长（坤道）。

青城山道观有酒厂，其中有道士20余位经营，主持工作道士杨明太；又有青城山茶场，其中有道士7名左右经营，负责道士杨士伟、白至云；青城山道观主要经济来源依靠酒厂、茶场、道观食堂、招待所和门票分成，每年有100万元左右。

成都青羊宫

地处成都市西南位置，与二仙庵相邻。相传宫观始创于东周，初名青羊肆，三国时称名青羊观，唐代曾名玄中观，僖宗时改"观"为"宫"，五代复其名青羊观。其中主要殿堂建筑有：正门，始建于明代，占地600平方米，长20米，高4米，中设青龙、白虎、土地神。灵祖殿，建于光绪年间，占地450平方米，宽27米，高20米，进深15米，中设护法灵官神。混元殿，建于光绪年间，占地616平方米，正中设混元祖师（即老君），后供奉慈航真人。八卦亭，建于同治十二年（1873）至光绪八年（1882）间，占地面积289平方米，亭高约20米，宽约17米，底呈正方形；亭分三层，上、中两层约为八角形，亭顶有琉璃葫芦宝鼎高约3.6米；该亭设计奇巧，全亭共雕八十一条龙，象征老子八十一化；又设六十四卦，整体形状上圆下方，象征天圆地方的古代天体观，其中所设六十四卦则表达阴阳互济、八卦相生而成万物的道教义理。三清殿，又名无极殿，是青羊宫中的主体建筑，始建于唐，重修于清康熙八年（1669），占地面积1600平方米，基长40米，为正方形；殿前左陈设一钟，为明朝铸造，重达 3000 余公斤，名"幽冥钟"；殿前两旁分置"青羊"一对，该宫观即以"青羊"命名；殿内正中供奉宏伟三清神像，原来殿内还设四御、十二金仙于两旁；现在殿后设汉钟离、吕洞宾、汪一萃（称开山真人）。斗姥殿，建于明代，中设众星之母三目四首八臂斗姥元君，右设西王母，左设后土地母；殿之东廊设南极仙翁和南斗六星，殿之西廊则设北斗七星。其后降生台、说法台、紫金台，三台按中轴线对称布局；紫金台又名唐王殿，中塑李渊夫妇、太子李世民以及老子骑青牛像；左降生台，塑白发婴儿其中，宣说老子诞生故事，为纪念老君降世；右说法台，其中塑像为老子对尹喜说法之像。青羊宫有道士30 余位，平均生活待遇每人每月 90 元左右；工作人员 30 余位，平均工资每人每月 60 元左右；其中老年道士 10 位，张元和道长月工资 160 元以上，其他诸位老道长月工资 100 元以上；道职员工集体伙食，每人每月交伙食费 20 元，不足部分道观每人每月需补贴到食堂 15 元左右。青羊宫住持是年轻的胡明辉道长，宫观成立有民主管理委员会，成都市道教协会设置在青羊宫之中，该宫观每年纯收入有 40 余万元。

都江堰二王庙

住持包至清道长，年龄已经 99 岁高龄，所以实际教务由其徒邹三群（坤道）负责；庙里现有道士 8 位常住，庙观主要是文管所管理。

另外，都江堰市内八角庙，常住坤道 6 名；南充文昌宫，常住道士 8 名，都是较小庙观。

二 四川各处道观存在的问题

（一）落实政策方面

鹤鸣山庙观的归属问题：我们到成都的第二天（5 月 7 日）即去了大邑鹤鸣山，先我们而到大邑的成都市政府参事室参事罗成钊先生一行和大邑县政府宗教科干部，与我们座谈介绍鹤鸣山道观的现状，以及鹤鸣山道观在宗教政策落实方面所存在的问题。他们认为：根据中央188号文件，鹤鸣山道观的主体部分，即由老君殿至解元亭、三官殿这一大部分，是"文革"时期被外单位占用、完全属于落实政策的范围。虽然占用单位四川计量分院（即1141工程）是科研单位，但是这里一直不是他们真正的研究基地，而是作为生活区设置。现在该科研单位的办公机构和生活区域中所住的人均已搬入成都市区，房子全空着不应该仍不交还。鹤鸣山是道教天师道的发祥地，在道教史上有着重要的位置；在国内外知名度很高，影响很大；国内外道教信徒寻根问祖，都希望能到鹤鸣山来朝拜祖庭。如何将鹤鸣山原来道观部分尽快归属道教界管理建设，是关系到鹤鸣山是否能真正落实宗教政策的问题；必须考虑到巨大的社会影响，增加促进海内外沟通交往渠道现实价值和深远的历史意义。

都江堰二王庙落实政策问题：二王庙的现状，也是四川道教界突出反映的事情。二王庙住持，99岁高龄的老道士包至清道长情绪激动地说："我们已经向地方政府连续申诉了7次，但是一直没有得到彻底的落实政策。"我们了解到：这里的9名道士尚非二王庙的定员（即非正式常住道士），庙也不是由道教徒主持管理。

青城山道观提出的情况和问题：人们都听到"青城天下幽"的赞美，青城山是开放较早的地方，也是知名度较高的道教圣地。山中属道教开放使用的场所，如酒厂、茶场、苗圃场等共有9处；道众有144名之多，其中坤道70余名；这里有古老建筑5万余平方米，新建1万平方米；每年来旅游观光、朝山进香者，粗略统计有70余万人次；青城山是联票游览参观，各处道观（每个景点）不得另单售门票，每人次票价为2元；门票收入，旅游局和青城山道观之间，按规定分成，现规定道观得其中的25%；青城山道教界对此意见较大，他们认为青城山的旅游，现在主要就是道教宫观建筑和人文景观的参观旅游，所以道观应获取其中大部分利益才为合理。这里应予理解的是：青城山道教界依靠自养经济生存，道观的经济收入除部分用于道士生活开支之外，主要部分要用来投入宫观殿宇的维修，神像塑造和宫观内的装饰布置等事项。青城山道教界人士说："现在一般情况庙观经济尚可应付，如遇特殊情况，尤其是自然灾害突然的侵袭，就捉襟见肘了。如此次青城山遇到大面积白蚁的侵害，经济财力就感到困难重重。"因此，如何合理分配青城山门票收入，既是客观也是实际的利益问题，更是落实宗教政策的问题。

射洪金华山道观存在落实政策方面严重问题：金华山道观在开放之初，射洪县政府实际上已经对金华山道观和文管所之间，各自所属管辖的范围作了明确的划界规定：即陈子昂读书台归文管所管理，其余均有道观管理使用。按照县政府划分的界线，陈子昂读书台在庙观之外，是一个完全独立的游览景点。道教界正式接管金华山道观部分，本来文管所不应该再与道教界发生什么矛盾和纠纷，但是现在据射洪县"赔修委员会"反映的情况是：文管所在划界属道教界管理道观部分，占用玉皇楼，并在其中塑造了陈子昂像，还在陈子昂像前放功德箱，欺骗信教群众布施，不择手段地搞钱；玉皇殿中一块价值较高的回文诗碑，也被迁移在外日晒雨淋而损坏；文管所还占用道观厢房30余间闲置着，而观中道士却无房间安置居住；道观的茶馆、餐厅道教界搞自养经济他们却占据着不还，即使道教界出钱重新向他们租用也不行，后来他们却租给其他人去经营；道观的极公祠，现尚未塑造起神像，文管所也租给外人卖药；不仅如此，文管所还用"管卡压"方式挤兑道教界，对道教界现已管理的道观部分停水停电；由于以上种种原因，文管所与金华山"庙管会"之间矛盾突出。金华山的道士们说：文管所不拿什么钱出来维修道观，但是我们道士每募化修复了道观一些部分后，他们即提高门票价格，也不与道观"庙管会"分成门票款。据查证：该观在道士修复殿宇前，文管所卖门票每人次0.10元；道士将道观修复后，文管所将门票提到了每人次0.20元；这样信教群众意见很大！文管所与社会上的信教群众之间也形成了矛盾，信教群众说："我们捐钱修了庙，修好后门票反而又涨价多收我们的钱。我们进庙是相信神，不是来游山玩水的！"道士赵义春还反映：1990年7、8月间，一个信徒到金华山来烧苦香，因无钱买门票，不但未能进庙观烧香，还被文管所的人痛打了一顿。

彭县葛仙山道观的问题较为奇特：因为道观每年逢农历三月初三有庙会，届时朝拜葛仙山的信众香客较多；"文革"十年山中的庙观建筑均被毁去，农民在庙基上种起了庄稼，庙会中因朝山者拥挤，踩踏庙基上的庄稼则要葛仙山道观赔偿，道观每年这项开支达三至四千元。葛仙山道观自己修起了山门，每年也有万余元门票收入，却要与当地万年乡分成，名义上道观也可分得三四千元，但年底乡政府则报上一纸各类开支的账单就算完事。

都江堰八角庙：这是市区批准开放的一座较小道观，只有一座殿堂，两边厢房则被7户居民占住，他们是1959年迁入；这里已作为道教场所开放，居民混居其中自然是不合适了，道教界将这种情况反映给都江堰市政府，市政府同意居民搬出八角庙，却要八角庙为这些居民解决住房困难。看起来这一问题是有了答案，但谈何容易！八角庙的道士又哪里有这种经济实力和社会能量？

调查中所遇落实政策问题主要是这些方面。当然，一些易于解决的问题，早在十一届三中全会后落实政策的初期即予解决了，留下的大都是情况复杂，十分棘手的老大难问题；但这些问题最终还是应该有个结论，悬而不决，说不定因此会引发新的问题。

（二）道观自身内部存在的问题

1. 宫观缺少管理人才：这是一个较为普遍的问题。自十一届三中全会以来，道观开放已有近十年的时间，道教界自身以及社会各界对开放道观的管理水平，要求越来越高。但是道观的开放有早有晚，道观选择的现有管理人员素质有高有低，道观所处的地理位置、社会环境、道士队伍的知识结构、文化层次等种种原因，造成了宫观管理水平参差不齐的现状。因此，现在仍然必须尽快培养造就一批较高层次的管理人才，输送到各地充实宫观管理队伍。

人才缺乏的现象，在三台县云台观和射洪县金华山道观，表现得尤为明显突出。射洪县金华山道观过去先是卫校占用，1982年落实宗教政策时卫校搬迁，当时就要交给道教界管理，但是那时候道教界缺乏人才，接管不了。1985年仍然要将道观交给道教界，仍然是因为道教界缺乏人才接不了，于是就请文管所代管，当时文管部门尚不同意代管。现在金华山道教界正式可以接手管理了，文管所却不肯痛快地撤出了！这一问题归根结底的起因是人才问题！现在金华山道教界仍然缺乏人才，并且缺乏的是宫观管理的主要人才。

三台县云台观是一个很大的道观，三台县政府决心很大，用2万元搬迁了一所原占据其中的小学，又耗资120万元准备搬迁一所现居其中的精神病院；但是目前云台山道观仅有11名道士，文化层次以及其他各方面的素质，均属平平；这又怎么能够承担得起管理这样一座闻名川中的大道观呢？三台县政府宗教委员会的领导，已去青城山向省道协傅元天会长请求支援人才，见到我们再一次十分诚恳迫切地提出请求，索要道教人才。

都江堰二王庙虽然是一个落实政策的问题，但是市政府宗教科周清贵科长所说十分中肯。他说："我们觉得，道教接班人是一个关键问题，对道教文化的研究弘扬，是否能弘扬？这是关系到道教前途、命运的关键！如果道教自己讲不出什么所以然，那还有什么办法？道教界要提高素质，要加强管理水平。"

2. 道教人士在宫观中的内部团结不够：我们在调查中发现，有些道观负责人之间闹意见，各拉一帮人争高下，甚至相互诋毁攻击；有些道士为了打击他人，捕风捉影，甚至捏造事实以损坏他人形象，三台云台观就存在这方面的情况。据三台县宗教委员会的干部反映，为解决云台观道教界内部的矛盾，在我们到达的前一个星期天，县政府的一位副县长专门到云台观，为他们会长和二位副会长做调解工作。有这样的情况存在，政府又怎么能放心地将庙观交给他们去管理呢？我们还调查到，有些老年道长，信仰上很虔诚，但心胸较为偏窄，由于不相信他人，不肯放权放手让他人干事，所以留不住人，使自己管理的道观，像一条流动的活水渠，水流不息，人来了又走了。还有些道观的负责人，在道观内搞宗法意识，凡是同姓者，即使做错了事，别人也不能批评，似乎批评了即是对自己不尊重。由于以上重重情况，造成道观内部不团结、不协调的现象。

3. 有些道观与道协之间摆不正位置：道观与道协之间关系不够协调，相互间关系处理不好，该理顺的问题也未尽快理顺。道观中有些道士觉得：道协的人不干事，反而干扰道观的工作，干涉道观的权力。这种情况长期下去，就会形成：道观需要道协时就利用道协，当道观的问题都解决好后，道协则被踢开、被冷在一边；如果道协本身有一定的经济来源，或者道协的主要负责人同时也是道观负责人时，尚不会有什么问题出现，如不是这样，很可能道协今后的工作较难开展，久而久之就会影响道协工作人员的工作积极性，从内部削弱道教界自身的力量。

4. 各地道教宫观在自己经济地位提高后，如何帮助兄弟宫观，或为社会做贡献的问题，是值得从现在起就应加以考虑和研究的问题。

5. 道教宫观的开发和旅游、文化事业开放之间的关系，如何协调、相互配合促进，为整个社会经济的发展做贡献的问题，也是值得我们从现在起引起重视、讨论和研究的内容。

三 宫观内部管理较成熟的三个宫观

凡是管理成功的道观，都有一整套严格的管理制度。青城山就是这样，他们从1985年就有了一整套"分庙观核算，责任到人"的管理办法，到1989年初，他们制定的制度更加完善，1990年3月他们对此管理制度进行了修改，由原来的五个部分增加到十个部分：一、道教协会组织；二、道众管理；三、宗教活动管理；四、财务管理；五、文物管理；六、接待工作；七、治安保卫；八、环境卫生；九、奖惩办法；十、其他。根据每年各时期不同的具体情况，他们还对制度作新的更改和新的补充规定。这种用制度管理的方法很好，所以青城山道观的各项工作井井有条，一丝不苟。

　　与青城山相比，高峰山的情况又有不同特点。高峰山1986年从文管所刚接管时，只有4张饭桌，三张床，20张木凳，做饭的灶都是泥简单糊起来的。高峰山1949年前是高峰道的老巢，由于1949年初高峰道中有些人反对党的土改政策，被政府作为反动会道门取缔。但至今流于地下活动的会道门徒仍然不少。这些人对政府批准开放的高峰山道观不拥护、不协作，持怀疑态度，甚至常常起哄唱反调。高峰山远离城镇，经济来源并不广泛，道士必须靠自耕自食来维持生活，这又给道观的开放增加了难度。但是高峰山道观的道众们在年轻住持马理良的带领下，依靠党和政府的领导，发挥道观自身的主观能动作用。虽然一切从头开始有许多的困难，但同时也有其得天独厚的优势，这就可以将道观开放的步子迈正，基础扎实。他们种植果木，耕耘土地，发扬道教靠劳动而生活的优良传统。高峰山也向社会募捐，但是募捐筹集的资金用于维修庙宇，并公开欢迎社会群众的监督。高峰山有一个由居士组成的"监督小组"，专门监督高峰山道观的各项经济支出。他们根据自己的经济特点，制定了七个方面的管理规定。他们为了维修道观，道众除了生活费用之外，每月发给的零花钱只有15.25元左右，最高也不超过35元。马理良本人更是以身作则，他告诉我们他很重视财务管理，经济上的关把得很严。他知道信徒捐献的钱，胡乱花一分，也会产生不好的影响。只有将信众的捐献，实实在在地用到为他们服务的维修庙观的信仰事业上去，他们的心中才会满意，道观在他们的心目中也才有威望。四年来他们募集投入维修的资金已达20余万，政府也相应拨款6万元给予支持。现在高峰山道观已布置有简单的客堂，拥有60余张配套齐全的客床，300余床被套。1986年至1988年还塑起20余尊神像。高峰山周围的信教群众也有原来对道观不理解、不靠近，而发展为每逢道教节日即踊跃到庙观中来过宗教生活的。由于高峰山道观在社会主义两个文明建设中的突出贡献，被遂宁市政府评为宗教界先进集体，马理良道长也于1988年12月被四川省政府评为宗教界先进个人。

　　成都市青羊宫则与青城山和高峰山的情况都有不同，这里地处成都闹市之间，天时、地利、人和三者俱全，但给宫观管理带来了新的问题。他们除了将一整套管理制度订到纸上外，关键就是要在具体的管理中下工夫，负责任、把好关。宗教团体总与现实世界有着一定的距离，尤其是全真道派的道众，更要讲究清规戒律。青羊宫规定每晚九时山门紧闭，仙凡隔绝，外人禁止入观，道众不得外出。不过，也有例外，因为成都市的花灯花会，游艺晚会较多，则青羊宫的年轻住持胡明辉，即早就安排，届时道众集体步出山门，游览观赏，但是每种集会不论其举办时间多么长久，也只能是一次。这位年轻住持对天理、国法、人情考虑得都较为周全。现在青羊宫殿堂维修得富丽堂皇，宫观内道众活动井井有条，经济来源充足，道众情绪稳定。早晨道士按时起身举行早课，晚上关起山门不出宫观也不寂寞，因为电视室每晚基本都放电视录像。

四 我们的意见和设想

1. 培养道教人才，是关系道教事业的大事：（1）以中国道学院为核心培养道教人才的基础上，各地可根据情况，举办各种形式的道教知识培训班。（2）此次傅元天副会长和四川省成都市宗教局有关人员，曾提出在青城山开办"中国道教学院分院"的设想，并盖好了校舍。如果各地有这种条件，师资和经费由各地自筹，也不失为培养人才的一种办法。（3）培养人才的途径是多种多样的，也可以放在重要岗位上进行培养，以老带新进行培养，老道长出点子、想办法，年轻人勤思考、多办实事等等，采用多途径培养人才的方法。

2. 道教宫观的开放与旅游文化事业开放之间的关系协调：可以参考青城山的办法，即政府管山，道教管庙，旅游在庙外，综合性开发事业利益合理分成，庙观内收费归道教界自养经济。

3. 宫观内部的团结问题：经常组织座谈学习，交心谈心活动，进行定期或不定期相互征求意见的方式，互相学习，从层次上提高各自的思想意识，严于律己，宽以待人，利用多种形式和办法，促进相互间的沟通。

4. 宫观与道协之间的关系：首先要认识到道协是道教界自己的组织，它代表道教界的合法权益，相互间是鱼和水的关系；没有道协，道观的许多工作就难以运转；相反，没有道观，道协组织也没有存有的必要；所以道观和道协谁也离不开谁。有的道协组织有房地产，有第三产业，有些道协组织则没有这些条件，为了道协的工作能正常开展，每年必须考虑在宫观收入总额中按比例提成上交道协。这种提成上来的经费，既用于道协工作的正常开展，同时也用于调节平衡本地区经济发展缓慢道观的生活费用等。

5. 经济发展较富裕的道观，有必要发扬团结互助的精神，支持和扶持落后的兄弟道观发展经济，振兴教务。在这方面四川青城山傅元天大师早已身体力行走在前面。

（1991 年 6 月）

访川北高峰山道观

5月15日清晨，我们结束了在射洪县金华山道观的调查，立即乘车前往蓬溪县高峰山道观参访。车行驶在山岭陡坡的路上，使过去少有冒险经历的我，时有一种惊险之感。四川的风景本来就美不胜收，隔窗远眺五月的川北，更觉"江山如画"，真是融奇特、秀丽、典雅为一体。山下的田野里，金黄与青绿相间，农村已进入了麦收季节，那青绿色的田间，是麦子收割后插上的秧苗……

我们到达高峰山的时间，是上午十时前后，半山腰正遇到欢声笑语收割小麦的高峰山道众。现在的高峰山道士仍然保持着道教热爱劳动，自耕自食的优良传统。一位短装精干的中年道人，正扶犁熟练地吆牛耕翻着收割完的麦地。麦地中相间的桃树枝头，早已是收花挂果。"陶令不知何处去？桃花源里可耕田"。虽然桃花已谢，但使我还是想起那幅桃林牛耕的隐士生活图。当然，今天的高峰山道士，并非那消极的山林隐士可比，他们是参加社会主义四化建设的一部分。

来到高峰山道观的山门前，向四周观看，古柏葱茏，隐天蔽日，恍若走进原始森林，给人以神秘幽深、远离尘世之感。三丈多高的山门上大书"高峰山"三字，两只石狮活灵活现地蹲坐于山门外两侧，门内两株千年古柏枝繁叶茂，仿佛是两名威严的武士守卫在那里。由于道观是按太极八卦的原理布局建造，所以步入山门立刻使人产生一种进入迷宫仙境之感。道观按原样恢复有灵祖殿、三清殿、祖师殿等十余处殿堂。这些建筑将殿堂馆亭联为一体。

我们在客堂就座后，值事道人找来了住持马理良。这位年仅 29 岁的道长，还真有仙风道骨的风度。从他所穿裤子上所打补丁可知，生活上他是很俭朴的。他应我们之请，介绍了高峰山的基本情况。高峰山有道众 22 名，其中坤道 7 名，60 岁以上的老年道士 2 名。现有房屋建筑 230 间，使用面积 4800 平方米，占地 5200 平方米左右。自然资源较为富裕、有风景林木五千余株，各种果木一千三百余株。道士每年靠劳动耕种土地，种植果园，开茶社、饭堂等广开自养经济门路，每年净收入四万元左右。

1986 年道士刚接管高峰山道观时，只有极少的破旧家具，连做饭的灶也是泥巴糊的。现在道观已布置了简易、整洁、朴素、大方的客堂，拥有六十余张配套齐全的客床，三百余条被套。他们在解决道众生活自养之后，将信教群众资助生产经营和宗教活动的收入，都用于维修庙宇。他们实行财务公开，民主管理，有一个由居士组成的"监督小组"，专门负责监督审查高峰山道观的各项经济开支，从而取信于民。道士们的生活是艰苦、清贫的，日求三餐，夜求一宿，每月的生活费很少，马理良道长本人更是以身作则。

马理良道长还告诉我们：在道观管理中，他最注重财务管理。太上老君有言："吾有三宝：一曰慈，二曰俭，三曰不敢为天下先。"老君之旨要修道之士讲俭朴，我们全真道士更要身体力行。如果道观不注重德性教育，而滥发钱财，则会退化道众的俭朴之性。另外，社会信徒捐献的钱财，胡乱花了一分，也会产生不好的社会影响，只有将他们奉献的钱财，实实在在地用在庙观维修上，他们才会心中满意，道观中的道士在他们的心目中也才会有威望。四年来，他们在生活上精打细算，但用于维修庙观的资金已达二十余万元，政府在财政困难的情况下，也拨给四万元，以表示对高峰山道观的关怀和支持。1986 年至 1988 年，高峰山道观还塑起了二十余尊神像，殿堂房舍均已得到初步维修。

高峰山位于四川省蓬溪县城北四十华里外，山峰秀丽，形似栖凤，因又称高凤山。川人以高峰称其势，以高凤赋其形。据《四川通志》

和《蓬溪县志》等资料记载：山与射洪、西充、南充三县接壤。山中原有初唐所建"广教寺"，又称"高峰寺"。清末有全真道士王源清与徒范明清（道号云峰）寓于此。适值 1932 年 10 月国民革命军第一路司令李炜如，提卖西充、蓬溪两县公产，此庙产业亦在提卖之列。于是王源清、范云峰师徒四出募化集资，将此庙标买，由此高峰山由佛寺而变为道观。王源清仙逝后，其徒范云峰主持道观。范云峰原为西充裁缝，没有文化，但思路敏捷，善言辞，好交际，座下有五大弟子活动于国中，募化钱财，集金数万，于是在 1932 至 1939 年，1939 年至 1947 年两次对高峰山道观大兴土木，维修扩建。道观的维修扩建格局，符合八卦，按乾、坤、坎、离而设南、北、西、东四门，将高峰山道观扩充兴建得犹如古老的山寨一样。这是高峰山道观的历史源起，马理良道长叙述起来真是娓娓动听。

1949 年后，党和政府对高峰山道观十分重视，多次发文予以保护，1950 年 3 月 25 日川北行署还签发保护高峰山的布告，1958 年 9 月 20 日蓬溪县委统战部印发"关于保护高峰山的意见"。党的十一届三中全会之后，随着党的宗教政策的落实，1986 年经遂宁市人民政府批准开放为道教活动场所，交由道教界管理。由于高峰山远离城镇，经济来源并不充足，但高峰山的道众在年轻住持马理良的带领下，依靠党和政府的领导，发挥自身的作用，认为既然过去留下的财产不多，那么一切从头开始，从第一步起就乘势将步子迈正，基础扎牢。他们制定了一系列的管理制度，用制度管人，用制度管物，用制度管钱，用制度管理一切庙务。

高峰山道观的道众信仰坚定，戒律精严，艰苦朴素办教务，全心全意创道业，赢得了社会的信任和支持。每逢新春佳节和"九皇会""慈航会"等一些道教节日，社会上的信徒即踊跃到高峰山道观中来过宗教生活，而高峰山的道教人士，也总是积极热情地为信徒服务，不厌其烦地将信徒的一些不正常的信仰方式积极引导到正常活动的轨道上来。由于高峰山道观在社会主义两个文明建设中所作出的优异成绩，被遂宁市政府评为宗教界先进集体，马理良道长也于 1988 年 12 月被四川省政府评为宗教界先进个人。我们衷心祝愿高峰山道观能在党的宗教信仰自由政策的正确轨道上，不断前进，取得更好的成就。

（载于《中国道教》1991 年第 3 期）

金华山道观印象记

　　四川遂宁市射洪县城西北四十华里金华镇境内，有一座风景秀丽、历史悠久的金华山道观。道观建筑依山造势，鳞次栉比。更有精心雕刻点缀的 180 米长石雕巨龙，形象逼真，跃然欲飞。将一座原来不高的山体，装点得更加雄伟壮观。

　　据《射洪县志》和有关资料记载：汉代此地名为"烟墩岭"，东晋时有道士陈勋来此结茅为庵，修仙学道。梁天监年间（502～519）该山建筑即名"金华山观"。《射洪县志》说："其山贵重而华美，故观名金华"。唐代此观更名为"九华观"，观中有唐明皇所铸老君像。宋代英宗治平二年（1065）赐名"玉京观"。元延祐元年（1314）道士陈若海曾重修金华山道观。

　　金华山道观建观至今，已有一千四百七十余年的历史，经由历代修葺扩建，规模越来越大。该观有单座和群体建筑 8 处，各式殿宇、客堂、斋房、亭、台、楼、阁共 31 处，建筑面积 3472.4 平方米。1949 年以来，党和人民政府一直很重视保护金华山道观的古典建筑，采取了许多积极的保护措施，1958 年人民政府还拨专款对道观进行了维修。虽然在十年浩劫中损失严重，但是党的十一届三中全会以后，宗教信仰自由政策，很快就在这里得到了贯彻执行，1985 年遂宁市人民政府批准金华山道观为道教活动场所。近十年来，金华山道观的道众和南来北往朝山进香的香客、游人，怀着对金华山道观深厚的宗教感情，积极捐款资助，对道观进行大规模的维修。射洪县人民政府为了更好地落实宗教信仰自由政策，还组织一批熟悉过去历史，懂宗教政策，对道教文化事业很有感情的退休老干部、人大代表、政协委员，成立起一个"赔修委员会"，以帮助和促进金华山道观的宫观维修和宗教政策的贯彻落实。

现在的金华山道观，又以其名山古观的形姿，展现在人们的面前。昔仅四米宽的"飞虹百步桥"，现已扩建成八米宽，并增添了桥亭、桥廊。过桥登上39级的石梯入小山门，再登270级石阶便进入了大山门，两旁古柏夹道，绿荫清幽，名人题写的联对，文句佳美，自然贴切。进了大山门，便见南天门，首先看到的是威严端肃、袍服古朴的土地、山神、社稷神像。将土地、山神塑设在宫观的最前面，是四川道观常见的一种形制。

向前行，有"灵官殿"，内供正气凛凛的道教护教神王灵官，右侧有"五瘟殿"。灵官殿后正中有"天师殿"，中座奉祀张天师，两旁为姬神、无常神。拾级而上是"太乙殿"，内奉"东宫慈父"的青华教主太乙真人。两边塑有阎罗和王者、鬼使等像。再向上走是"杨泗将军殿"，它的对面有"东岳殿"，殿中奉祀东岳大帝、南岳神和炳灵公，两旁是年、月、日、时之神，并塑有牛王、灶王、财神、狐仙等民俗神像。其后为"药王殿"，殿正中供奉药王孙思邈塑像，左有岐伯、张仲景，右有华佗、李时珍塑像。其后原有"二圣祠""紫云宫"，和供雷祖、真武、斗姥、无极老母的殿堂，还有"杨忠节祠"和老君、十二金仙受祭祀的大殿，最后有主殿"三清殿""藏经楼""玉皇阁"等等。

值得提出的是，金华山道观与四川其他著名道观一样，留存的墨宝联对甚多，其中不乏名联佳句。在此略举数例，供读者欣赏：

小山门额曰："天路相邀"。门联为："鹤舞千年树，虹飞百尺桥"。这是摘自唐诗人陈子昂《春日登金华山观》诗中的两句，表达了诗人当时愉快的心情和高雅的志趣。

入大山门，两旁八字形石壁上分别镌刻"蔚蓝""洞天"四个大字，传为北宋大文学家黄庭坚的手笔。两扇石门书有"天下无双景，人间第一山"的楹联。其正额曰"初平遗迹"。

南天门殿柱上有联曰："爱峰头树木葱茏，鹤舞虹飞，无怪读书留伯玉；看眼底溪水环抱，蛇盘狮踞，何劳叱石误初平。"上联是叙金华山道观景观美丽，灵禽祥瑞时现，是仙山福地。下联说形胜雄奇，鬼斧神工，自然而成。联中的"鹤""虹"均为道士眼中的灵禽祥瑞。整个意思是，这溪水环抱的金华山道观，蛇盘狮踞的情景，本来就生灵活现，不需要仙人黄初平像在华山谷中叱石起羊那样再施神功仙术了。同时又将陈子昂"鹤舞千年树，虹飞百尺桥"的诗句紧缩于联句之中，情景交融。因有这种好环境，难怪陈子昂要留在金华山道观读书不返了。

最为珍贵的应该是"玉虚阁"（又称玉皇楼）下的回文诗碑了。碑上刻有清人杨太虚撰写的"龙蛇体"回文七律一首，诗名《蔚蓝胜景》，其字形如龙蛇飞舞，顺念倒读，皆成文章，诗才横溢，情致盎然，深刻体现了诗人的艺术匠心。其内容为：

> 龙头倒卧见高峰，洞古铺云绿树笼。
> 封郭满天撑老柏，卷波烟水迎桥松。
> 浓情尚吐飘香桂，觉梦惊声听晓钟。
> 涂夜彻泉流韵雅，茸红剪处妙罗胸。

金华山由于其秀美的自然景色和雄伟别致的道教宫观，而声名大振。在四川境内，金华山道观与青城山、成都青羊宫、三台县云台观曾经并列为川中四大道观。唐代，是一个极其崇道的时期。由于唐代皇帝认老子为先祖，道教自然也是唐王朝的本宗了。于是上行下效，文武大臣、骚人墨客多以崇道为时髦。于是，道教历史悠久，道观建筑壮丽的金华山道观，令国中之骚人墨客竞相来游。其中最著名的是陈子昂、李白和杜甫这三位诗坛巨子。而陈子昂于武周圣历元年（698）解职回乡后，竟因爱金华山道观之清静幽雅，流连忘返，干脆在观后结庵读书。后人筑"读书台"，以为纪念。

金华山道观，除每日正常开放之外，其主要庙会是每年农历三月初三。届时旅游观光和祈求长生平安的信徒香客，络绎不绝。据遂宁市有关资料报道：在 1986 年"三月三庙会"节日的那一天，早晨天刚蒙蒙亮，人们就络绎不绝地从四面八方向金华山涌来。上午十时，庙会即已进入高潮。金华镇大街小巷的人群川流不息。跨百尺桥，登金华山，人们迎着明媚的春光，登石级，穿柏林，观石龙，爬灯杆，游览"读书台"。道人和信教群众分别在各殿宇焚香参拜。根据统计，庙会全天上山的信众、游客有三万余人，除本县群众外，还有来自三台、盐亭、遂宁、蓬溪等地的信教群众。会期人数众多，却挤而不乱，秩序井然。这充分体现了宗教信仰自由政策的落实，开放了道观，恢复了宗教活动场所，保障了信教群众正常的宗教活动，信教群众可以无忧无虑、放心大胆地前往宗教活动场所过宗教生活，满足了信教群众的心愿。我们相信，随着宗教政策的进一步落实，金华山道观的道友们将进一步为促进和维护社会的稳定做出积极的贡献。

（载于《中国道教》1991 年第 4 期）

四川都江堰二王庙

　　二王庙，位于都江堰市城西二华里，初建于东汉，为纪念蜀王杜宇的"望帝祠"，南朝齐明帝建武（494～498）年间，益州刺史刘季连迁"望帝祠"于郫县，改祀李冰于此，命名为"崇德庙"。另有名称甚多，如"江读庙""李公庙""王庙""秦太守李公祠""真常道院"。《蜀典》称"川主庙"，《录异记》称"显英王庙"，《舆地广记》称"广济王庙"，《灌县乡土记》称"二王宫"。乾隆《灌县志》称"二郎庙"，因宋太祖诏修崇德庙时，就已扩大了庙基，并增塑了李二郎的神像。自五代王建据蜀后（901～918），因李冰父子相继被敕封为王，到了清代是庙遂正式名为"二王庙"。今牌楼"二王庙"隶书匾额，为冯玉祥将军于民国24年（1935）题写。

　　二王庙占地面积10200平方米，建筑面积6050平方米，建筑规模宏大，布局严谨，由"神、膳、舍、园"四部分组成，分布在坡陡地窄的山窝里，负山面水，峰峦簇拥，古木参天，极为幽静。整个建筑不受中轴线的束缚，而在纵横方向上依山就势，叠落布局，上下高差达50余米。层层楼台，起落有序，曲折幽深，梯回壁转，而又主次分明。从民国27年（1938）《都江堰水利述要》所载图版来看，由"乐楼"（正山门）起，二王庙的建筑分主殿三重，配殿十六重。

　　主殿："二王大殿"，祀三眼二郎（一说是二郎神杨戬，又说是李二郎），附祀木制杨二郎神像一尊，左右陪祀两尊站立之武神像；"老王殿"，祀李冰夫妇神像；"老君殿"，中祀太上老君，左祀南极仙翁，右

祀玄中太法师。配殿："青龙殿""白虎殿"。"青龙""白虎"为"四灵"神祇中二大星宿神，二王庙左设殿奉祀东方青龙星神，右设殿奉祀西方白虎星神；"三官殿"中祀"天、地、水"三官大帝，道教说：天官赐福，地官赦罪，水官解厄；"灵官殿"两层，上祀道教护教神首领王灵官，下祀福星太白金星；"城隍殿""土地殿"中所祀神祇据说是"南京城隍爷""北京土地神"；"玉皇殿"，设于"二王大殿"的楼上，中祀"玉皇大帝"和邱祖长春真人；"娘娘殿"，祀"三霄圣母"（灵霄、碧霄、紫霄），两旁陪祀两尊站立之神像；"祈子宫"，祀梅山七圣；应华朗君、应生真君赵元阳、应耀真人姚光、含晖真人宫嵩、曲度真人李期意、精进真人古强、灵化真人徐佐卿；"丁公祠"，祀清光绪初川督丁宝桢（改革都江堰水利）；"飞鸟楼"，又称"圣母殿"，祀太上老君之母，两边陪祀有金童、玉女；"日""月"殿，在老君殿左右，祀日、月之神；"魁星阁"，祀魁星神像；"龙神殿"，又称"铁龙殿"，中祀五显真人，左祀文昌帝君，右祀武圣关夫子，其下为"铁龙吐水"与"圣水池"。

其中最有特色的建筑是"乐楼"，修建于清朝乾隆八年（1743），横跨于进庙入口石梯通道之上，至今保存完整。楼分三重，三层台阶，楼底中为通道，左右单层为"青龙""白虎"殿。从整体即可看出其融会道家"五行"之说，并与老子《道德经》中"三生万物"的道家哲理相统一，设计的含意较为精深巧妙。装饰上则通过各种雕塑，将图案镶嵌在屋面上下，如山水花鸟、飞禽走兽、灵芝仙果、儒士羽流、琴棋书画、福禄寿喜等等内容的烘托，以及楼后横楣上，绘制《杨二郎率梅山七圣助李冰擒兽图》，既与二王庙祭祀治水圣贤李冰的特点结合，又隐喻和叙述了道教玄学的思想哲理，并将这些全部表现于道观建筑的风格特点之中。楼为歇山式屋顶，飞檐前伸长达20米，设计精美，技艺高超，气魄宏伟，整个建筑虽仅占地49平方米，但确是研究道教建筑难得的实物。

二王庙自创建以来，历代均不断维修扩建充实其中的建筑。《崇德庙记》《吴船录》《夷坚志》等资料记载：唐李德裕镇蜀时，重修崇德庙。宋开宝五年（972）赵匡胤诏修崇德庙，扩大庙基，增塑李二郎像，增设庙前宏伟的门楼；宋政和七年（1117），庙遭火灾，旋又修建。明嘉靖十二年（1533），蜀地方政府也曾拨款命宁仪、周瑜主持重修崇德庙，其规模为：正殿五间，寝殿三间，群祀堂十二间，左右廊房二十八间，碑亭二，祠后有台，祠前左右与有坊，殿制高广。清雍正九年（1731），本庙道士赵一炳等向府、州、县善男信女募集五千余金，对正殿、后殿、祈子宫、戏楼牌坊（计60余间）和两廊神像进行重建，兴工九载告竣。为此，乾隆三年（1738）二王庙住持王来通铸大钟一口以示纪念。清雍正十一年（1733）制军王廷桂又重建二王庙大殿及东西庑、殿前"牌门"，殿左右"碑亭"。清光绪八年（1882）川督丁宝桢对"囊护王殿"（后殿）又进行重建。民国14年（1925）农历二月二十九日夜，该庙又遭火灾，烧毁大殿、后殿、祖堂、戏楼等附属建筑百余间，神像二十尊，仅存后山老君殿、魁星阁和前山灵官殿等建筑。同年住持李云岩道长募集资金，并出卖庙产水田三百六十亩，重新上述各殿，费时十年方告竣工。新中国成立后二王庙得到了较好的保护，并被列入全国重点文物保护单位。

二王庙历代道士都无限热爱自己的庙观，并根据二王庙的特定环境，十分注重收集整理李冰及其后人的治水经验，并把有关治水要诀刻在石壁上，以便于后来者在治理江水时借鉴仿效。如嵌于三官殿左侧壁间的切合都江堰治水要义的"深淘滩、低作堰"六字诀；嵌于三官殿壁间两通玉版上的"遇湾截角，逢正抽心"八字格言；嵌于灵官殿壁间的八字经"因势利导、因时制宜"；还有总结治水经验的《三字经》时刻等等。他们之中的一些人还不断收集、整理、总结、研究古人在治水方面的经验。例如二王庙第十三代主持王来通，就精心收集岷江水系资料，做了大量的考证和研究，在此基础上他撰述和编写的著作有《灌江备考》（上、下）《灌江定考》（上、下）、《汇集实录》等书，为今人进一步研究都江堰和编写《四川水利志》提供了极其重要的历史资料和科学依据。

　　王二庙依山傍水，道士在其间代代系传，现在二王庙中仍然有道士居住，高道包至清因修身有术，现已九十余岁高龄，仍然耳聪目明。他们观察江河，收集资料，集护文物，植树造林，美化内外环境，拜神祈祷，宣扬圣贤大德的不朽功绩，为社会默默地做着贡献。

　　　　　　　　　　　　　（载于《中国道教》1993 年第 1 期）

青城纪事

1995年青城山传戒，是道教界的一件大事，这期间连带发生了都江堰二王庙神像升座事，这是当年青城山传戒过程中发生的一件重要情况，其有效促使了都江堰二王庙落实政策，有了今天道教界真正实施管理的现状；另外又有121岁赵百川道长赴戒坛受戒事，都很有意义。我有三则记叙文字记载其间点滴，由于当时诸多教务忙于应付，未能对其间许多事有所记载，今天虽然忆起也无时间多叙，亦觉遗憾矣！

做内行的乐趣

传戒，按传统的说法，赴坛戒子不仅要与各地礼请来坛传戒八大师以及坛场护戒大师、天上地下来设坛庙观护坛护法天神仙真、各方仙家、与道有缘各式阶层等等，道教都要与之深结"道缘"；以登真与神结"神缘"，与仙结"仙缘"，以助己修持道要；还要与人结"人缘"，以示道教"普济众生"的宽广胸怀，法坛中的祈祷、平安斋醮当是这种含义了；又要与鬼结"鬼缘"，以示教门众生关怀，一切动植物均在念中；亦及悲悯地狱芸芸冤魂的拳拳之心，做"铁罐施食焰口"的法会，就是结"鬼缘"的体现。

中国道教协会组织、领导的四川省青城山玄都律坛传戒法会于1995年11月1日（九月初九"九皇会"）至11月21日圆满结束。这次传戒赴坛受戒的道士 451 位；受方便戒的道士 86 位；全国各地赴坛受居士戒的信教群众 166 位；合计受戒总人数为 703 位。21 日上午举行圆满法会（实际 20 日下午已经圆满了），中午方丈傅元天大律师请来了武汉长春观素席厨师，做成数十桌素宴，招待四川党政各级部门前来祝贺传戒圆满的嘉宾和传戒大师、全体戒子、法会工作人员，这"圆满宴会"确也其乐融融。

最后一个入斋堂用餐的可能就是我了，眼睛一溜这宽广的餐厅，数十桌宴席已座无虚位，大众喜洋洋地交相举杯对饮着"雪碧""椰子汁""杏仁露"之类的饮料，哪里还有我的位子？为了不破坏这种和谐的气氛，我应该随便找一个地方马虎地解决一餐吧！于是老实不客气地取只碗，打上半碗米饭，厨房的道友、大师傅们谁都与我熟，可口的菜馔（肴）源源不断地盛入我的碗中。我是信仰正一道派的人，有幸涉足这一盛会，并为此次律坛尽绵薄之力，此时此刻感觉到的是这成功法会有我的心血，有我的努力；成功的欢乐，不在于去饮几杯或听几句恭维，个中喜乐，我心自知，当真是大快人心！

午宴后本来就要下山的了，因为我们中国道协三位（谢宗信、黄信阳和我）22 日中午 12：05 时一同飞回北京，但我还要等几份材料到手后才能离山。下午 15：00 时前后，宽广的戒坛中心位已布置好庄重的焰口坛场，干完活的十几位戒子正围成一圈，坐在拜垫上开着有教门特色的玩笑。这其中有"天"字第一号戒牒获得者陈法永（陕西省道协副秘书长），"玄"字第三号戒牒获得者康信祈（北京白云观道士）以及前六十名戒牒获得者中的部分戒子。我的童心本来就很重，遂晃悠着走过去，顺口说道："醮坛布置得好漂亮啊！"没想到玩笑的中心立即转到了我的头上。

"是啊，晚上请你来吃饭！"这是那来自河南的戒子任宗权道友，他是一位高功法事作得很好的道士；在受戒中他获戒名次是在前六十名之中。

任宗权这句玩笑话说得太刻薄了，我好气又好笑，不由得"哈哈"

大笑起来："好啊，你任道友未免太刻薄了吧？辛辛苦苦为你服务，戒牒拿到手，就要送'丫环'下地狱了。还好有点'良心'，忘不了请我来赴你的'甘露会'。好、好、好吧，人虽未亡，就先与你结个'鬼缘'吧。"

"啊呀，你懂啊！原以为你只会管理人事那一套呢。"任宗权抓耳挠腮，不好意思地笑了。在座的戒子都大笑起来。

揭穿了任宗权这过头的戏言，我的心中也确实想卖弄一番："念经拜忏不如你，但意思还是懂点儿，你在焰口台上做高功，请来太乙救苦天尊，化十方天尊，又化十方地狱冥君，运先天之真炁，炼度层层地狱之冤魂超生'四生六道'，见过《太乙炼度图》吗？北京白云观的陈列室有这样一幅图。"

任宗权道友连称"班门弄斧"。"玄"字第三号得主，戒子康信祈道友说："咱们袁道兄在中国道学院道学班讲的课程是《神名》，你任宗权确实是'班门弄斧'了，对道教的义理袁师兄的确不是外行。"

碰巧又做了一次"内行"，心中确实高兴！不由暗暗自勉：当学习，学习，再学习。行行有状元啊，做了外行，吃了"暗亏"不说，还是一种失职。我们道教界人士做教务工作的，应该都是道教的内行，这样在道教的教务中才能真正起到指导道教教务活动正常开展的作用。这可不是简单的道友们瞧不瞧得起的小问题。

坐 滑 竿

青城山的滑竿，两人抬着，真是一种便利那些年老体弱游人登山的交通工具。实际上不仅是年老体弱的游人，当你一走入书有"青城山"三个大字古建筑特色的大山门，抬滑竿的工人就会围上来请你坐他们的"滑竿"。滑竿的样式简单得很，两根腕臂略细的竹篙，其间缚上竹编席片，垫上一块厚布毯，后面用小木板固定在两杆之间，这小木板固定之处衬上厚布之类柔软之物，供客人仰躺时将头部放在上面。为了使旅客的两条腿在被抬起时，不随意地放在滑竿外面晃来晃去，又在滑竿的前部用绳缚上一条竹棍，旅客将自己的脚放在上面，运动中借着这根竹棍着力，使腿部可以使上劲控制整个身体，调整身体在滑竿上的姿势；也可以撑着这条竹棍优哉游哉地晃动晃动腿脚，以增加运行中的乐趣。也许胆小的人可能会担心这细细的两根竹竿，抬着个大人奔跑晃动会不会突然折断，将自己摔下来呢？实际这是多余的顾虑。这竹竿的韧性很大，它在运行中颤巍巍的弹性实在是增加了顾客舒畅的感觉，假若你会联想也许会有状元攒花的乐趣。

我已经是多次来青城山了，尽管山道弯弯，陡峭难行，往返艰难费劲，但都努力着不去坐滑竿。这原因虽有坐一次滑竿要消费二十余元人民币这种次要处，主要还是这滑竿是靠人去抬的，心中总是有着障碍：大家都是人，尽管他需要人去坐滑竿才有工作可做，才可以挣到钱去养家糊口，丰富家中其他的生活内容，但总觉得这是一种压迫别人的行为。小时候曾听父亲和他的同龄人讲他的一位同事的趣事：说的是有位老同志一天晚上与几位同事去一个乡间地方"抓赌"。夜，黑沉沉，这位老同志在行进中不慎将腿摔骨折了，同行的几位只好到附近的村落中找来一张木椅，用绳子缚在竹竿上准备用两个人抬起他走。谁知道这位老同志说什么就是不肯坐上去，原来他认为"这是人压迫人"的行为，也许那个年代大家很容易赞同他的观点，他硬是撑着一根棍子，在别人的搀扶下摇摇晃晃艰难地走了回去。他自己痛得龇牙咧嘴，搀扶他的人也累得气喘如牛。今天听来这本来只是一个简单的冷笑话，但实际上我们人啊，似乎生来就有许多的精神和意识牵累似的，当然有些牵累却是来自高尚慈善的心理。

这次来青城山并在山中组织传戒活动，有着一个较长的时段，我是放下了这些精神上的牵累，却也数次坐了滑竿：第一次是与戒坛方丈大律师、我会傅元天会长一同下山，傅老爱护我，他说："你和我一道坐滑竿下趟山吧。"我说："我与你一道下去，你坐滑竿，我跟着你的滑竿走就是了。"傅老说："这几天你太辛苦了，传戒还有好多天时间，上下这么远跑来跑去，你和我一起坐吧。办完事就回来，还有事要你去干呢。"我很感动，傅老一直是宽以待人，他是真心实意地爱护我。我也确是对他心敬，钦佩他的德行！恭敬不如从命，于是我们两乘滑竿下了山。我太沉了，体重一百七十余斤，使两位抬滑竿的山民累得头上冒着热气，衣服渐渐由干而湿。我的心中真的是过意不去了，但这时我不能不让他们抬，如下来不让他们抬，那就是我辞他们的活了，他们会在同行中没有地位的。好在他们的脚步是那样的轻盈，我干脆闭上眼睛什么都不去管他们。或者将那眼去看高山黑崖，或是那挺拔青松古柏。将耳去听那山间流溪或鸟虫的鸣叫，而不去听那粗粗的呼吸或喘气声。心中则去想那下山将要办的事儿，或是戒坛中的种种事务。排开杂念吧，人心中所想应是主要的，实际的，事业所需要去想的东西。人应该各自按自己本职所需去考虑问题，否则一切都是空幻的，毫无意义的假想。因为我不可能也无必要下来去抬着他走。我去抬着他走，我的事儿谁去干，那他又去干什么呢？这是他的工作，而我更有应该做的工作等我去做。最主要的则是我要学习他们的敬业精神，兢兢业业，扎扎实实地干好自己的本职工作。这一次下山是李文成秘书长要回北京去，他与傅老和我三人单独谈推动都江堰二王庙落实政策的事情。

第二次下山坐滑竿，是组织戒子去都江堰二王庙参访，组织了近三百位全国各地在青城山受戒的戒子，大家穿着黄色的戒衣，浩浩荡荡地下山后乘上大巴车，向都江堰二王庙而去。我是因为要在后面清点人数，所以走得最晚在最后面下山，天师洞的小当家唐诚青道兄给我找了副滑竿让我坐着。抬滑竿的两位山民也真走得快，不一会儿就赶上了前面的人流，真正是青城山道沿途皆穿黄色戒衣的道士。当滑竿抬到一半时，遇到青城山上清宫五六名道友，都是出了名的"小调皮"，其中有的在中国道教学院读过书。他们见着我乘着滑竿过来，早就站下来"恭候"了，也确实会闹。于是在滑竿的前后起哄："我胡汉三又回来了，你们谁分了我的房子、地？""拿了我的都给我退出来！""吃了我的给我吐出来！"……这些都是电影《闪闪的红星》中的内容吧。说着不过瘾，还要过去抢山民肩上的滑竿，说要抬袁兄走。我赶紧说："众位道兄，谢了，请你们让让道吧，你们抬的滑竿我是坐不得的。""怎么袁兄不信任我们吗？""信任，信任！"心里直说：你们这些抬钟馗的小鬼，我不是钟馗，可坐不了小鬼抬的滑竿。讲实话这些皮蛋精他们抬我，我还真担心不小心给溜到悬岩下面去呢。他们仍然前后闹着不放松。正好，我见前面有两位湖北坤道一老一少，老者年纪在七十岁以上，步履维艰，年轻道姑在旁边搀扶着她走。我赶紧要求滑竿停下来，对两位抬滑竿的山民说："我与这几位道兄步行一段，请你们两位抬上这位老道长走吧。"那老道姑说些感谢之言坐了上去。两位抬滑竿的山民心中一定高兴，因为丢下了我这么沉的"胖子"，换了抬一个瘦道姑，太省力划算了。而这时我的心中确是平衡而踏实，这比我自己被人抬着走要舒畅自然。于是与上清宫诸道友说说笑笑一路下山而去。

　　第三次坐滑竿是去参加建福宫召开的一次座谈会议。当我已经走到天然图画景点时，实在累得不行了。天然图画景点处，有我过去中国道教协会道教知识专修班、第一期同期学习时同学王永龙的姐姐，在这里搞商业经营服务。她认识我，知道我与其弟的同学关系，所以她对我说："你下山办事，不要太累了，我去给你找副滑竿坐下去吧。"不一会儿她真给硬拉来两个男子汉，一个年轻小伙子，一位中年汉子。我也确实累了，也就老实不客气地坐上了滑竿。那小伙子抬滑竿确实内行，那中年汉子很显然根本就没干过这一行，连我坐在上面都为他急得快出汗了，真是好容易下了山。开完会之后，他们还在那里等我，又抬起来上山。看那中年汉子抬得很累，就与他讲起话来，原来他竟是王永龙同学的姐夫。他从来就没抬过滑竿，王永龙的姐姐因看我赶着下山办事，所以将他拉了出来，这真是叫人受之有愧了！正好前面是一个陡坡，我坚持着下来走一截，再不肯坐上去。登上天然图画，王永龙的姐姐已在上面等我们了。她笑着说："他从来未抬过人，我看你太累了，所以拉他出来凑个数，帮你个忙。"确实太感动人了，这不仅是一种友情，更是我们中国人的实在、朴实、高尚美德精神特质的显露。

当然一般游客坐滑竿还是要多长一份心眼的，据说抬滑竿的山民中，也有情操低下者，他们除了正当经济收入外，还喜欢向游客讨要额外的消费。黄信阳道长就数次被抬滑竿的山民敲了竹杠。他说一次往上清宫去坐滑竿，两个抬他的山民沿路跟他"哭穷"，讲生活困难，早饭还没吃等，并明确提出要黄给小费。这位 14 岁就出家入道的黄道兄被他们"哭穷"得实在把持不住了，只好掏出 50 元人民币打发了他们。他说那次坐滑竿的雅兴早就没有了，于是说："你们走吧，我随便逛着上去吧。"回来后他说起这件事，唐诚青道友说："你有钱，他们是敲你竹杠。坐滑竿的钱我们道观早就付过账了。"后来他们又遇到过几次这种乱要钱的事，但我是一次也没碰上。所以我与他们开玩笑说："可能是你们太气派了，又是星冠道袍慈眉善目，人家求你们施舍接济贫困也就自然而不怪了。看我穷得叮当响，穷酸潦倒，再加上人生恶相，没有人打秋风而纠缠，反而平安便宜我了。"大家听了，都哈哈大笑。

百岁老道赴青城戒坛受戒

青城山戒坛曾有一件十分难得的事情值得回味：竟然遇到一位 121 岁高龄的老道士，徒步登青城要求方丈大律师为他授戒的事情。消息传开马上有许多戒子道士涌来临时设立的"法堂"，都想一睹这位百岁老道人的风采。我听到这一消息，也放下手中的工作赶了过去，这时已有许多道友站在"法堂"中，由于我的特殊身份，所以能够自由地出入"方丈室"。方丈傅元天大律师这时正在神采奕奕地与百岁老道人谈话，摄影师则跑前跑后地忙着为他们照相。这时方丈室内人员主要有：傅元天大方丈、香港飞雁洞主刘松飞、四川省道协陈代璞秘书长、成都市道协胡文全副秘书长、四川省养生学会《养生》杂志副主编谢怡等十余人。

这位百龄老道人的姓名叫赵永川（俗名赵佰川），1874 年生于四川彭州南阳镇。他 3 岁亡父，4 岁亡母，被亲戚送到重庆合川龙泉道观王教成道长座下为徒。王教成道长是道教全真龙门十七代的传人，精通道教的丹道养生之法，自收下徒弟赵永川后，自觉继承有人，又与其非常有缘分。遂自赵永川幼年时即悉心传授道教修持养生和丹道的基本法门和窍要。赵永川也确是个与道有缘的孩子，师傅所教既能照着去做，随着年龄的增大，且更能潜心揣摩要旨，精勤用工不辍。

王教成道长驻世期间，常以勤、廉、俭、朴四字诲其徒赵永川，认为此四字可以化己度人，可以修持己身亦可以济度世人。并说："天上无无功德的神仙"，为道者更要于世立有"三千之功"，"八百德行"方可修仙有望。赵永川将师言牢牢铭记于心，他认为道家修持以最终超脱生死苦难，而身入仙班为目标。但无论驻俗仙举，道者都当以国家为自己的根本，既修神仙，首当为社会，为国家去多做些有益的善举功德。所以新中国成立后他虽然生活无着，且十一届三中全会后他所在的庙观又没有落实政策开放，但他仍然用自己微薄的收入，每年坚持为国家的繁荣昌盛、社会的和平安定做一次祈祥祝祷法会，以此来表达爱国爱教的心情。

赵永川其师王教成1951年羽化于四川成都。恩师羽化后，他即回家到家乡彭州火神庙栖身修持。他继承恩师衣钵，修持更加精诚，饮食起居一依其师所教而行。幼年时恩师王教成即训徒以萝卜、蔬菜和米粒煮粥为饵，不可食近荤物以败道气。赵永川一如所教，终身以菜粥为主食，长年茹素，到今如此。

谈到养生之道赵永川老道长兴趣很高，他说每天坚持打坐，一天要坐四次，每次打坐分子、午、卯、酉四个时辰。据他自称：他自己之所以有已越百龄之寿且还有这么旺盛的精力，一是自己信道虔诚，祖师爷赐他高寿和好的身体；二是能得恩师真传，百年来他自己又始终如一地坚持按师授每天坚持打坐全真修持，所以精满气足。他说：人人均能高寿但须做到："饱满不思食，神满不思睡，精满不思淫，景守龟蛇洞"。又说四句似诗似偈的言词为："渺渺冥冥清净道，昏昏默默太虚空；体性茫然无所住，色了却寄一真宗。"说完以上这些言词他仿佛结论似的说："如此而已，可为一全真养性，性命双修之道人，亦可达长生久视之途。"这的确是一些深蕴道教哲理的智理妙言。

赵永川道长年高百龄，确是精神饱满，谈吐清楚，耳聪目明，身板硬朗。他由四川彭县至青城山下，竟无陪同，一人乘车前来。从青城山下至天师洞常道观徒步登山十余华里山路，也不坐滑竿，不扶拐杖，登攀直上而不费什么精力。当这样年龄的高寿老道叩拜在方丈大师靖室门外之时，虽然戒坛已开坛数日，方丈大律师也为这位特殊求戒者的虔诚精神所感动，理所当然地破例将他接受入坛受戒。当赵永川道长从方丈手中接过戒牒时，没想到这位百龄高道却为此感动得热泪盈眶。他高兴地穿上黄色的戒衣，要求与方丈大律师、中国道教协会傅元天会长在一起合影留念。

赵永川说：现在国家的政策好，宗教信仰自由。自己很小能入恩师王教成门下为徒，是与道教、与太上玄门的缘分；今天又能在青城山玄都律坛中受戒，接受到方丈大律师亲手发给的戒牒，是与方丈律师有缘，与戒坛有缘，即有缘获戒，当登真有望了。今天信仰道教获得国家法律的保护，他表示今后的日子里，会进一步奉道修持，也更加信心百倍，充满希望。

（1995 年 10 月）

福建成立省道教协会
筹备委员会

　　1994 年 12 月 27 日至 29 日，福建省道教界在福州市召开了"全省道教界人士座谈会"。出席座谈会的有全省各地的道教界人士近 50 人，省政府宗教局领导和全省有关地、市、县政府宗教部门负责人到会倾听道教界的意见。

　　福建地处祖国的东南沿海，全省现有全真道士 170 余人，正一道士 4000 余人。道教在福建传播较早，并且由此传播至台湾、香港地区，以及东南亚的一些国家。近年来福建地区的道教没有组织管理起来，另外现有宫观虽然都不同程度的修复，但是情况还是较为复杂，问题也较多。

　　在座谈会上，省宗教局领导表示，该落实政策的一定要落实，并要求道教界本身要加强宣传自己的优秀文化，弘扬自身的优良传统，还要加强自身的管理，要遵纪守法，爱国爱教，在法律、法规和政策允许的范围内开展正常的宗教活动。

　　根据全省道教教务工作的需要和广大道教徒的一致要求，经政府有关部门批准，全省道教界发起并成立了"福建省道教协会筹备委员会"。筹备会下设办公室，由主任、副主任主持工作，负责协调推动"福建省道教协会"组建成的一应事宜。办公室主任由中国道协理事、泉州市道协会长林舟担任；副主任由中国道协理事、拓荣县清阳观住持林美菊和武夷山桃源洞住持林清、福州市照天君庙住持张爱珍、福州市裴仙宫住持裴桑官等道长担任。筹备会联系地点暂设在福州裴仙宫中。

（载于《中国道教》1995年第1期）

劳动自养　爱国爱教

——记福建拓荣灯火山清阳观道众

当闽东到浙南的公路蜿蜒来到拓荣县境时，有一座美丽的灯火山出现在公路之旁。这灯火山本来也没什么名气，但宋朝时忽然来了一位高挽发髻的道士在此隐修炼道。据说这位道长每日行功服气，炼食丹霞，又与社会广结善缘，多做善事，再加沿海之境山水灵秀的熏陶，果然成就了这位隐士的道业。于是灯火山的声望就留传了下来，仙侣道裔虽不能称望风而至山中，却也有不少修道者来此。

灯火山中现在的道观称"清阳观"，有一座占地 800 平方米雕梁画栋、气势雄伟的"祖师殿"，其间的修持者是一批全真派的坤道。当地人在夜深人静或五更清晨时，听到那"叮叮"的手磬、"笃笃"的木鱼声随着清风，伴着那若隐若现美妙的经韵传下山道，便知这准是清阳观的坤道们在殿堂中虔诚地做早晚功课了。

说起这批坤道，她们白手起家，艰苦创业，重建道观的事迹，确实使人感动。那是 1985 年 10 月间，随着党的十一届三中全会春风的吹拂，道教获得了新生。灯火山中忽然有了五位顶挽发髻、蓝衫飘拂的坤道。坤道，又称之为"道姑"，说白了就是"女道士"。这五位坤道是：林开座，1990 年时已羽化；李慧琴，毕业于中国道学院坤道班；林美菊，中国道协理事和清阳宫住持；林翠莲、林翠花。她们当时站在那不知是哪一位老修行留下的一座小茅棚前商讨议论着，随即她们便搬石伐茅、运土筑屋，艰辛地劳作起来。

　　为了节约开支修建道观，坤道们节衣缩食减少每一分钱的开支。就连购买的砖石材料，她们也不雇用搬运工，而是五位坤道自己一块块地拣，一担担地挑。肩担背负，数万砖石，六间二层廊房住宅所用的材料，就这样被她们运上高高的山冈。

　　清阳观的道士认为：道教徒也是国家公民，公民有宗教信仰自由的权利，不过"不劳动者不得食"一直是我们中国人的传统美德。《宪法》四十条就明文规定："劳动是一切有劳动能力的公民的光荣职责"。但是山中道观的坤道在学习中了解到："国家组织和鼓励植树造林，保护林木。"于是她们决定：开垦荒山种植，劳动自养，积极种植经济林木，服务社会，用实际行动爱国爱教。

　　当地党和政府部门非常关心灯火山清阳观道教界人士，对于她们积极参加社会主义经济建设的想法和心愿，给予了及时的关怀和鼓励。为了帮助坤道们垦荒种植，拓荣县委统战部和县政府宗教局积极主动地牵头将县财政、民政、林业和土地管理等有关部门请到一起，共商帮助灯火山清阳观坤道实现劳动自养的办法。

　　灯火山清阳观坤道虔诚的信仰，艰苦创业的精神，使社会人士感动不已，因此甚得社会的称赞和爱护。同时她们这种无私奉道的行为也使俗家的亲友加深了对她们信仰的理解和支持。

　　道观总是要接待朝山拜神的信教群众的，灯火山清阳观的道士绝不下山化缘，反而为入山朝真的信徒提供茶饭。社会信徒若有来观奉献钱物者，则记账开票，而绝不个人私下收受。就连信教群众上山做道场，要求代购供果供菜，也一律要在购买单位开出实际正式发票，道士参加作道场法事者绝不私自收费。若信教群众要求下山为其做斋醮法事，道观将会先到县道教协会申报批准后再下山活动。

　　社会上进庙拜神敬香者，都有各种各样的情况和原因，对那些情绪低沉者，清阳观道众以祖师"普济众生"的要求，以道教"贵生"的教义对他们进行开导和劝说，使他们解除心理负担，轻松而归。清阳观还多次帮助遇到困难，缺资返途的外乡人。

说来有趣，就连附近村镇中一些家庭失和的人们也常到观中寻求帮助。这些年轻的坤道也总是耐心地给予开导和帮助。

在党和政府的关怀和全观道众的辛勤劳动艰苦努力下，现在清阳观已拥有：开垦的稻田4亩；茶园20余亩（其中5亩已有收入）；山茅竹5亩多；雷笋（一种食用笋，是一种三月出笋的茅竹）10余亩；油茶50余亩；药材（太子参）6亩；果树50余亩。基本实现了劳动自养。

清阳观的住观坤道早已由原来的5位增加到18位。其中40岁以上的坤道五位，余者均是20岁至30岁的青年坤道。她们亲如一家，为遵循祖师教导，为将清阳观装点得更加美好，为给祖国的社会主义建设添砖加瓦而努力地工作着。

（载于《中国道教》1995年第1期）

武夷洞天

武夷山位于福建的西北，是闽赣两省边界。南北长52公里，东西宽22公里，方圆570公里山峦重叠，海拔1000米的山峰有377座。主峰黄岗山位于闽赣两省交界，标高2158.8米，素称"东南屋脊"。

被道教称为洞天仙府的"武夷山"，是武夷山脉的一部分，主要在武夷山脉的北段，即武夷山市南部的一部分。其间有九曲溪，三十六峰，四十六洞，九十九岩等胜景。峰峦奇伟，岩洞千姿百态。林木葱郁，浓荫蔽地，奇花异草，争奇斗艳。

一 奇山异水神仙府

清代有位丁耀元的学者，在《武夷偶术》中概括武夷山奇异于其他名山胜水的特点之处说：凡山多杂石上垒成峰，兹山一石一峰，千仞无纤土，松竹蒙茸，沿石而生，一异也；他山山水各为区，此则石根壁笋，各浸水中，看山不用杖，而用舟，二异也；凡山成排列，或分到处，此则峰溪相环，九折万状，山前以山岩为廓，山后同前山为障，远不半舍，往复无穷，三异也。如此秀美奇异之景，有山有水，山水依伴，互为映衬，实为人间之福地，也正是神仙道士，向往寻觅炼养的佳境。

历代来山隐栖修真的神仙道士，为体现道教神仙信仰的思想体系，将武夷山自然固有的峰岩水石利用起来，融道教的理想追求于其间，服务于神仙信仰的需要，从而使固有的峰岩水石都有了生命，都有了灵性。

玉女峰下面的水面，是洞天仙府的山门。山门有三个：中为"洞天门"，左右分别是"求天门""天游门"。洞天门外右有大王峰，所谓"大王拱卫"；左有狮子峰，称之"狮子把守"。入门内是白云岩如照壁而立，"极乐国"三个大字向东南雕刻壁上。紧随壁后是炎焰峰如天灯高擎。其后是文峰卓立于空旷的天地之间，仿佛天帝的宝座摆放在天宇的正中。文峰半壁处雕刻"玉皇大天尊"五个醒目的大字，近旁是缕缕紫烟的丹炉岩。钟鼓峰在文峰之后，其东有升日峰，西有玉华峰，昭示着日出月落的宇宙循环。

武夷山很有特点，由于地壳运动所有山峰都向西倾斜，整座山的峰岩如伸展出去的玉宇琼楼。那斜覆的巨大岩石，形成凌空高悬的崖洞。秦汉以来武夷山中企求成仙的炼士，就选择这样的洞天修真炼养。身处高高洞崖，仰观日月星辰，俯视山川大地，听鸟鸣猿啼，采天地大气，夺日月精华，实为人间仙境。

晋唐时，道士在武夷山洞室中构筑观院，将人工的斧凿和自然山水融为一体。这些建筑最有代表性的是九曲溪之一曲云虚洞内的"仙女梳妆楼"，八曲鼓楼洞内的"楠木楼"等。鼓楼洞在鼓楼岩，以奇石如楼，水鸣如鼓而闻名。据说明万历十一年（1583），长乐（福建长乐县）人陈省，曾入鼓楼洞观阅楠木楼。万历庚申（1620）夏，大风雨中当地多人见楠木楼从鼓楼洞中飞出，越三仰峰而去。

唐以后山中观宇建筑有了一定的规模，由于崖洞容纳不下规模大的殿宇，于是观宇就建到了川地上。唐天宝年间所建造的"天宝殿"，南唐保大年间所建的"会仙观""仙君庙"等均建在九曲溪之一曲的晴川上。宋明两代是武夷山道教鼎盛时期，这时期山中宫观崔嵬，道观林立。宋代新建和修建的道观，有文字记载武夷山中就达27座，明代26座。规模最大的是冲佑观，也是兴建和重建在宋明两代。

奇异优美的自然景观，丰富独特的文化内涵，美丽动人的神仙故事，古往今来众多的神仙道士，高人隐逸留下的人文景观，使武夷山以"洞天仙府"的资格跻身于道教的洞天福地之列，称"第十六升真元化之洞天"。

二　获道换骨入洞天

"洞天仙府"武夷山的神谱中，至高无上的是皇太姥。她是与元始天王并列的神圣，又称太元圣母。据传皇太姥曾亲自指点会稽孔庄、叶生女冠修炼于武夷云虚洞中，待之道成又亲授丹诀嘱其登换骨岩换骨而入仙班。

据说武夷山是地仙之宅，各路地仙修炼得功成德备，将入仙班之前，均要会聚武夷山中，经一番考核之后，脱胎换骨再进入仙班。有文字称：秦皇二年太元圣母与武夷君，在武夷山慢亭峰招宴大会各路地仙。自此以后武夷君就成了统辖地仙的神真。

武夷君最早度脱的是武夷十三仙，他们的名讳是：魏王子骞、张湛、孙绰、赵元奇、彭令昭、刘景、顾思远、白石生、马鸣生、胡氏、李氏、鱼道超、鱼道远。传说十三仙在试法祈雨时均未能获得灵应，此时武夷君童颜鹤发，穿紫袍，骑白马，驾紫云从空而来，略施法术即大雨倾注。十三仙中张湛文思最好，遂献诗以颂。诗曰：武夷山上武夷君，白马垂鞭入紫云。空里只闻三奠酒，龙潭破上雨纷纷。

武夷君的故事不仅流传于民间，也见于史册。司马迁《史记·孝武记》说古代天子常在春秋祭祀黄帝、武夷君等神。《史记·封禅书》也记有汉武帝用干鱼祭祀武夷君。唐天宝七年（748）朝廷在武夷慢亭峰下同亭刻石留记，并在九曲溪之一曲洲诸之地建天宝殿，专祀武夷君。宋绍圣二年（1095）朝廷封武夷君为：显道真人，后加封：显道真君、显道普利真君、显道普利冲元真君。明朝典制规定：每年仲秋八月，在武夷山冲元观致祭配祝文祀武夷君。

相传在商纣王时，纣王派采女在彭祖处学得养生之道，并得到《九都经》。纣王亲自效法果然灵妙，即想害死彭祖而独掌其道术。彭祖预知封王心计，遂率子彭武、彭夷云游天下名山，见武夷山水胜迹，遂定居并开发其地。后因其功绩感动上帝，而度彭祖与其二子脱胎换骨进入

仙班。故武夷山名来自彭祖的两个儿子彭武和彭夷。（见《福建文博》1990 年二期）

唐贞元年间钱郁霄、刘永志、李氏等三女冠在武夷白塔山修炼，道功卓著，后人誉为"三皇元君"。后晋天福元年（936）王因其叔王延羲奉道，而赐以"道士服，置武夷山中"。南唐保大元年（943）元宗李璟之弟李良佐慕武夷仙名，欲入山访道。在朝廷任观察使的武夷人彭保廉受皇帝之托，于保大二年护御弟李良佐"驾幸闽山武夷修养"并"救有司创建宫观"，改赐武夷观为"会仙观"，册封李良佐为"演道冲和先生"。

唐宋元明，由于武夷山的魅力，吸引了许许多多的高道来往山中，如吕洞宾、知微子、王文卿、高文举、白玉蟾、江师隆、张三丰等都曾先后往来武夷山中修炼栖息。这里值得一提的是，曾被宋徽宗十分赏识的"金门羽客"王文卿（1093～1153）就曾于武夷九曲溪之八曲卜筑石鼓遣院居修炼养。他在武夷山中修符箓，炼内丹，后来成为道教神霄派的创始人。

儒林圣贤朱熹与武夷山道士过从甚密，曾为冲佑观名道高文举编纂的《琥夷山图集》撰序，还曾亲研丹法。

三　历史悠久的道观

曾经道观林立的武夷山中，现在有遗址可考的道观仍有数十座之多。其中以冲佑观最为著名，其次是会真观、止止庵、升真观。

冲佑观　唐天宝年间因祭祀武夷君而建，称"天宝观"；闽国时称"武夷观"；南唐保大二年（944）李璟之弟李良佐入道，赐改观额为"会仙观"；宋大中祥符二年（1009）下诏"宏广观基，增修屋宇"至300 余间，绍圣二年（1095）哲宗旨扩建宫观，改会仙观为"冲佑观"。宋理宗绍定二年（1229）"金门羽客"江师隆扩建冲佑观，"增广展宇、堂、厨、廊、庑一新"。据称：南宋时冲佑观为全国六大名观之一。元泰定五年（1328）旧称此观为"冲佑万年宫"。明代时旨称"冲元观"，正统四年（1439）宫观遭火灾兵燹而颓败。后来在天顺至成化年间（1457～1487）、弘治末年（1505），嘉靖四年（1525），该观又曾获得数次维修，由于该道观是武夷山最大道观，又以祀武夷君为主要功用，所以人们又称之为"武夷宫"。清以后冲佑观开始颓败，至乾隆初（1736）宫观之建筑倾祀大半，民国36年（1947）曾将三清殿改为"中山堂"，道士遂以其他道房立武夷君、魏王子骞神像。"文革"中神像被毁，道士的宗教活动也随之中断。

会仙观　在冲佑观之东，主祀魏王子骞从祀神潘遇。宋政和五年（1115）徽宗赐"会真"观额，后即以"会真观"名之，也称"会真庙"。附属建筑左有仙宫庙，右有仙君庙，后有文昌阁。万历十七年（1589）迎请仙人徐熙春遗蜕祷雨获应，又于此增建会仙楼等建筑。清以后该观与冲佑观融为一体，统称"武夷宫"。

升真观　在大王峰顶，传说魏王子骞、张湛等十三仙隐居于此，所以曾为古仙修持之道院。宋咸淳五年（1269）女冠游道渊、江妙静、江妙正等在正一三十六代张宗演天师支持下，在古道院遗址上重建是观。时有太清殿、法堂、通天台等建筑。因观后即宋朝廷遣使投金龙玉简之"投龙洞"，所以用"升真观"为名。该观地势险峻，人称"星辰可摘攀，仙家第一关"。明嘉靖时（1522～1566）又有高道赵维垣等于此重创道庵修炼。现尚有通天台（又称礼斗坛）、天鉴池、张仙洞、徐仙洞、升真洞等遗址留存。

止止庵　在武夷山九曲溪一曲水光石后，白玉《止止庵记》称："始则有太姥元君即其地以结庐，次则张湛继其踪，又有鱼道超、鱼道远皆秦时女真，入此而隐。"晋时娄师钟，唐代薛郁等人也隐此修炼悟道。宋时"东京李陶真、洛滨李铁笛、燕山李磨相踵卜筑，而名其庵曰止止。"宋嘉定九年（1216）名士詹淡夫出资重新维修建筑止止庵，并延请著名高道白玉蟾住持该观。明景泰中（约1454）道士宋端、江一真等维修观宇，正德末年（1521）方道明增建观宇殿堂，嘉靖十六年（1537）李元阳主持增建玉皇阁。清顺治十六年（1659）韩士望再新观宇。

"止止庵"观名涵义是什么？白玉蟾《止止庵记》中阐述其意："夫止止者，止其所止也。良卦兼山之义，发明止止。而《法华经》有'虚室生白，吉祥止止'。是知三教之中止止为妙义，必有得止止之深者宅其庵焉。则青山白云，落花流水，以及啼鸟哀猿，荒苔断醉，无往非止止也。""今此庵非谓止之止止，实谓止其之止止而已矣。"桃源洞又称"小桃源"。仿陶渊明《桃花源记》意境，遍植桃树于其间。现在有住持林清，率三五位道友驻修于此。

据文载桃源洞道观，在唐天宝年间（742～756）会稽女冠孔庄叶三位慕名相伴赴山，首选此境结茅驻修，相互砥砺促进精砺参悟而不怠道业，后相继道成仙举，道观即此而创。宋时有雅者陈石堂，吴正理公等避世其间，南五祖之一的白玉蟾真人也曾往返修持炼丹。元明清三代该道观屡有增建，元代扩建后称"三元庵"，又称"石堂庵"，主奉三官大帝神像。又因刘文简公有德地方，其间亦设"刘文简祠"。明时已远近闻名而成为武夷山中主要道观的有三清殿、三皇元君殿、三官殿、真武殿、娘娘殿、功德祠等殿宇。清代道观遭受不同程度的破坏，直至民国25年（1936）华侨胡文虎游山至此，捐大洋500元为重修之资，并题"小桃源"匾额挂于殿门。

1983年道观经政府批准开始对外开放，1991年住观道众住持对大殿进行整修，并以红豆杉雕制三清道祖圣像供祀。添置供桌、香炉、烛台等法器设备，在桃源洞道观开始了正常的宗教活动。1993年根据福建省人民政府颁布的《福建省宗教活动场所登记暂行规定》，经核准登记并发给合格证书。1995年7月武夷山市政府筹资岩雕太上老君圣像于其间。老君圣像高16米，宽11米，厚10米。1996年农历正月十五道教上元天官赐福的节日佳时，为神像举行了开光大典。赴会者约万众，中国道协谢信副会长前往祝贺。

（载于《中国道教》1997年第1期）

闽南石竹山与道教

石竹山是福建省政府批准的一处省级风景名胜，地处闽南福清市西郊 10 公里处。其地有水域"东张水库"，乃是 1949 年新中国成立后人工所筑。水库存东畔，石竹山绵延峙立，诸峰苍翠俊秀，以状元峰海拔531 米为最高。山之得名以《石竹山志》称：源于"其巅有石巍然"，盛产翠竹其中，石竹之"竹根盘错"故而命之。

考兹典故大有来历，与道教渊源极深。大旅行家徐霞客曾于泰昌元年（1620）六月慕名游山，他在《游九鲤湖日记》中这样记叙："闻横路（地名：现称宏路）驿西十里，有石竹山，岩石最胜，亦为九仙祈梦之所。闽有'春游石竹，秋游九鲤'语。虽未合其时，然不可失之交臂也，乘胜遂行。"《福建通志·山经》载：明人王世懋游记中也称，"闽人祈梦，以秋往九鲤湖，以春往石竹。石竹是九鲤离宫，为行春治所耶？"（王世懋著有《名山游记·石竹山记》）由此可见，石竹山成为名山胜地正如《闽都记》所载"汉何氏九仙所游之地，祈梦辄应"的缘故（见《福建通志·山经》）。

汉代何氏九仙，在《三教源流搜神大全》、《列仙全传》和《福建通志·列仙传》中均有记载。仙传内容大致是：汉武帝时，江西临川县名士何侯，号任侠，因助淮南王刘安谋事有功，而被荐任福州太守。何氏有九子随任赴闽，先在福州于山修道，继隐居福清石竹山炼丹悟道，再入仙游县九鲤湖驾龙飞举而证道。据称何氏九仙得道后，以"示梦"的方式经常"显灵验"于石竹山中，而以"签文"在九鲤湖畔"示意"众生。当地因而流传民谚"春祈石竹梦,冬求九鲤签"。

"祈梦"民俗,在闽地福清一带石竹山周围影响甚广,说来也甚有趣:传说明永乐时闽地长乐有一位 13 岁就中了秀才名叫马乐的人,后来考举人时竟九科不中。这一年又逢科考期近,他就备了香烛到石竹山去祈梦。经山下宏路镇时见一鱼贩挑一担肥美的带鱼叫卖,马乐的脑海中遂动念想:如不是赴山求仙赐梦,一定购来做了饱食一餐。马乐入观后竟连祈两夜无梦,忿怒之余题诗于壁:"一心一意来求仙,三日两夜求无仙;马乐有朝能出仕,定除石竹草鞋仙!"谁知他当晚即获一梦,仙君以诗戒之曰:"马驿来求仙,贪餐鱼也鲜;是汝心不虔,还骂我野仙。念汝一日君,非是打一鞭!"诗中马乐的名字变成了"马驿",又有"一日君"之谓。马乐醒来后百思不得其解,遂存疑赴京赶考,一举得中头名,真正是"状元及第"。朝廷授"翰林修撰",因其名逢永乐帝名违,遂由皇帝赐"马驿"为名。适逢春南郊祭祀时永乐帝染疴,因状元乃"天子门生",即奉旨以代皇帝天坛祭天,所以人称"一日君"。后马乐请旨回乡,感念仙君赐梦,即上石竹山还愿,于当年自己壁上所题诗的旁边,提笔又撰写一联对曰:"一念鱼羊三宵无梦,九仙赐马一日为君";据说此联在"文革"时被人毁去。

福清民间还广泛流传叶向高年轻时赴石竹山九仙楼"祈梦"的故事。叶向高(1559~1627)字进卿,号台山,又号福庐山人,乃福清港头镇后叶村人。他是明万历十一年(1583)进士,历任国子监司业,翰林院编修,南京礼、吏二部侍郎,礼部尚书,东阁大学士,内阁首辅等职。叶向高老年时曾对人说:"石竹何氏所栖,岩壑奇绝,祈灵如响。先少师公(叶向高之父)为诸生,得梦甚验。余为孝廉往祈,仙告以腰系白玉带。余以为妄,而其后果然。"(见《石竹山志》)

清时闽县人刑部尚书陈若霖的曾孙陈宝琛,未出仕前,亦曾赴石竹山祈梦。梦见一人,一手提紫色长靴,一手提尿壶,梦醒不解而返。家有一痴仆,见其忧愁就问:"老爷祈了什么梦?"陈宝琛即告之梦境,痴仆想了想后说:"老爷这科包中了,紫靴就是'这科',尿壶即是'膘肭’（腰肭，闽地土话是‘跑不掉’）！”陈宝琛听了精神为之振奋，进京赶考果然中了进士。后官至太师之位，当了宣统皇帝的老师。他还乡时也特地赴石竹山九仙观，提笔撰写一副楹联是：“虽痴人亦能说梦，唯至诚可与前知”，刻成木匾悬挂于石竹山九仙观的大客厅之中。因为这些名人都说石竹山祈梦，神仙赐梦灵验，于是石竹山祈梦的风俗传播很广。自明代以后，不仅是大量的福清人信奉，邻近的县（市）如长乐、莆田、连江、闽侯、平潭等地，亦有许多人前往祈梦。

石竹山在何氏九仙之后山观即声名大振，往来山间的炼丹修道之士不绝。五代梁时有福建邵武人林炫光（又称汝光、玄晃），即仿何氏故事而来山中炼丹修道。时周围山民缺医少药，林炫光即炮制丹药为山民除疾疗患，广行功德。林炫光当道功日增之时，遂将自己产业献石竹山灵宝观，传称他后来“丹成骑白虎升天”。现山中“虎迹岩”丹井均有他留下的遗迹。阅新修《福清市志·宗教志稿》载有：石竹山道观初创时称“灵宝观”，唐宣宗大中元年（847）已有相当的建筑规模。当时主要殿宇有玉皇殿、仙君楼、文昌阁、慈航堂、土地庙等。宋宣和三年（1121）易其名称“灵宝道观”。宋乾道九年（1173）丞相史浩重修，明万历年间叶向高辞职还乡，“见仙楼颓敝”遂于万历四十四年（1616）与举人石映斗募资修整殿宇和道房；明万历四十六年（1618）举人董大理重建“九仙楼”，宋时著名的理学家朱熹也曾畅游山中。明丞相叶向高不仅在山中祈梦求签，还曾住观攻读经书典籍，他功成名遂后于万历四十四年重游山中时，曾于山之两处悬崖绝壁之上题刻“洗耳泉”“牛胶洞”。明大旅行家徐霞客和明人王世懋入山探胜，均分别将观感载入他们的游记之中。清道光年间刑部尚书陈若霖，太子太师陈宝琛先后游览山观题匾留存。近代国民党元老，福建省政协副主席萨镇冰亦曾于1923年为山观题匾“扫除名利”至今留存观中。

党的十一届三中全会以来，福清石竹山道教组织，在福清市政府主管部门领导下，对这处道教名胜进行了很好的保护维修和开放。在修建开放的过程中海内外道教信徒善士给予了悉心关怀和经济赞助。至今山观修复已投入 1000 余万元人民币，修复的建筑有：玉皇殿、仙君楼、玉皇行宫、慈航宫、土地祠及道房舍等数十栋古建筑。塑设的神像有：玉皇大帝、玄天上帝、何氏九仙君、文昌帝君、慈航真人、林晃真人、福德正神等数十尊。

石竹山天然景观美妙，尤以"岩石最胜"。这里石形如竹立，竹立为石名。山中古迹多以石存，如麒麟石、摘星岩、紫云洞、桃源洞、通天洞、化龙窝、仙人坪、朝天石、伏虎石、鹤影石、蓬壶石、鸳鸯石、棋盘石、龟蛇石、蟠桃石等均以奇岩秀石，与道有缘而获名。正所谓"石能留影常来鹤，竹若摩空尽作龙"。在这自然美妙的境界中，建筑在石竹山南侧半山腰悬崖峭壁间这座九仙宫古建筑群，既结构精巧，亦葱茏有致。山下仰望犹如空中楼阁，蒸云吐雾，流辉焕彩；山顶俯瞰，绿树丛中橙瓦飞檐时隐时现，宛如碧海腾蛟，蔚为奇观。观前栈道蜿蜒，旁侧缆车徐动。前有碧波似镜的水域，后依巍然苍翠的秀峰。香烟袅袅，藏风聚气的福地，仙家修炼的道场；山清水秀，生机盎然的胜境，真是人民的乐园！

（载于《上海道教》1997 年第 3 期）

宏道立德　道不远人

——福清石竹山九仙宫

　　石竹山是福建省福清市区西 10 公里处的道教名胜，主峰状元岭海拔534 米，相传魏晋后期山中就建有"灵宝观"，道教的"灵宝派"便开始在这里流传。唐宣宗大中元年（847）灵宝观的建筑已颇有规模，宋宣和三年（1121）定名为"灵宝道观"。石竹山中风光秀丽，有一天、二塔、三塔、四泉、五仙、六洞、七峰、十二石等胜景。唐时有许多高道曾隐于山中修炼，至宋代，又有学者名士往来游玩或讲学，至今山中还留存许多石刻、碑文、匾额、楹联。石竹山之名也多在名人游记中出现。据《福建通志》《石竹山志》等志书记载，宋以后来的知名者如宋理学家朱熹、明曾任内阁首辅叶向高、大旅行家徐霞客、爱国名将戚继光、清刑部尚书陈若霖等，历代官民对石竹山道场殿宇均做过维修。

　　"山不在高，有仙则名"。石竹山成为道教圣地是因为奉祀何氏九仙为道场主神，因此便以"九仙宫"命名。据《三教源流搜神大全》《列仙全传》《福建通志》记载，汉武帝时，江西临川县有一名姓何名侯，号任侠的人，因助淮南王刘安有功，而被荐任福州太守。何氏有九子随任赴闽，先在福州于山修道，继隐福清石竹山炼丹悟道，再入仙游九鲤湖驾龙证道而飞举。据称何氏九仙得道后，经常显化于石竹山中和九鲤湖畔，所以福建省境有"春祈石竹梦，冬求九鲤签"的民俗流传。

　　九仙信仰在菲律宾、马来西亚、新加坡和港台地区都有较大影响，海内外信徒都很关心石竹山道教圣地的恢复建设，所以党的十一届三中全会以后，在福清市委和市政府的关心下，1997年九仙宫庙观被开放为正式的宗教活动场所，成立了"石竹山九仙宫庙观管理委员会"。由于党的宗教政策的英明正确，在当地党和政府的支持下、在海内外道教信徒的热情资助下，庙观管委会经过努力，石竹山道场得到不断建设完善，使清末以后"几堵废墟，一片荒芜"的道场得以恢复。

筹集资金、修复建设、建立健全管理制度是庙观恢复并走上正常轨道最基本的三部曲。九仙宫道观管委会经过了一段艰难创业的过程。他们本着勤俭节约，尽量减少不必要开支的原则，将筹集到的资金全部投用于维修建设，不断改善庙观的面貌。近二十年来自筹资金一千余万元，建筑格局以九仙宫为中心选景布点向山地前后上下、四方辐射。整理、修缮、配套设施建设计35个项目。其中宫、殿、楼、坊、亭、阁等建筑面积3862平方米，道房、图书室、招待所等服务用房的建筑面积1774平方米，合计建筑面积为5635平方米。山门以内修筑了六条宽2米的登山道路，全长1627米，共有台阶2020级。1997年将落成的文昌阁，建筑面积2700平方米。

由于秀丽的景观和浓厚的宗教特色，石竹山于1987年即跻身于福建十大省级名胜风景区。石竹山庙观在福清市委、市政府统战部和市宗教局的帮助支持下，庙观管理委员会积极与市政府有关部门联系协调，圈定庙观地界，明确各自职守，并且开办了食堂、招待所等设施，为庙观增加了经济收入，服务了社会，实现了自养。

九仙宫庙观能有今天这样较好的发展，最主要的原因是有较完善的管理规章制度。在福清市政府宗教事务部门的直接领导下，管委会要求全体人员认真学习有关的法律、法规和政策，做一个爱国爱教、知法、守法的好信徒和好公民。管委会依据国务院有关宗教政策法规和中国道教协会有关《规定》《办法》的内容和要求，积极依法加强对庙观的管理，先后制定了《财务制度》《岗位责任制度》《宫观人员守则》《卫生制度》《作息制度》《服务态度制度》《客房住宿制度》《夜班值勤制度》

等十余个规章制度，计有百余则具体条目。每年底将根据实际情况修订变动相关的规章制度条目。

管委会主任谢荣增道长，1995 年曾参加中国道协在江西龙虎山举办的正一派道士授箓，成为正式的正一派道士，1997 年 1 月，被选为省道协副会长，在他的带领下，管委会一班人努力工作，几年中不仅克服困难，维修了庙宇，创办了服务社会、实现自养的事业，还成立了"福清市石竹山宗教文化研究会"，开展对石竹山宗教文化的研究。为了培养人才，提高自身的文化、宗教、政治素质，石竹山管委会还于每周二、三、四晚上组织住观道友和工作人员学习道教经典、宗教知识和法律政策知识。管委会投资十余万元购书数千册创办了"石竹山宗教图书馆"。石竹山的道友们在搞好自身建设的同时，也不忘记作为中华人民共和国公民的义务，积极支持我国的社会主义精神文明建设，主动地与社会主义社会相适应。几年来石竹山管委会在赈灾济贫、扶助社会慈善事业和支援希望工程等方面都做出了贡献，受到当地政府和友邻单位的好评，被评为"先进集体"。谢荣增道长也被评为"先进个人"。

在新的一年中，尤其是在省道协成立后，石竹山的道友们将会在自身建设，管好庙宇，培养人才等诸方面取得更大的成绩，为我国的社会主义两个文明建设和四个维护做出更多的贡献。

（载于《中国道教》1997 年第 1 期）

泰安市道教协会成立

在山东省泰安市党和政府有关部门的关心和支持下，经过道教界认真辛勤努力和积极筹备，1992年1月21日在泰安举行了泰安市道教界第一届代表大会，出席会议的乾、坤道士代表20人。经过认真讨论，一致同意成立泰安市道教协会。会议审议并通过了市道协筹备委员会主任张常明道长的《工作报告》；学习了《中国道协关于宫观管理办法》；讨论并通过了《泰安市道协章程》；选举产生了泰安市道教协会第一届理事会。代表们一致选举张常明道长为泰安市道教协会会长，霍怀舒、赵怀静为副会长，杨玉河为秘书长。新组成的市道协领导班子，对泰安市今后一段时间的道教教务工作，作了认真的研究和安排。

会议期间，省、市和兄弟地、市政府宗教部门的负责人，以及山东其他兄弟道协和道观代表应邀出席了会议。中国道协和北京市白云观的代表专程前往，对泰安市道协的成立表示热烈的祝贺！泰安市委曲进贤副书记、市人大周传奎副主任、市政府宋广吉副市长、市政协平继元副主席等领导同志，也到会祝贺！

宋广吉副市长代表市委和市政府做了重要讲话，高度评价了新中国成立后，尤其是党的十一届三中全会以来，道教界在党的正确路线指引下协助政府贯彻宗教信仰自由政策，办好教务，服务社会，开展国内外友好交往，管理和建设泰山风景名胜，保护古建文物，发展旅游，捐资助教，捐资助医，扶贫救灾，兴建水利，举办泰山国际登山活动等项公益事业方面，为社会主义建设做出了成绩和贡献。他希望：今后泰安市道教协会要教育和带领全市道教信徒，积极参加社会主义物质文明和精神文明建设；随着国内外来泰安旅游观光人员的增加，泰山寺庙，要进一步成为介绍泰安市改革开放和贯彻执行宗教信仰自由政策的窗口。道教人员要积极为参观访问的朋友们提供优质服务，积极宣传泰安市、山东省乃至全国的大好形势，宣传道教的优秀文化。宋广吉副市长在讲话中还热情洋溢地介绍了近年来海外侨胞、外籍华人等友好团体参访"泰山碧霞祠"的情况，以及"泰山王母池"在台湾同胞中的巨大影响。他代表市委、市政府宣布："为进一步落实宗教政策，为适应台湾同胞的宗教信仰需求，为有利于对台工作的开展，市委、市政府已决定，将王母池作为宗教活动场所对社会开放。"

泰安市道教协会的成立，体现了党的好领导、好政策和社会主义制度的优越性。我们相信，泰安市道协一定能够团结泰安地方的道教徒和信教群众，坚定地走社会主义道路，为社会的安定团结和道教事业的兴盛发展做出新的贡献。

（载于《中国道教》1992 年第 2 期）

赴山东潍坊沂山纪事

　　我 2008 年 5 月 20 日应王宜峨老师邀约，与原国家宗教局教育中心主任、现为中国传统文化促进会宗教文化委员会等方面的研究员赵匡为先生，一行五人赴山东临朐县考察沂山东镇庙、玉皇顶等处古迹。本来就很忙，因我年初在国宗局、北京市宗教局、中国道协协商安排下，兼任了北京东岳庙的住持，事情非常多。但王老师在 1982 年就曾为我师，不好拒绝，便约定在那里 21 日考察后待我发言完，即先行告辞返回北京。遂向北京市朝阳区民宗办请好假，没有想到上午十点多钟，刚出北京站不久就接到陈刚书记的秘书电话，说陈刚书记约我下午两点见面。没有补救的办法只好致歉一心去山东了！下午四点左右，沂山风景区王军副主任在潍坊站将我们一行五人接到。面包车颠簸两小时左右到沂山景区观云台宾馆，临朐县杨镇东副县长（分管旅游）、傅先荣副县长（分管建设、配合旅游）、沂山风景区傅来昌主任（副县级）和王军副主任均接待（具告县长肖明胜因事不能参加）。晚餐后自由活动些许时，即夜宿于沂山风景管理处观云台宾馆。21 日早餐后即开始了紧张的考察工作，从进山大道、水库、周边烽火台、天坛、远山近岭、东镇庙、玉皇顶，在观云台宾馆午餐后又去看了寺庙。

一　沂山自然资源

　　沂山，又称东泰山，山势蜿蜒，盘山公路直达峰巅天街；位于沂濛山区北部，总面积 65 平方公里，为汶、弥、沂、沭四水发源地。相关资料介绍：沂山因受海洋气候影响，为典型温带季风气候，四时潮湿多雨雪。年平均温度为摄氏 9.8 度，冬来积雪满山，一派银色世界；春季气寒时间长，夏秋气湿多云雾，盛夏山上无暑热；山上山下，气候差异随山势高度变化明显，该山最高峰玉皇顶海拔 1032 米，温度比山下低摄氏 10.8 度，年总降雨量 850 毫升。其次壮观者有狮子崮，海拔 950 米，处玉皇顶西北侧 1500 米，面积 4 平方公里，远望似雄狮长啸，近观四周悬崖峭壁，北坡尤绝壁深渊；崖有千年古松老桧，狂风不折，大旱不枯；山岩石缝枸杞、紫荆、野榆丛生。

自然景观主要有：歪头崮、狮子崮、扁崮、古松群、玉带溪、百丈瀑布、神龙大峡谷、仙人谷等。歪头崮与狮子崮并列，西南坐北合称双崮，海拔 971 米，其峰外探东斜故名，该项崮四面峭壁如削，三面前临深谷，向外自成山门有斗大字曰"人世蓬莱"，崮顶有王灵官庙、碧霞祠等神殿；自生森林茂盛：鹅耳枥，高 5 米，岁千年，倚壁族生；白蜡树，北宋初生，苍劲青翠，郁郁葱葱；花岗岩巨石层叠成峰，堆石各异，巨者擎天，石高 5 米如柱，顶形一天然如面盆状圆穴，称名"天池"，其中水清见底。登其上身如凌空，明雪蓑题颂于壁曰："俯首听天外，垂手悬云间"。扁崮，海拔 972 米，崮形扁长高峻，顶巨石嶙峋，峰形双势：如游龙，若卧虎，形势奇险。其他诸峰中还有花枝台、龙头崮、百丈崖、回头崮、掉花崖、笔架山、圌崖等均神态各异，气势不凡。

据说在 25 亿年以前，该山就与泰山一起伴随地壳运动和岩浆侵入活动拱起成山。临朐县沂山风景区提供的资料知道：山中植被丰茂，森林覆盖率达 98.6%；据专家考察鉴定：藻类、真菌、地衣、苔藓、蕨类及种子植物共计 1020 种；其中植物种类共 137 科，480 属，1000 余种；中药材 214 科，815 种。沂山不仅植被丰厚，而且古树繁多，现存有汉柏、唐槐、宋银杏，东镇庙近千年宋银杏，现在仍然枝繁叶茂，硕果累累。茂密的森林植被，以及森林植被的作用，形成沂山独特的小气候，起到了涵养水源、保持水土、调节气候、净化空气，为维护并改善生态环境发挥了积极作用。作为弥、汶、沂、沭河流的发源地，沂山气候湿润，雨量充沛，溪涧交织，泉水众多，为之提供了不尽的源泉。

二 沂山文化的沉淀

沂山人文历史深远，故而人文内涵丰厚，古文化遗迹很多，早在旧石器时代即为"沂源猿人"（1982 年发现、国家考古鉴定距今为 40 万～50 万年）的生息地；还于沂、沭河上游地区发现数十处"细石器文化"遗址（1982 年国家考古发现于沂山脚下，内蒙古、青海、沂沭为 3 处细石文化的发现，细石文化距今约 1 万年），其后据称神农尝百草辨甘苦来沂山，黄帝初登沂山，虞舜封禅山神，故有东镇山名存留；其后周穆公来山封禅有穆陵关留名、汉武帝登临封禅有玉带溪留存、隋文帝在山中诏立神祠、唐太宗封山神为东安公、后周之主郭威陈兵山中终成事业，直至宋太祖钦建东镇庙。多少帝王，多少故事，至今留有古齐长城绵延山巅，至最高峰玉皇顶。梳理其中人文景观有：东镇庙、玉皇阁、碧霞祠、法云寺等。

三 沂山未来的想法

在三点钟后开座谈会。因我四点返程所以第一位即由我发言，我的发言提纲是：

观察当代社会的客观现实，旅游经济方兴未艾，所以从推动旅游发展来认识空间很大；尤其是名山圣地有宫观寺庙这种人神共处的神圣地方，更有许多许愿还愿人、祈祷者、回头客，所以其中的专家学者、研究者、旅游专业人士，都善于发现其中的玄机和内涵，不仅善于挖掘潜力、提升、引导信众游客，还懂得养育这种神圣的魅力和吸引力。因此，对于沂山风景区走马观花之后，有如下几点不成熟的想法，抛砖引玉提出来供各位参考。

一、沂山东镇，是很重要的资源共享名牌，东安王的信仰在人们的心目中已根深蒂固，这是沂山最重要的文化底蕴；我认为要调动最大的力量予以维护、挖掘、弘扬其文化内涵；我们心目中要非常深刻地明确此意识。

二、要培养起对东镇神山的敬畏心理，要使人们对东镇神山爱与敬成为自觉（要善于引导人们这种心理成为理念；人定胜天是不可能的，有时自然力是不可抗拒的）。

三、在建筑上，要还东镇东安王以应有的地位：硬件恢复一定要考证东安王的前朝后寝的宫宇设置（河南济源有济渎庙、山东泰山有岱庙、北京有东岳庙，前朝后寝是一种规制，帝与王在规模上有限制，但形式上大体一致）。

四、神像塑造要规范化：王、侍者、文臣、武帅、常规性陪侍神祇和新理念陪侍神团；要研讨后商定再塑造。

五、东镇沂山风景区应力求统一、和谐、协调，不要局部突发奇想，在总体设计的前提下，量力分步实施。

发言完，又听王宜峨老师说些内容，时间将至下午四点，即与主人和其诸位告退返京。

回来后觉东镇沂山确有许多值得留恋，故即当时兴致联一些句子，以为日后回味。

一、刚离文登地，再赴沂山境；往返酬友情，亦为宏教宗；人生多少事，终日急匆匆；无法摆脱去，还是一凡人。

二、沂山乡道远，铁马起风尘；巅巅数十里，农家气象新；青青是麦田，无际山东葱；渐入岭上去，槐花接荏新。

三、鲁风重礼让，主雅宴宾朋；山珍备客享，茶酒劝多用；席间议宏图，朗朗划策声；都是性情人，愿创千秋功。

四、夜宿观云台，静静听风声；龙吟虎啸号，阵阵起松涛；山静清晰时，独有虫鸟鸣；醒梦冲温浴，神爽气清新。

五、临朐东镇王，虞舜肇始功；周穆禅礼时，留名穆陵关；汉武祭拜后，传承玉带溪；隋文立神祠，唐宗封东安。

六、神圣东镇庙，宋祖恭敕建；峰峦卫后照，九龙聚奉拱；敛波清溪水，群岭壮雄风；前列书案山，笔架自然成。

七、玉皇坐峰巅，四水绕绵延；一览众山峦，五镇我为先；神山生机盛，灵气溢四野；有缘赴仙境，旺运亦永年！

（2008 年 5 月 22 日）

广东潮汕道教现状调查

潮汕地区信仰道教群众较多，有不少庙观虽然未经政府批准作为道教活动场所，但中共十一届三中全会以来，这些场所一直向信徒开放。有的宫观有道士，有神像，有经典，宗教活动也基本正常，兴办许多社会福利事业，得到当地群众的支持和拥护，也受到当地政府有关部门的表扬。现将了解的几处比较完整的宫观介绍如下：

（一）揭阳市的道观

1. 观静居道观，地处揭阳市区东郊村附近，原为揭阳邑东一名胜古迹"观音古庙"。党的十一届三中全会后的 1979 年，揭阳的道教信徒捐资修缮扩建了这座占地面积为两百平米的道观楼宇。当地政府尚未批准该观作为道教活动场所，但是此观 1979 年以来已自行开放活动达 13 年之久，住观道士 15 人（其中坤道 5 人）。

观静居道观主要的财务收入，来源于"福田箱"（即功德箱）和诸天圣神节日佳期信徒的布施。每逢初一、十五沐浴吃斋，携香资前往朝拜敬神者，最多时可日达五千余人，香资收入丰巨。主要用途：为地方福利事业，赠助穷苦群众，帮助无力理丧的群众办丧事，收养弃婴等。财务监督：除按财务账目记载外，将善男信女捐赠者的姓名、款额上墙公布，接受社会监督，又用宗教信仰的方式，将收支情况列成表，呈于神前焚化禀奏。

该观常住道长黄诚全，现年 69 岁，是浙江苍南全真道士陈宗尧（1989 年北京白云观全真派传戒时为八大师之一）的徒弟。他至今独身，擅长书法绘画，颇有艺术功底，且常年持斋食素，为人谦和，修持有道。每日晨昏住观道徒都在他的带领下，诵经侍神，信仰非常虔诚。在潮汕一带，他遍受道教徒的尊敬，许多信道者都拜他为师。揭阳市内已知名的就有钟信一（男，59 岁）、李信德（男，60 岁）等 10 余位住观静居道观中，又有年老坤道 5 位，其中有 3 位是从小出家修持。在这些信徒中，钟信一较有威望；此人会讲普通话，有一定的文化水平，对党的宗教信仰自由政策也较为理解，且能主动与政府主管部门领导进行沟通。

观静居道观自行开放十余年来，有信士邢凤川兼职主管各项事务（邢另职为东郊村福利基金会委员，在基金会领工资）。为促进内部团结，财务管理和纯洁自身组织，并区别社会上神汉巫婆的行为，定有十四条暂行规定，其内容主要是：服从政府领导，加强内部团结，奉公守法，不出外募化，热心行善事业，忠心奉道之类。

2. 桂竹园绥福岩：在揭阳市区之南门渡口七公里，古称"仙湖古观"。此地茂林修竹，泉水潺潺，风景秀丽，尤以石为奇，更为突出者是一巨石岩洞，名"绥福岩"。此天然洞天，三面虚空。巨石覆盖面积达 175 平米，前有"曲水流觞"之石刻，后山之上有绿水湖泊。青山环抱，绿树掩映，可谓"神仙洞府"。静观居道观的道教徒经常活动于此，并出资修建起了一栋八开间房屋（其中有二间神殿）。现继续备料在修复"真武大殿"。

3. 揭阳惠来县华湖镇"华临古观"，俗称"水磨庵"。清乾隆元年（1736）由罗浮道人邓教煊创建，乾隆五十七年（1792）重修。殿分前后两重，前殿塑慈航真人，后奉三清尊神，建筑面积 1200 余平米。该观所处地理，山清水秀，风景别致，还曾是老革命根据地。1928 年彭湃曾以该观作农军指挥部，是为前湖苏区红色据点。东江特委也曾多次在该观召开重要会议。当时该观住持辜秀雄和道士詹迎朝都曾不分昼夜地积极为革命工作。1931 年正月十五，国民党反动派丁龙光部发觉此观为革命据点，因将其烧毁，1936 年道姑高宗成又募资重建。

在 1947 年至 1948 年的解放战争中，人民解放军某部指挥部设观中

（当时任该部连长的林培老同志，生前特出具过证明材料，要求保护开放）。1963 年该观被毁，三中全会后 1979～1987 年新加坡华侨苏静明、陈昊等人热心捐资，使该古观恢复原貌。观中现住有 15 名道士，其中乾道 3 位。住持房信瑞是坤道，现年 29 岁，1989 年皈依浙江苍南全真道士黄诚宝门下。该观道士满发大领，晨昏诵经，持斋修持，言表举止甚合道教全真派规范。

（二）汕尾市陆丰县三甲地方的道观

1. 乐善观：地处广东陆丰县甲西镇濠头大队，原址建于甲西镇。新中国成立初观改作学校，现于他处另建新校园后，地方党支部将原乐善观的房产退给道教徒。但集镇拥挤，在狭小的原址不便再恢复道观，于是在镇外选取一处景观秀丽之地，其地形为怪石于高处蜿蜒，四维自然环合，犹如古人系在腰间的玉带，在正中独高处有两块并生耸立的巨石，人称"石公""石娘"。所在濠头大队党支部对恢复乐善观极为支持和帮助，划拨给道观近三百亩的山地，现已建筑近二十间厢房。规划中轴线上已建殿堂"真武殿""三清殿"。乐善观有乾坤道士 10 余位，主持陈正福，现年 73 岁，因年事已高，双目视力减退，因聘其侄退休干部陈然（现 60 岁）在观中代为处理修建工程的具体事务。

2. 吉祥观，地址甲子镇北门寮。有主殿"玄武殿"供玄天上帝，另有"吕祖殿"供纯阳祖师准备再建"三清大殿"于其后。观之所处集镇范围，场地平坦宽阔，建筑所用土地均为当地老百姓自愿奉献的自留地。观中有道士 6 名，满发大领，举止合范。老道长侯诚清现年 82 岁，观务主要由青年坤道翁信珍主持，道观管理得很好。翁道长 31 岁，浙江平阳人，皈依浙江苍南黄诚宝。

3. 玉清宫，地处陆丰县甲子镇。宫前有自然巨石，上刻土地翁石像，甚古朴。玉清宫中路为神殿，两旁厢房居人或设神座。殿分两重，进大门第一重是"真武殿"，中设真武大帝，左右有周公、桃花女；两边墙绘王灵官、温元帅、火神祝融和赵公元帅。第二重殿"灵霄宝殿"，中设"玉皇大帝""瑶池金母"，后墙绘麻姑献寿、姜太公、托塔李天王和哪吒、左右童男女像，两旁墙绘"降龙""伏虎"图；殿堂立柱有楹联。该观住持陈信泰，现年49岁，38岁出家，皈依浙江苍南全真道士黄诚宝。

（三）汕头市潮阳县"海棠古观"，地处河溪镇桑田埠马鞍山南麓。始建于明末天启五年（1625），有桑田林朝辅倡建，清初毁。嘉庆十二年（1807）重建，道光七年（1927）道士江理云扩建称今名。1949年前后观又毁，1984年林诚慧道长重建。观占地面积1300平米，建筑面积700平米。该观四周碧溪青山，苍松翠竹，绿叶成荫，道观隐于林丛之间。人至观前，尚不知道观何处，拨开枝叶，立见这景观美妙的世外桃源。主持林诚慧，现年44岁，其徒有蔡信志（曾住北京白云观）等3名乾道，另有坤道3名，收养弃婴3名。主要殿堂："老君殿"，供太上老君。"三清殿"为二层楼建筑，底层祀"元始、灵宝、道德"神像，奉八仙像于两旁；楼上供祀"瑶池金母"。其后正在建"大罗宝殿，亦为二层楼建筑（尚未完工）"，其间将供祀"鸿钧老祖"。这里环境优雅，是旅游观光的好地方。

（四）潮汕地方，信仰神道的风习是较为普遍的，揭阳市区就有许多的庵、堂小庙，散布于大街小巷之中，其中供设"土地""财神"，农历三月二十九是当地祭祀此类神的日子，人们均携斋食往祭，汕尾市陆丰县碣石镇尤甚，该地有海南名胜"玄武山"是祀道教尊神"真武大帝"的地方，因此该地民风信神更虔。饭店、商店就连运行的客运车辆驾驶座旁也燃香供神。而由汕头市文化部门修复一新的"妈祖庙""关帝庙"，虽明文规定：禁止于其间化纸、烧香、拜神，但瞻仰者照样我行我素。

粤东惠来龙藏洞

　　广东揭阳市惠来县惠城镇西北八公里处，是绵延起伏的山峰，其名称有虎头山、双乳峰、望天峰、莲峰山、葵峰等谓，此处自然风光秀丽，古称"惠来都十八景"之地。更为玄妙者，那高高山峰之处竟有泉水潺潺、成溪流淌。沿曲径而上，通往一处清幽雅静、花木郁郁的水潭之处，即世所称之"龙藏洞"也。据说：古有精通堪舆风水地理的高人，追龙赶凤、辩穴验脉，认定此地乃昆仑山之来势落脉，属"藏龙栖凤"、可遇而不可求之"风水宝地"！

　　斗转星移，日月如梭，时光如流水而去！据称，时代至清朝乾隆年间，潮汕之地又有一位名叫宋超月，道号称乙镜先生的真人炼士，与道友畅游天下名胜之余，也来"惠来十八景地"踏勘，称此地为"玉盒献宝"之势，遂驻鹤卜居，并对门人弟子曰："藏世仙地，吾后传人（当）为师，在此创观建宫，存吾真容于龙藏洞"。

　　乙镜先生宋超月为何方神圣？据考有关资料载称：宋超月法号乙镜，因修道有成，世称：乙镜先生、乙镜真人。明隆庆二年（1568）四月初七诞生于广东惠来县靖海所。真人幼即天资聪慧、禀性慈仁、乐善好施，邻里称赞，因素有道缘，信奉铁拐先生李凝阳，修持三十余载后，据称先感有金华黄大仙初平真人点化，遂谐道友门人遍游天下名胜。沿途扶难帮困，普济众生，晚年与门人驻修潮汕惠来。其门人弟子称颂：乙镜祖师，学通儒释道三家，宗系道教全真龙门派；他理究阴阳五行，学贯医卜星相，道法神通达至未卜先知之境界。

宋超月祖师因炼养有成，于康熙四十年（1701）闭关，日饮清水，不餐烟火达七年之久，是年十一月二十九日出尘飞举，驻世136岁；其后门人弟子将其肉身髹成金相，供养真身，香火遍及潮汕。据称善男信女，进香许愿，灵应非常，遂使威灵延至我国香港九龙、马来西亚、宾城、安南、美国、澳大利亚，信者众多，系支分林遍布外洋各地。

党的十一届三中全会之后，宗教信仰自由政策不断贯彻落实，至1994年11月当地信奉宋超月祖师的道教徒和信教群众，自筹资金300余万元人民币，首先修复古庙"龙藏洞赤松观黄大仙庙"，并经揭阳市政府宗教局核准：于1996年10月5日（旧历八月二十八日），举行盛况空前的"黄大仙诞辰暨龙藏洞管理委员会成立挂牌揭幕剪彩双庆"活动。先后接待海内外来宾3万余人，连续举行数场规模较大的道场法会，使正规的道教科仪得到了弘扬。

藏龙洞道观在修复建设的同时，还积极为当地社会公益福利事业做贡献，自筹资金100余万元，为山区修建了一条宽8米、长达7公里的盘山公路，同时架设电话和供电线路，改善了山区的交通和通信，便利了当地人民群众的生产和生活，受到了当地政府和群众的赞扬。

现在山中藏龙洞道观尚在逐步修复完善阶段、第二期工程的计划是：兴建"乙镜真人宫"。按"天、地、人"三才的构想，分三层设计为三层叠宫，八柱六门玄洞，九十九洞孔，七十二角椽，三十六飞檐，二十中屋顶。底层为富丽堂皇地宫，届时供奉"乙镜真人"宋超月祖师神像；中层为城郭形八卦迷宫；上层呈天坛形宫殿形状。龙藏洞道观今后还将修建"慈航真人宫"，以满足善男信女信奉的要求；修建"社会功德堂"，以适应新形势、新风尚的要求，符合我们中国人的风俗和遵从孝道准则的传统文明；还计划在山顶最高峰部位，建筑一座供奉三清至尊和八仙神团的宫殿。不久的将来，龙藏洞道观一定会香烟鼎盛，以更加崭新的面貌，迎接四面八方接踵而来的信众和游人。

（载于《上海道教》1998年第1期）

赣粤南行记忆

引　言

我们在 2006 年 12 月 19 日晚上，住进鹰潭市龙虎山中道源山庄，此行是因道教正一派择于此后的 22 日（冬至），在江西龙虎山天师府开坛举办（升）授箓的活动。经核实相应资格有近 40 位 1995 年接受（初）授箓的正一道士，在这一天获准参加（升）授箓的程序，这是道教中一次高规格纯宗教信仰性质的教务活动。中国道教协会任法融会长也亲临龙虎山中，21 日由他为全体临坛接受（升）授箓的道士讲经说法、剖除困惑、解析疑难。中国道教界举办的正一派（升）授箓活动，在 22 日下午按仪程圆满完成规定程序。九省（市）的 35 位正一派道士，有缘获得升授登箓。关于正一派（升）授箓活动，中国道教协会和天师府都将有专文记载并予报道。因赴龙虎山组织此次活动，是产生以下文字之渊薮，故为全文引言于前。

一　龙虎山泸溪河即景

已是 2006 年 11 月，以为南行赣东是温暖气候，当地的天气实际却分外寒冷。晨风中散发着南国的阴冷和湿气，连口鼻中呼出气体也凝聚成浓浓白色的雾，枯黄的野草上覆盖着白茫茫的霜，早已不见了满山的杜鹃，山野里放眼望去只有苍松翠柏和那些不知名的灌木，还挺拔地坚守那生命绿葱葱的象征。20 日上午按程序是参加（升）授箓全体人员报到，早餐后任老会长和我们几位没有什么要做的事，天师府就请龙虎山景区一位部门负责人，陪同并安排去乘船游泸溪河。

龙虎山古来就有"道都""仙源"之称，山环水抱景色优美，据说有 99 峰、24 岩、108 处自然和人文景观。仙水岩景区是景点最为集中的区域，这其中凭兴致可乘船乘筏悠游于泸溪河上。可以看到仙水岩自然天成、鬼斧神工的僧尼峰、莲花石、丹勺洞、仙姑石、玉梳石、石鼓峰、道堂岩、仙桃石、云锦峰、仙女岩十大奇景，听那巧嘴导游用夸张的语词，形容描述那景物奇异、山形神妙、碧水蓝天、自然成趣的山水文化。在泸溪河上，我们和其他游客掺杂乘坐一条船，随着导游指点渲染的语调，不断引诱起周围同船看客欷歔惊奇的声音。我们毕竟不是一般的游客，这丹山碧水的奇妙，牵动的是对往昔历史的更多回顾，引发的是对人为历史存在的更多疑问、遐想和神思。

记得去年（2005）天师府举办建府 900 周年庆典活动，鹰潭市政府亦趁机举办旅游文化节，我和任老还有中国道教协会其他负责人应邀参加。隆重的开幕式上，首先是鹰潭市以及被请来的十余位各级各方面领导的发言，亦在其列的任老发言也许更为特殊和富有文化内涵。任老的讲话要旨是：道教与文化、道教与地域、道教信仰与山水地理环境、阐述对古人选址龙虎相依的自然风貌建筑正一观的认识和品点，以及道教处在当代社会的适应，旅游经济开发过程中希望对道教资源必须得珍视、保护和谨慎地利用。其后是一场古老地域神秘玄妙、气势宏大、文化含义深奥的隆重开幕演出，开幕式后我们被安排乘竹筏游泸溪河。

为再现越地古老文化内涵和特点，泸溪两岸和河面都有多种风情表演的内容：织女浣洗、田野牧歌、隐女琴音、高崖对剑、水上道场、鸬鹚捕鱼、山村婚俗等等，尤其是原始土著部落围猎和安置悬棺的情景再现，更是引人入胜。任老会长是一位善于思辨的高道，在竹排途经春秋战国岩墓群景点时，观看悬棺的表演后，他对悬棺安葬情景再现的方式提出了质疑。今天重游泸溪河改乘了木舟，在登船前任老即兴致很高地要求，游览山水之余大家要有情有景地做诗一首。因为临时有了这项内容的安排，我当时在泸溪河的船上，心绪也就没有一点儿闲着了，借着碧水蓝天的陶冶和净化，心旷神怡、胸怀变得更为宽阔了！在这样幽雅的环境中，我确实想了很多很多。

上岸后他老人家首先就兴致勃勃地咏了这样四句："自然水性东南流，泸溪偏移西北走；悬棺一窍有妙道，不知妄测绳索吊！"由此可以想见老人家发现问题和捕捉自然特点的敏感，他仍然没有忘记"悬棺表演"那档子事。当任老咏出这种问题思辨的诗句，我在舟中苦思出的句子因并不合其辙，就真是难以应对了……

这江西龙虎山老祖天师即早于山中炼"九天神丹"，第四代张盛天师在山中设符箓宗坛世袭传授，宋代以下正一宗系渐成道派，南宋敕三十五代张大可天师"提举三山（龙虎、茅山、阁皂）符箓兼御前诸宫观教门事"，元代第三十八代张与材天师获朝廷特授"金紫光禄大夫"，封"留国公"，赐金印，视正一品。于是龙虎山称"南国无双地"，天师府称"西江第一家"，山中还有大上清宫和正一观同样著名。

自古以来龙虎山天师符法影响很大，就连元末明初出现的《水浒传》，第一回竟是："张天师祈禳瘟疫，洪太尉误走妖魔"，描述的就是三十代虚靖真人的故事，作者笔下一百零八将真正的原籍出处，竟是龙虎山上清宫的那座殿宇中深穴古井。他们是老祖天师镇锁井中的"三十六员天罡星，七十二座地煞星"。

老祖天师选中的龙虎胜境，确是十分的神圣和奇妙，所以称之为"祖庭""道都""仙灵都会"，真正是名副其实。去参观山中众多的景物吧，到处都自然地显现出造化之神奇！山水刚柔之相依，龙虎阴阳之妙化，牝牡自然之玄理。有"仙女岩"，即有"金枪峰"；有山有水、龙虎相守、山环水抱、真显暗喻，均展现着阴阳玄牝之道理。

虽然当时不能应对任老的诗句，但现在还是将当时连出的《龙虎山水设问》三段词句附于其后。

其一：道都蕴玄妙，古今不记年；龙虎何所喻？峰峦何从起？泸水何处流？源自何水系？古代如此否？悬棺费猜疑。

其二：山中多神奇，阴阳有玄义；古人多灵慧，莫效东颦痴；宇宙容万物，存在合真意；牝牡天地设，山水自然理。

其三：河水清见底，两岸列美景；青崖悦心志，流泉陶灵性；泸溪荡木舟，碧空悟宁静；放下凡俗事，且随神仙行。

二 庐山仙人洞品茗怀古

鹰潭市相关领导和天师府 22 日设晚宴，招待参加（升）授箓活动的全体人员。我们因随之安排赴广东参加活动，尚有两天空闲时间。征得任老意见，庐山仙人洞住持叶至明道长，当晚即将我们接到了九江，庐山在我来讲已不是第一次登临了。最早是陪同内子登山参访；其后在这山上，曾参加并参与组织大型宗教活动两次；参加仙人洞发起的道教学术研讨会一次；2005 年农历正月中携内子，为上清派魏华存祖师作田野调查赴福安返程中，在庐山冰天雪地的正月十七，我们品茗于仙人洞中，事后内子曾感作《冰雪庐山行》散文一篇；此次我是随同任老赴山，算来登庐山我前后不少于六次，但每次仙人洞主人叶至明道长都是那样的好客！

说起来道教与庐山结缘很早，这其中可资回顾有丰富内容。相传在战国周威烈王时，有匡俗兄弟七人，就隐居山中，结庐养生修神仙，终成仙道；秦始皇希冀长生永年，于公元前 210 年登山祭祀，勒石存念；汉武帝亦登山祭拜，并于匡俗得道之所立祠，下诏赐封匡俗为"大明公"；三国时道士董奉隐居庐山，以医药济世，据说他为人治病从不收取医药费用，唯要求被他治愈者于居所周边种杏四株，故而有"杏林春暖"之佳话传下；东晋时道教理论家、炼丹家葛洪，在庐山中东古山观山岩炼丹；南北朝时南朝宋高道陆修静，大明五年（461）开始在金鸡峰下筑太虚观修道，其后山中又有简寂观等一批道观兴起；李唐王朝视道教为正统，庐山中自然有许多的道士活动，玄宗开元十九年（731）诏于庐山建"九天使者庙"，主殿撰额"九天使者之殿"，贞元年间（785～806）官宦之女蔡寻真、李腾空出家入庐山修道，朝廷为褒奖恩宠，将两人修持居所分别赐名寻真观、昭德观，其后山中广福观、栖真观、白鹤观因之而起，当年刘混成、叶法善、侯高、茅安道等名道都曾在这些宫观中居修。唐代的大诗人李白，也是已经皈依了道教上清宗的道士，天宝四年（745）他将妻子也带到了庐山，要她和自己一起在山中修仙学道。唐代还有一位经常在庐山宫观出没的著名诗人叫白居易，他还专门撰写了《祭庐山诸神文》，以表达他对庐山神明的尊敬；白居易观赏道士作法事穿着飞云履踏罡步斗，所以也自制飞云履学习道士的方式，他在美妙的《步虚》仙乐伴奏声中，享受着祥云天外超越飞仙的境界，体验踏罡步斗的神仙感觉。

两宋时庐山道教更为兴盛，相关资料记载：陈抟、陈景元、白玉蟾、刘虚谷等高道都曾在庐山中活动。据说陈抟曾在庐山的道观中传授《易经心法》；白玉蟾爱山中胜景，写下大量的诗章，大有"遥礼青山恨不归"的感叹；陈景元著述校读道经，孜孜不倦于山中；刘虚谷于山中参悟经籍，研修丹道，撰著了《内丹篇》这部著作。两宋是庐山道教的鼎盛之期，这首先表现在这一时期的庐山道教界，普遍重视对教义思想的思考和研究，不仅是高道注重研修、参悟、撰述，而且各宫观中广泛传习《道德经》《阴符经》《黄庭经》等道经要籍，道教徒以"证妙三元、正达无为"为修持之追求。此时庐山中原有的道观如白鹤观、简寂观、太平宫等不仅保存完整，而且新建起清虚观等道教场所，所谓"琳宫华丽、道观景佳"！而在这其中白鹤观则被称为"庐山宫观第一"。山中居住的道士此时期亦为最多，据相关资料介绍太平宫一度居住道教徒多达3000余人。两宋之交庐山道教曾受金人袭扰，元明清三个朝代庐山道教也并无多少得意之事。元末朱元璋与陈友谅在鄱阳湖大战，明末也是战火频繁，清末太平天国革命爆发，这其中战争给庐山道教带来许多的灾难。庐山佛教，据说在明万历年间由神宗和太后的扶持，也才有所起色，但清代禅宗在庐山保持着独领风骚的地位；而此时庐山道教虽有道士石和明，于木瓜洞潜心研修道学，他置田百亩、种梅百树，注释了《黄庭经》《阴符经》等道书经典，但此时道教总的情景很为不佳，遂使清代戏剧家李渔先生，在简寂观写了这样一副表示不平的楹联："天下名山僧占多，也该留一二奇峰栖吾道友；世间好语佛说尽，谁识得三千妙谛出我仙师！"这些话无非是说庐山与道教的关系。

我们在第二天（23 日），驾铁骑登上庐山，放下行李后，即去仙人洞参访。任老见仙人洞道观虽小，但管理得井井有条，显然心里很高兴，所以情绪很好。在主人的引领下，参观了洞内"一滴泉"等景观古迹后，他兴致很高地提出在洞外周边走走。任老会长精熟《周易》的经义内容，不仅是教内研修《道德经》《阴符经》《南华经》的大家，而且对儒家"四书""五经"也都有深入的了解，在道学哲理方面他已有专著作精深的阐发。正所谓"世事洞晓真学问，人情练达即文章"；亦如任老所自娱的话："还都是人嘛！"于是出家修道与入世做人，这做好一个人却是学道、修道的入门和基石了。与常人同样，任老高兴时会妙语连珠、滔滔不绝地讲许多你难以听到的道理。真是"智者乐水、仁者乐山"，他是那么细致地观察仙人洞近旁的树木和岩石，看着左右峰岭的伸展和远景的山脉，他指点着、品说着仙人洞周边的环境，以及远山近岭阴阳君臣的道理。听他娓娓道来，原来这自然环境、人为建筑其中选择置景，竟有那么深奥玄妙的学问和道理。我们在"观妙亭"坐了下来，向着那碧葱葱的山谷，云雾在脚下的树梢上翻卷变幻。听他讲那些道门逸事，实际上他讲的这些内容，归纳起来就是做人做事、济世利人的道理。说到底，他关注的还是道教的神圣与世俗社会的关系问题，他希望道教界处世要适应，在俗应不迷。

接下来我们一起在仙人洞的小楼雅座品茗。这小楼依山借势而建，房间的分布也真是独具匠心：楼上楼下不足一百平米，仅楼上的安排，三个住人房间外，另安排有书房、茶座和写字间，真是借来几多妙手墨香，挥去那些世态烦恼；主人没有忘记在走道旁、门楣上、墙壁间点缀些名人字画，将小小阁楼安排得井井有条，顿使人想起"室雅何须大，花香不在多"那句话。闻茶泼墨之余，大家步出仙人洞来。天色尚早，遂踱入花径，漫步于如琴湖畔，再驱车于伟人故居和含鄱口景点，一路上我们将许多问题去请教任老会长，他也诲人不倦地回答提出的问题。最后老人家也毫不客气地给大家布置作业说："以所见所闻、有情有景地，作一份诗篇，明天早晨交来阅读。"

各人不敢迫慢，23日晨按时交卷。我一份联句内容是《庐山三章》。

其一：铁骑起驾升庐岭，神仙相伴讲真经；天造地设自然事，万物大化有玄牝；如琴湖畔可听水，观妙亭前阅闲云；山中少谈俗家事，辜负清风百鸟鸣。

其二：洞主正襟煮山泉，尊者抚髯说老君；室雅无须居华堂，读经真能宽胸襟；品茗易于养情性，相聚难得获洗心；敬重揎袖泼墨处，笔走龙凤是豪情！

其三：李白曾诵香炉泉，杜甫寻词踱花径；御碑亭里有故事，何人看松咏乱云？走出南朝陆修静，来过盛唐吕洞宾；陶令不知何处去？且效古哲踏山行。

三　短暂的粤地漫行

南昌至广州的空中飞行也就不足一小时，25日上午12点之前我们就降落在广州白云机场，中国道教协会副会长、广东省道教协会赖保荣会长和广东省道教协会副会长方冲天道长，他们已在出口处等候多时了，我们被安排在广东迎宾馆（省委招待所）下榻。稍稍休息后，纯阳观即来邀请前往参观，于是赖会长和省民宗局邹志红处长陪同乘车直奔纯阳观而去。

纯阳观正在进行全面的整修，道观外部市政整修工程项目的动作也很大。特别是快到纯阳观的那段路，靠近一个批发市场，那三轮车、摩托车、运货车，尤其是来来往往的人流，这虽然表现着广州市场经济的活力，但小车在熙熙攘攘的道路中更是特别难走。纯阳观的住持是广州市道协常务副会长潘志贤道长，在纯阳观阅览室，应主人的要求任老有求必应留下了多幅墨迹。现在纯阳观的道众很注重读书学习，阅览室沿墙一长排红木书橱整齐地排列着，《中华道藏》《道藏精华》及各类道书经籍，并商务印书馆出版的《二十五史》精装本和当代各家出版社发往的各类书籍，整齐地摆放在这书橱中。

纯阳观的道众也都很有境界，9位道士中有一位中医学本科毕业生，其他8位也都是中国道教学院的毕业生。2005年以来，广州市道教协会在纯阳观中，办起了旨在弘扬道教文化的《恒道》杂志，在教内外影响很好。过去曾有传言：经济发达的东部沿海，渐成文化沙漠，实为谬矣！且看今日东部沿海的广州纯阳观，可知文化的春风正在东部荡漾！

在主人的引导下我们参观纯阳观，可以说全国大陆内地我观光过的道观场所很多，广州市内这座海内外知名的纯阳观，却是第一次有缘被邀参观。纯阳观地理环境极佳！建筑在一个自然的山坡上，当年为这座道观选址的前辈，可见是真有眼力！任老可能也是第一次进这座道观，所以对建在最高处，道观中古老庄严的纯阳祖师殿、新建起宏伟壮观的慈航殿，往复左右他考察得很认真很仔细。终于，他对建筑的构思和殿宇的方向位置，均表达了认同的意见。任老还就纯阳观未来整体的发展，尤其就主殿左右发展方向，提出了建议和见解。

26日上午佛山陶师祖庙派车来将我们接到了佛山市。因为香港道教联合会汤伟奇主席，亲自出面邀请我会任会长等三位，所以出席佛山石湾陶师祖庙竣工暨神像开光庆典，才是我们粤地佛山之行的主要教务工作。据称这陶师祖庙是佛山石湾四大古迹之一，初于1273年前后建在石湾水巷，明嘉靖九年（1529）迁址石湾莲子岗东麓重建扩充。清嘉庆年间（1796～1820）、同治年间（1862～1874）、光绪年间（1875～1908）及民国17年（1928）庙宇经多次重修扩大，规模恢弘、气势峻伟、巍然已成当时岭南道教胜景圣地。日本军国主义侵华期间，陶师祖庙毁于战火。当代经多次研讨并听取各界意见，在党和政府的关心支持下，陶师祖庙在数经世纪变迁后的今天，得以维修重建竣工并神像重光。该庙所供奉最高神，为"三官大帝"之一的"地官"虞舜帝；其次则有关帝、文昌、吕祖、华光、斗姥、慈航、财神、龙母、六十甲子、王灵官，又有陶朱公、宁封子和黄大仙。在此就陶朱公之信仰多说一句话：因石湾陶师祖庙又为陶文化的最高象征，这制陶业的祖师陶朱公自然应有神位供奉了。陶朱公就是吴越春秋时代，功成身退的英雄范蠡，他泛舟太湖，云游南国，制陶经商，富裕甲天下，可谓古代较早教人商品经济的典范。

我们 28 日到罗浮山中参访活动。罗浮山在道教中地位很高影响很大，而在罗浮山中修道的葛洪，不仅在罗浮山的影响，且对道教整体的传播均有莫大的功绩和影响！他是道教理论建树举足轻重的人物。罗浮山这座道教名山，其中瀑布名泉多处，有通天、罗汉、滴水等石室 72 个，还有朱明、蓬莱、桃源、蝴蝶、夜乐等洞穴 18 个，真是峰峦峻峭，景色秀丽！其在道教名山中列位第七洞天，第三十四福地，山中原有道教九宫二十二庵，现存五观。此山绵亘 250 多公里，位于广东省博罗县西北、东江的北岸，又名东樵山。其间大小山峰 432 个，主峰飞云顶海拔 1282 米，与南海西樵山共享"南粤名山数二樵"的称号。道教开发罗浮山的年代，最起码应从葛洪咸和年间（326～334）携子侄在山中的活动。葛洪，教内又称"小仙翁"，可是了不起的人物！他的著作《抱朴子》不仅是道教的经典，也是科学技术研究的宝贵遗产。葛洪在山中采药炼丹、修道养生、精研医学、著书立说、济世利人，留有许多圣迹。

罗浮山中最著名的道观，是建于山之南麓的冲虚古观。该观历史悠久，初为葛仙翁来山结庐炼丹之所，称名都虚观；葛洪仙逝后，于晋安帝义熙初年（405）改为葛洪祠；唐玄宗天宝年间（742～756）扩建，称名葛仙祠；宋哲宗元祐二年（1087）御赐称名冲虚观。该观经清代整修，雕梁画栋，金碧辉煌，殿宇保持完整，外有崇山峻岭拱卫，内有苍松古柏掩映；观内主殿左有古老的长生井，观外后有稚川丹灶，灶旁又有古时八角形洗药池。葛洪的夫人，为南海太守鲍靓之女。鲍靓亦为著名的道教人物，其女鲍姑对针灸学深有研究，用艾叶熏炙的艾灸方式就发明于她。鲍姑在广州的影响很大，现在广州市内的三元宫，是为她的道场。

我们在广东三天的活动，25日主要是纯阳观的活动。26日中午赶到佛山陶师祖庙，汤伟奇主席知道我们到佛山的信息，当天中午即从香港赶了过来。佛山是很了不起的地方，不仅是汤伟奇主席的原籍故乡，据说这里出了许多人才，当今港台商界和文化界都有人物。27日上午是陶师祖庙的庆典活动，非常隆重，当地信教群众大清早就赶到庙里焚香敬神了，上午九时左右人流如潮难于移步，佛山社会信仰宗教的群众基础真是深厚。庆典活动中任老受邀讲话并参加剪彩。中午佛山市政府冼瑞伦副市长出面接待，我们和香港汤伟奇夫妇以及省民宗委罗木生巡视员、邹志红处长均应邀参加。午餐后省道教协会派车来接，赖保荣会长在西樵山云泉仙馆等我们前往参观，事毕仍回广东迎宾馆（省委招待所）略作休息，当晚广州市宗教局林建新副局长和钟向阳处长并纯阳观一并交流接待。28日上午赖会长和省民宗委罗巡视员、邹处长陪同我们前往罗浮山参访。博罗县徐云枢常务副县长、罗仕良副县长、惠州市民宗局朱瑞华局长、博罗县统战部廖建华部长早在山中等候。

在冲虚古观中，赖保荣会长引领大家参观景点，并详细介绍冲虚观1985年开放以来创业的艰难情况及道观各殿奉神和历史渊源。该道观曾受到原中共中央总书记、国家主席江泽民先生亲临视察的殊荣，听赖会长认真的讲解，娓娓道来当时的情景，真使人如临其境。就冲虚观并罗浮山的未来以及道观的格局，今后是否增建钟鼓楼等问题，在会客室大家与任老进行了广泛的交流。在座领导都知道任老善书法，于是均请其为之泼墨题词存念，老人家也乐而遵从意愿。午餐后稍事休息，省局邹处长陪同我们，赶往白云机场返京。

（原名《南行纪事》，2006年12月31日）

湘潭散居正一派道士情况调查

湘潭市位于湖南省中部，所辖湘乡、韶山二市和一县五区，总人口二百七十余万。

一　湘潭正一道流传的历史

据湘潭市志资料和道教界人士介绍：湘潭道教始自晋代。时潭州刺史陶侃崇道，陶殁后，信奉道教的民众为筑"衣冠墓"，并建"陶公祠"以祀之。在其时建筑起来的道观还有"楚山观"，湘潭道教从此得以传布和发展。唐代崇道，尤其是唐玄宗年代，湘潭道教兴盛。湘潭市内和城郊新中国成立前原有道观四十五处之多，其半数以上为唐玄宗时所建。明代，青州道士李常庚字皓白，受敕封为"常庚真人"，曾南下衡山，后在湘潭创建"雷坛观"。他返回衡山时，令弟子马眉善主持观务，其后雷坛观即是湘潭正一派活动的中心道观。据清末民初统计，当时加入"道教会"组织的湘潭正一道士有300余名。

抗战爆发之前，湘潭道士能"得度受箓"和"传坛奏职"的机会很多。据说当时许多道士都受过"三五都功箓"和"正一盟威箓"。拜受"经箓"的条件主要是：1. 从道较久，精通道教的朝仪科范；2. 举止端庄，有文雅的仪容风貌；3. 结交广泛，能筹措必须开支的经费。受箓主要的途径：1. 买"箓"，当地有资格的道士，从江西龙虎山天师府请购"箓"回湘潭，代祖庭授给道士，这些请购箓转授的道士，因经济富裕，生活奢华，社会性活动讲排场，湘潭人称其为"箓公子"；2. 由当地知名度较高的道士推举选定传度师、保举师、监度师、引导师、金桥师等（主要是传度、保举、监度三法师）在道观中举行斋醮法会，引渡"箓生"拜辞祖先、父母、六亲眷属，其时"箓生"脚穿草鞋，头戴笠帽，身披蓑衣，经过道场法会中预设的多种关津渡卡，来到大殿（道场法会称为茅山祖师殿）学法，种种过程之后，"箓生"还必须盟誓设愿，然后有传度师给"箓生"传授清规戒律诸内容，然后授予法箓。事后"箓生"须设宴谢师，称谓"升职酒"。

"传坛奏职"也是道士的一种"升职"仪式，须举办与"授箓"同样的法会，搭台"传度"，但不给具体的"箓"，只是按《天坛玉格》查对"坛靖治气"，取职名，上奏章，书写"阴阳凭证"，吞服"香水牒文"。受箓和奏职后的道士，称"加持道士"。"加持道士"就具有了向神天，申奏情状章词、祈禳呈表的职权，有了主持大小阴阳醮事的领教权利。新中国成立之前，湘潭地方就有三种正一道士在社会中活动：1. 聚亲不娶妻的观主道士；这种道士生活上吃素斋戒，收抚徒弟，传教布道，有徒弟奉养晚年。2. 聚亲接嗣的坛主道士，他们生活随俗；这类道士不住宫观，在家中设立坛场，授徒传道。3. 没有宫观坛场，教业不精，被称为伙居道士；并且他们未经"传坛授箓"，所以不能主持大小阴阳斋醮活动，只能在斋醮活动中做帮助教事的工作。

湘潭正一道过去举办的宗教活动形式很多，有春季的奠土安龙，上元节老君圣诞，天师圣诞，二月十九的慈航会、土地会、赏财神、祭钟馗、祭龙舟、祭雨坛、祭雷祖；中元祀祖等。还有为虫伤水厄、祈晴祷雨、驱送瘟神、战乱求宁的阴阳斋醮，祈禳奏解；拔度亡灵之诵经拜忏，济孤赈幽，开咽通路，追超道场，安神伏土，冥寿追超诸多阴阳斋醮法事等等。

二 道观与现存正一道士法裔流传的关系

湘潭正一道法裔的流传，与道观坛场之间有着不可分割的关系。现简介几座主要道观的情况：

楚山观：位于湘潭市区、始建于魏晋年代。在市区原有 50 余名正一道士在此从事宗教活动，1949 年以来逐渐减少，现尚有几名正一道士属该观法脉，其中有代表性的是吕贵初道长。

留仙观：位于市郊杨家湾，道观已淹失。原来该观隶属有"上德""忠信"二堂，有散居湘潭城乡百里范围内的正一道士 300 余名，以此观为中心开展阴阳醮事。1949 年前后人数逐渐减少，至今尚有 50 余名正一道士，并在各地从事醮事活动。现有代表性的人物是向理安、冯金吾、刘华庆等几位。

白泉清阳观：始建于明永乐年间，市志记载：明成祖年间，有清阳启教祖师尹道人（曾于龙虎山接龙观受敕封为"伏魔右相体道尹真君"）来湘传道创观，而使其成为湘潭最旺盛的道观。该观下属：成祖、望仙、清霞、回龙、沙仙的观，以及集真、修真、灵应、定性、涌泉、清泉、流源等数十个坛场，散布于湘潭全是大半乡村。据民国时该观统计，有 500 余名正一道士，现在 60 余位散居正一道士是该观的道统源流。

花石雷峰观：始建于明洪武年间，下属 7 个道观、20 余处道坛，方圆数十里地方有该观 200 余名正一道士从事宗教活动，现在尚有从事活动的道士 50 余名，属该观法裔。

中元观：始建于明代，有道观坛场二十余处，正一道士 200 余人，现尚有 30 余名散居正一道士，属该观源流。

湘潭以南，还有长源、青溪、上宝山等几处道场，数百名道士活动于衡山脚下。据现在摸底调查，湘潭柱塘周围的乡村，也有 50 余名道士从事斋醮法事活动。

三　正一道法裔流传与湘潭地方 "道士王" 的关系

湘潭地方正一道的法裔流传除了与道观有着精密的关系之外，同时与当地一些著名道士的传教布道活动，也有着千丝万缕的联系。这里简要介绍几位在当地声望较高的道士。

向德元（1860～1937）自幼学道，精通道教义理，文化层次较高，书法墨宝远近闻名，道风名标梓里，其手抄道经有百余册，多为正一派经忏科仪典籍，幸得后人保存而留传至今，其后辈子孙仍是当地有名望的道士。

何国钦，刻苦修身，诚心可鞠，道学精深。在当地道教同仁中有较高的声望，已逝。其子孙虽不从道业，但其徒子徒孙仍然在社会中作斋醮道场。

马名臣，原白泉望仙观住持，自幼学道，练就文武全才，道貌端庄，行仪不俗，学识渊博，布道务农，有二子均于战争年代均加入中国共产党，多年从事中共地下工作，为革命事业立下功勋；现二子仍健在。

李必应，白泉太极堂创始人。他心灵聪慧，自幼修道，刻苦用功，精通道义，对书画、雕刻、刺绣诸艺术无所不精。其所授门徒有：胡一妙、李道生、谭玄一等，均挺秀俊雅。胡、李、谭三徒，现均有后人承袭续代，从事道教事业。

黄贵生，符运生、邓华生，被人称谓"小河三生"，在湘潭道教界、音乐界颇有名声；符运生的后人，现仍然继承道业做道士，常为人做斋醮道场。

李子谷，人称谷道人，曾为市区斗姥阁住持。他修道诚心，甚有造诣；他与清末湖南才子、诗人王壬秋交谊特深，两人常挽手同行，同杯共饮，促膝谈心。

杨植益，湘潭锦石人，道功道术精深，尤其是练就有特异之轻身功夫；他结交广泛，扶助贫穷，深受湘民爱戴，其生平传奇和事迹，为人们传颂很广，甚至有人认为他今天仍健在而未逝去。

蔡祥凡（1904～1988），道号崇元，别号确恩；他品行高洁，文武双全，21岁入南岳出家入道，修真养性，熟读道经，尤喜医药之道，曾治愈许多痼疾顽症；他云游国中名山古观，参访哲人高道，亦曾任玄都观当家，其道教生涯已被载入湘潭地方志史册。

以上是为近代湘潭地方一些较有名望的道士，他们虽然在新中国成立前后均已相继逝去，但他们的影响尚存；直接受他们传授道法的子孙、徒众，许多人薪火相传，现在仍然坚持继承道教事业，坚持做道教斋醮活动。如以下几人。

向理安（1919～）中国道教协会第五届代表会议代表，湖南省道教协会副会长，湘潭市道教协会筹备组组长，已是六代家传的正一道士。他的爷爷就是近代高道向德元，他们这一法脉，是传承留仙观上德堂的源流。现在向理安的徒弟和徒孙也有一大帮人了，他的小儿子最近从部队退伍回乡，也将从他学道接法。而向理安道长本人，既有家传渊源，又有跟师学道的经历。1949 年后他虽从事社会性的工作，但他一直都未停止道教的教务活动。经他爷爷向德元之手抄录的斋醮科书，在"文革"中是他用瓷坛埋于地下而得以保存至今。

董淑河（1921～）传承中元宫道教的法统，1949 年后因他的唢呐吹奏技艺特佳，而被安排在湘潭市花鼓剧团工作。董淑河 7 岁学道，也是六代家传，他的唢呐演奏曾参加过北京的文艺调演。尽管董淑河 1949 年后也从事了社会性的工作，但他从道的宗教活动也一直没有停止过；据他自己说，不久前齐白石 93 岁的媳妇去世，他还组织了八名道士组成的正一道经忏班子去为她做了道场。董淑河有妻子儿女，现在承传道统的主要是他的几名徒弟。

颜六秩（1925～）家传的正一道士，八九岁就从其父学道，精通吹、拉、弹、唱。1949 年后党的宗教政策不断明确，他又重操旧业，公开为斋主做斋醮道场。他的徒弟有十几位，外出做道场叫上一班徒众即可进行；颜六秩承继的法统是为"花石雷峰观"。

胡雨初（1928～）承继白泉观太极堂的法统，亦是从小家教学道；其先人胡一抄道长，曾是湘潭的名道士。胡雨初的唱念功夫、器乐吹奏、敲打均极具造诣，且文思敏捷。他不仅儿孙满堂，且带有许多徒众，在社会中享有较高的声望。

　　另外尚有 76 岁的俞正云老道长，60 余岁的彭秀英（女）道长和万南生道长（今年羽化，其孙继其道业）等，都是具有家学渊源，在当今湘潭地方声望较高的道士，他们的身旁都围绕着一批徒子徒孙和信徒；因此湘潭地方称他们为当今的"道士王"。

四　向理安、董淑河保存的道书

　　在调查中我们得知向理安和董淑河两位道长均保存有一定数量的道书，于是在本市宗教处王瑞全处长的陪同下，专程去了向理安的家中，并亲眼目睹了这些手抄的百余册道经科书。这些道书典籍，字迹工整秀逸，主要是向理安道长之祖父向德元老前辈抄写留存。在"文革"中，向理安道长将这些道书装入瓷坛，密封其口，埋于地下，才使其免遭厄运。保存下来的经书中有《太上老君说常清静经》《三官经》《请表科》《道门祈禳灵官科》《福生科》《灵官宝科》《解结礼斗玄科》《三教科》《太上灵宝朝天谢罪大忏》七卷、《缴禄玄科》《灵宝文检》十卷、《三元科》《玉皇大忏》十余卷等等。

　　董淑河道长保存的道书有"正一道门"《天师法忏》《传箓·度箓玄科》《奏箓·奏职词科》《天坛玉格》《道门宗旨神仙姓名》等经书，笔者有幸鉴阅了一遍。

五　他们所作的斋醮法事

　　调查期间笔者观赏了湘潭市道教协会筹备组专门组织的两场斋醮科仪活动。根据道教的仪规和信仰，举行斋醮科仪活动是要惊动神灵的，因此举办科仪必须有具体的缘由，他们根据湘潭当前筑路架桥现实的地方基础建设情况，设名该斋醮为湘潭地方桥梁公路建筑而设"平安斋醮法会"。

　　这场法会道场，董淑河道长为高功法师，主持"净坛上表科仪"；

喻正荣道长为高功法师，主持"请圣送圣科仪"；参加道场活动的道士还有胡雨初、颜六秩、刘运基、刘国基、刘震宇、黄应钧、小万等八位经师。

坛场设在湘潭道教协会所在地"福佑宫"，门口挂四幅彩幡，有句为"天生万物最通灵""地载分明总是春""水在火中添造化""阴从阳内定乾坤"。

坛桌置有显著设备木质折叠屏。其屏分五层次：一如意花纹木雕，二龙虎山庄山水图画，左右联为"道高龙虎伏、德重鬼神钦"，三如意花木格，四八仙雕像，五底座，经坛桌围向前面有绡绣《牡丹白鹤图》。

坛场乐器有：镗、钗、鱼、铃、鼓、锣、大喇叭、唢呐、京胡；高功所用法器有：剑、令牌等，令牌四面分别刻有"将令一下""五雷号令""法镇九州"，并一面天师执鞭像。

道场神像：最上层设"三清"，第二层设五尊神像，其中二位是三十八代天师张与材和全真教主王重阳（以上均为福佑宫常设的神像），忏桌上置赵玄坛骑黑虎执神鞭的像。

高功法师执圭摇铃临坛，先礼，然后加八卦鹤氅法衣，内衬黑海青，头顶九梁巾，脖戴念珠，脚蹬绣双龙抢珠的道鞋，在鼓乐声中登坛，按程式开始诵唱宣法，敷说道要，宣表、送表、焚表、净坛、奠酒，招式严谨。

净坛法事音乐的演奏，似为湖南湘潭花鼓剧种的曲牌和乐理；而请圣法事则有湘剧特色。道场音乐演奏悠扬喜悦，法师诵唱表白，词句清晰，语韵清正。胡雨初道长领表时所使高八度的亦诵亦咏的嗓音，更能清人耳目。由于福佑宫场地狭小，施展不开，因此法事形式，只以示范，点到为止。

六　湘潭正一道的组织

1984 年湘潭正一道向理安道长等向当地市政府提出承认正一派道士宗教活动合法化的要求。1984 年 9 月湘潭市宗教处向湖南省宗教局请示成立湘潭市道协的问题，虽未表态，但向理安道长在1984年被邀请参加了宗教界人士的学习和座谈会。由于湘潭有真假正一道士2000余人在活动，确实存在着混乱现象，必须有道教组织去甄别和管理。湘潭市委、市政府对正一道的问题很重视，1989年湖南省宗教局主持召开"正一道问题座谈会"之后，他们下决心要将正一道问题管起来。

第一步对湘潭市辖区内的几位有名气的"道士王"情况摸底调查，了解他们的师承法派、规范科仪，并把他们组织起来学习时事政策；第二步经湘潭市政府批准，于1989年10月5日，以这些有威望的"道士王"为骨干成立了湘潭市道教协会筹备组，向理安道长任组长；第三步对湘潭市辖区的正一道进行考核调查，鉴证登记，并填写调查表。

湘潭市委孔令志书记为解决湘潭道教协会筹备组办公用房问题，于1989年1月亲自召集主持专题会议，筹备一万余元资金，将原一位佛教徒修持的家庙，购置作为筹备组的办公用房，同时按政策将原道教斗姥阁的房产落实归道协筹备组所有（现每年有几千元的房租收入）。现在，湘潭市虽尚未举行是道协成立会议的仪式，但是1992年9月8日湘潭市民政局已为道教界办理了《湖南省社会团体法人登记证》。称："湘潭市道教协会符合中华人民共和国社会团体法人登记的有关规定，准予注册登记。"

湘潭市道教界自从有了自己的组织，从1990年开始，即在市政府宗教处的领导下，对全市城乡道教宫观、道士活动等历史和现状情况，进行了初步的调查了解。并且在搜集道教历史资料的基础上，他们已经开始进行编辑《湘潭市道教志》的工作。他们对全市城乡散居正一道士进行摸底调查登记，基本上掌握了散居道士的分布情况，并通过考核、行政村委会和乡镇政府提供的日常了解的材料和证明，将具备条件、确认合格的道士，吸收加入"道教协会"。现在湘潭市道协组织已吸收230余名道士入会，他们对已入会的道士再进行考核筛选，对合格的上升档次，发给他们"从教会员证"（具备一般经师水平、不能组织道场和斋醮活动）和"应教会员证"（已具备高功法师水平，能组织斋醮道场），使他们成为合法的道教神职人员。现在他们已发放的"从教会员证"有一百余份，"应教会员证"也有近百份之数。以上两种人员都具备发《散居正一派道士证》的条件。

七　存在的一些情况和问题

根据湘潭道教界的反映，湘潭市在宗教政策的落实和正一道活动的问题上，尚存在一些有待解决的问题。如，由于历史上是道教活动场所而尚未交还给道教界使用，有的已破破烂烂，摇摇欲坠，像东岳观一类的道观。有的则为非僧非道的神汉巫婆占据作抽签问卦的场所，用以搞封建迷信等不正常活动。并且由于有的区、乡真道士的活动长期得不到政策保护，而假道士的活动也无法加以限制，所以城乡许多假道士大搞"告庙""游垅"等迷信活动。社会上还有一些散居正一道士，也不愿加入道协，他们认为加入道协受约束，要考核、交纳会费，做醮还要协会允许，不入会自由，有人请就行。

但是湘潭毕竟已经有正一道的组织，市政府主要领导也重视正一道方面的工作，湖南省宗教局支持湘潭市宗教处大胆抓正一道的管理工作。湘潭市宗教处在开展正一道管理工作中，并且能及时纠正有些地方违反宗教政策的现象，对正一散居道士合法权益主动出面维护，如湘潭市湘乡地方于1989年扫"六害"时也扫了散居正一道士，当时"湘潭日报"还登出一则消息"湘乡市有三十多个道士游垅"。市宗教处得知这一消息，立即打电话责问报社："根据哪条政策打击道士？"并向市委、市政府汇报，因此市委宣传部就此严肃批评了报社；1991年湘乡市的横步乡对正一道士罚款，最多时每人罚到1500元，有7个道士一次在外做道场被抓住，当场被罚款8300余元，湘潭市道协和宗教处认为这不符合法律和政策，于是向横步乡提出"笼统罚款不对"的意见，横步乡不接受批评意见，于是湘潭市道协在市宗教处的支持下，请了律师与横步乡上了法庭，终于打赢了这场官司。现在组织起来的湘潭正一道士，感觉自己的信仰有了法律和政策的保护，公民合法的道教信仰有安全感。

湘潭市的市长在全市的宗教工作会议上明确提出：要对正一派道士调查摸底，对真正正一派道士的合法权益要保护，打击真正的封建迷信。湘潭市宗教处已多次在各种类型的学习班和会议中，为基层干部讲党的宗教政策，使他们提高了对党的宗教政策的认识和理解。湘潭市在散居正一道士管理方面，既注意维护真正的正一道士的合法权益，又限制或禁止假道士的非法活动，并不断总结经验。他们深有体会地认为：散居正一道士还是管起来好！

（这是 20 世纪 90 年代初我对湖南湘潭道教正一派情况做的一次调研报告）

阳光沐浴下修炼

去年到长沙，湖南省宗教局让我去南岳看看，我也想去拜访黄至安道长，所以乐为其行。

现任湖南省道协副会长的黄至安是位坤道，中等身材，还不到34岁，却有入玄门十五个春秋的经历。由于她信仰虔诚，无论住观、出外都严守全真教的清规戒律。在日常教务中又自觉将自己看作普通道众的一员，任劳任怨，吃苦在前。对待歪风邪气，哪怕是得罪一些人，也要挺身而出，毫不留情地制止。她勤勤恳恳不计个人得失为道教的精神，道友们十分赞赏！自然她在湖南道教界就有了一定的威信。

黄至安日常住修管理的是南岳大庙，现在她又主持修建了三元宫。这座新恢复的道观以"三官宝殿"为主殿，左右附设住修楼和斋堂三栋楼房，与山门形成协调和谐古雅的建筑格调。笔者亦玄门中人，过去也曾有基层宫观管理经历，乘参访南岳之便，就一些道教方面问题与黄道长共同探讨交流。

谈话中我不经意地提问："有道友讲，社会上对道教不够理解，你对此如何认识？"想不到平时寡言的她，打开话匣子，竟也滔滔不绝，有着顶干脆的道理："政府对待宗教的政策就像太阳洒向大地的光芒一样，对任何地方和任何人都是平等的，但平等的政策下道教自己的事不去努力做好，这是我们这些黄冠门下的罪过！如没能弘扬太上之教，则有辱师门，这不仅表现了我们的无能，更是自己瞧不起自己，也就难怪别人瞧不起我们了。"

讲到这里，她不由得缅怀起湖南道教前辈罗浩明、王信安两位老道长："湖南道教组织起步较晚，当时南岳的道士都住在兄弟教的庙里，生活费先由兄弟教会发给，这时谁能瞧得起道教？"她一转话语："政府是关心道教的。南岳历史上就是道教的圣地，所以 1987 年在政府有关部门的帮助下，道教界终于获得了自己管庙的权力，后来又成立了南岳道教协会。"黄至安感慨地笑着说："真是不容易啊！当时道教接收南岳的庙子都是破破烂烂的房子，道教的力量也确实薄弱。我们道教自己能否管好庙？南岳地方的社会人士在开始时是持怀疑态度的。但是我们南岳道教老前辈王信安道长是有志气的，他说过：'别人说道士管不好庙子，我们就要争这口气，就要独立自主、自力更生，就是要将庙子管好，将道教自己的事努力做好！'我们凭着这股精神，所以才有了南岳道教的今天……"

我打断她的话问："据说罗浩明和王信安两位道长健在时对你的要求是很严格的，你当时和现在心中难道就没有什么想法吗？"

"有啊！"黄至安心直口快地说："岂止是要求严格，罗浩明道长的性格简直是孤傲怪僻！不过我知道她都是为了道教，现在更是感激她当时对我的严格要求。实事求是地说，我当时还是有委屈和想法的。罗浩明道长晚年性格上的孤僻与她身体健康有关。适逢王信安道长前来要人帮助工作，我就提出了往南岳的要求。由于政府部门从中帮助，罗浩明道长也同意放人，所以在 1986 年 6 月离开长沙河图观到了南岳。自己当时的思想是为了回避罗浩明道长，现在想来应留在她的身边多侍候她些日子，虽然自己受点委屈，但同时也提高了自己的道行。"

"罗浩明道长是你的师父吗？"

"不，按我们湖南地方一些道观的传统，称罗道长为先生。先师黄明光，1963 年就已去世了。我 18 岁入道时，罗道长安排我为她门下弟子，实际都是罗道长传授实学。"这是老一辈道教徒之间重道谊的传统习惯，也表现了这些世外人纯正深厚的人情味。"我对王信安道长也是很敬佩的，对道教事业他真是呕心沥血。不过在宫观事务的安排中却有着我们出家人共同的弱点，主要表现在他过分宽容，如安排道友去干事，你愿去干就干，分了工不干也没有相应的处罚措施。甚至安排好的事没人去干，他不批评，而是自己去干了。"

黄至安道长觉得现在要干的事很多，她说首先要管理好南岳大庙东厢道教八宫，维修建设好道观，同时要在弘扬道教文化、培养道教人才方面多做工作。

黄至安对"法、财、侣、地"的认识是："法"作为一个道士来说，是信仰，是修为道行。修为道行高超而又信仰虔诚的道士，在自身可以进一步超升入更高深的修持境界，对社会则可以更好地弘扬教法，免人苦难。"财"是修道弘教的条件，财力富足首先可以改善修持环境，可以为社会做更多的福利事业，可以用各种方式多种渠道宣颂太上教义，弘扬祖师济世的宽阔慈意。"侣"即道伴也，这也是道教的传统。同宗道众结伴修炼，集众智以解疑难，集众力以负沉艰，合群集聚，同参同修，自我管理、约束，求同存异……这其中又有一套较深的学问。"地"者环境、地理位置之意。美好的环境、幽雅清静的善地，能促使人身心安宁，精神升华，自然是出家人清修所寻求之佳处了。她的这番话不一定都说得很准确，但这些具体的认识和感想，还是有一定道理的。

湖南省宗教局领导说："黄至安道长的道教信仰，在1989年北京受戒后更加坚定。"受戒进一步加强了她的道教信仰，别人对这一点看得很清楚，黄至安道长自己更明了这一点。1995"九皇会"期间，四川青城山再开戒坛传戒，南岳道协不仅给予了经济上的资助，黄至安道长本人又将平时省吃俭用节约的1000元人民币赞助戒坛作为传戒经费。她讲得很轻松："我俗家亲人都生活得很好，所以我自然就没有什么经济负担，而理应为祖师的道业多作贡献。"

"一个好汉三个帮"，俗话说得好"红花尚须绿叶衬"，当讲到南岳大庙的道友时，黄至安道长首先介绍了曾高清、李圆益两位坤道，看来是她的左膀右臂得力助手。李圆益出生于1938年，现为南岳大庙道教组

"都管"，真是慈眉善目修行人、谦谦长者的风范形象！曾高清，出生于1965年，南岳大庙道教组"知客"，工作中不顾个人得失，一心扑在宫观教务上，在南岳大庙三元宫举行神像开光仪典，她带病领着经忏班诵经，喉咙肿痛唱不出，仍坚持在经坛上领班而不稍离，一直坚持到仪典结束，才去衡阳市人民医院治疗，原来她脖子紧靠喉部位置上生了个大沙瘤（现已摘除）。黄至安道长说："南岳大庙中乾道十二位，坤道十三位，二十五位道士中一心为庙的道长多得很。道友们都能坚定地维护庙观的利益，先进事例谈不胜谈啊！"

（载于《中国道教》1996 年第 3 期）

养生与武当武术

  武当山绵绵八百余里，汉江北环，巴山南屏，是我国著名的道教名山圣地。是山天柱峰海拔 1612.1 米，周围千米左右的山峰有七十二座之多，均向天柱峰倾身拱卫，仿佛众神灵真俯首称庆，真应了"七十二峰朝大顶"之说。武当山除了雄奇俊秀的山体，最为人乐道的是其中众多的道教宫殿和在这里孕育出武术的道教养生内功。据相关史料记载，古人在战国之时即已开始经营是山，秦汉即于山麓筑城，魏晋盛唐延及宋朝更于山中选址建祠设观；到蒙元朝代时，山中即曾建起有九宫八观等 70 多处祠庵道观；明代时武当渐成皇室家庙，明成祖尊是山为"大岳"，世宗封之为"玄岳"。道教认为四方各有镇神：东方青龙，西方白虎，南方朱雀，北方玄武；因武当位镇北方，五行属水，其色玄，故有"非玄武莫当是山"之说，据称玉帝册封其为"玄武真君"；宋真宗称之为"真武"，天禧二年（1018）加封真武为：镇天真武灵应祐圣帝君，由宋至明历代对真武神屡加封赠。武当山还因道教历代祖师修持其间而更有特色，也许因真武大帝更多战神的神性，故使武当道教尤其以武术养生闻名遐迩。这使武当山美丽的自然景观，更增丰富多彩的人文历史内含，自然与人文融为一体，天人相和，古今辉映，真是"举世无双胜境，天下第一仙山"！

  武当武术中内家拳的形成受道教教义的启示很深，与道教徒发端演练，并多直接用之于养生的目的。内蕴理趣以阴阳消长，八卦演变，五行生克的理论要旨；架式注重行圆取象，炼气凝神，不僵不躁，刚柔相

231

济，粘随走化，时刻保持内劲充盈，以求达到养生健体，内外兼修的效果和目的。国人一直注重挖掘并发扬武当武术的国粹内容，据说 1928 年南京成立中央国术馆初期，武当拳就是当时开设两门课程中的一门课程。新中国成立后武当武术得到广泛推广，尤其是中共十一届三中全会以后得到很好发展。据资料反映：1982 年以来湖北省先后挖掘整理散布各地武当派拳种拳法近四十多种，有关部门还倡导成立了武当山武当拳法研究会，并出版了《武当》杂志；1987 年 6 月还邀请九省 20 个武术代表队，有 160 位武术选手比赛的擂台赛，此次活动观众人数达到 15 万人次；1991 年 11 月又在武当山举办了很有影响的"中国湖北武当文化武术节"；现在武当武术已被武当山周边的中小学列为学生的必修课；现在武当武术不仅国人尽知，还广泛流传世界各地。这其中尤以武当武术中的太极拳，更为人们熟知和喜爱，不仅在国内是许多人锻炼身体的项目，在国外也常见习练太极拳锻炼身体的情景。在庭院里，在公园中，在操场上到处可见。凡是略有常识的人都知道太极拳与武当山和道教养生有着密不可分的关系。

太极拳是武当武术中的一个内容，其与道教的关系首先在于"太极"之名，是道教中常用常新的名词。道书《南华经·大宗师》篇章中即已提出，所谓"夫道在太极之先而不为高"之语，直接有"太极"一词出现；而道祖老子在《道德经》中描述太极之形态说："万物负阴而抱阳，冲气以为和"；其后在道教的经典中，则经常出现"太极"的名词。道教还将"太极"一词用之于人物之封号，三国时著名道士葛玄就被尊称为太极真人，太极仙公，太极左仙公；其侄孙葛洪也被以太极仙翁之号尊称。太极拳与道教之关系更体现了道教追求神仙长生久视目标的理念，参以内丹养生修持的经验，并有道教徒发明创立。其"太极"名词用之于拳术种类，又为练家注入了新的内容和含义。该拳术以太极为名之深意，在于运用《易》之太极原理，将阴阳之道始终贯穿在拳术的演练之中，《黄帝内经》说"上古真人其知道者，法于阴阳，和于术数"。太极之形圆周象天，黑白二鱼内涵阴阳交融互动之意；名之于拳，不仅是舒精活血，伸展肢体，简单的体育锻炼内容，而是更要习练者理解刚柔相济要义，注重发挥以柔克刚的效果。因道教徒习练太极拳，主旨在于养生，更强调认识道教炼气凝神，尚柔宁静的特点；运自身之精魄，调适意志；采天地之大气，天人合一；阴阳互动，以无生有，无中生有，体现太极绵绵不绝，无穷无尽之衍变法则。

太极拳初创于湖北武当山，创立者是武当道士张三丰祖师。据《明史》记载，他是辽东懿州（辽宁阜新）人，名全一，又名君实，三丰其号。据说他先与徒辟瓦砾，去荆榛，创草庐以居，已而舍去。洪武二十四年（1391）遣使觅不得，后居宝鸡金台观，一日自言当死，留颂而逝，县人共棺殓之，及葬棺内有声，启视复活。乃游四川，而复入武当。永乐（1403～1424）中曾遣使住访，遍历群山，积年不遇。天顺三年（1459）赠赐"通微显化真人"。又有说张三丰宋朝人，原籍辽宁懿州人，修道湖北武当山。这些都是可供研究张三丰这位道教人物参考的资料。张三丰早先受陈抟老祖太极丹道影响最大，其后又得动静交融内家拳之妙法，他融会贯通各家各派，参悟玄机而革故鼎新，对武当武术的贡献巨大。据说三丰祖师创太极拳，是因偶然间见蛇与喜鹊之争斗而触发灵感顿悟玄机，遂创武当原式太极拳。他于道教义理亦有深入的研究和贡献，《道藏辑要》收有经后人编辑而成的《张三丰先生全集》，他认为古今宗教即有正邪之分，修道人要"修己利人"。涉及道教徒修持，他说："一阴一阳之为道，修道者修此阴阳之道也，一阴一阳，一性一命而已矣。"

太极拳后经嗣相传授，据称乃分张、陈、李、王、杜五大宗派。太极拳又名长拳，亦名十三式。称长拳者，是其似山峦无尽，绵绵不绝；又如江河波涛，源源不息。名十三式者，以其招式动作而定，即以八卦、五行组合连贯形成十三招式主题；这其中又应八卦方位分列为四正方、四斜方之连绵动作，拳法以阴阳互动，相辅相成；金木水火土，以五行相生相克，喻比人身内部心肝脾肺肾，动静相依，阴阳相和，由此而生无穷之变化；从养生的价值认识，则有活动筋骨，调节身体，老少咸宜，更有祛疾延年之功用；而从练家武术技能认识，则变化无穷，所谓分阴阳、定八卦、运九节（即人身上下掌拳肘肩腕腰胯膝脚九节绵软灵活），在搏击中巧打变化，形随意动，行动虚灵，空洞幽玄，因人之势，借人之力，充分发挥太极拳四两拨千斤的妙旨，有一首太极长拳歌词说："太极长拳真可夸，变化无穷独一家；妙处全凭能借力，当场着意莫轻拿"。

武当武术的内容非常丰富，许多新的内容和项目正在不断地被发现被开掘。武当山是道教的名山，更是自然造化的神秀美景；是中国的，更是著名的世界文化遗产；在这里，武当武术有着同样的地位和价值。道教对武当武术形成曾经发挥了积极的作用，但其更是历代练家学子孜孜以求，不畏艰苦，默默潜修，亲身实践，精研其中拳理技艺，感悟其间深奥的哲理，苦练一招一式之功夫，这其中需要诚恳，需要智慧，需要具备道德伦理，需要清心寡欲，需要甘受寂寞，更需要踏踏实实的辛劳。比如据称：由道教"大丹秘旨"和张三丰"炉外丹（即天元大丹）"演变而来的《续阳功三式法》，历来单传秘授，选择弟子首要心诚，并要坚持潜心默守，从不外露；在内丹修持中，须忌腥、荤、香、辣；避喧杂、烦躁，始终坚持万缘皆空，一真内守之旨意。又比如清初黄百家著《内家张三丰拳法》，首订"五不可传"，即心险者、好斗者、狂酒者、轻露者、骨软质钝者均不可传。还有武当紫霄宫龙门第八代张守性道长传下《武当太乙五行拳》提出：以五行生克之理为依据，以养生健体制敌自卫为指归，由此使人明白武当武术重视武德标准的持守。武当武术是中华民族造福人类社会优秀的宝贵文化遗产，我们炎黄子孙应该珍视、挖掘、整理、研究、继承和传播，使之发扬光大，这是我们神圣的义务和责任！

（2006 年 5 月 3 日）

大岳无双武当山

　　武当山绵绵八百余里，汉江北环，巴山南屏，是山有 72 峰、36 岩、24 涧、11 洞、3 潭、9 泉、10 池、9 井、10 石、9 台等，是闻名遐迩的风景名胜之地。除了雄奇俊秀的山体，武当山最为人乐道的是其中众多的道教宫殿，以及在这里孕育出武术的道教养生内家功夫。据相关史料记载，古人在战国之时即已开始经营是山，秦汉即于山麓筑城，魏晋盛唐延及宋朝更于山中选址建祠设观；到蒙元朝代时，山中即曾建起有九宫八观等 70 多处祠庵道观；明代时武当渐成皇室家庙，明成祖尊是山为"大岳"，世宗封之为"玄岳"。道教认为四方各有镇神：东方青龙，西方白虎，南方朱雀，北方玄武；因武当位镇北方，五行属水，其色玄，故有"非玄武莫当是山"之说，据称玉帝册封其为"玄武真君"；宋真宗称之为"真武"，天禧二年（1018）加封真武为：镇天真武灵应祐圣帝君，由宋至明历代对真武神屡加封赠。武当山还因道教历代祖师修持其间而更有特色，也许因真武大帝更多战神的神性，故使武当道教历代更尤以武术养生闻名海内外。这使武当山美丽的自然景观，更增丰富多彩的人文历史，自然与人文融为一体，天人相和，古今辉映，真是"举世无双胜境，天下第一仙山"！

　　山之主峰天柱峰直耸云汉，海拔 1612.1 米；峰之巅明永乐十四年（1416）镶嵌起驰名中外的金殿，其殿仿木构建，高 5.54 米，宽 4.4 米，深 3.15 米。殿基为花岗石铺垫，其他构件均为铜铸鎏金，插榫连接部位的安装，鬼斧神工、匪夷所思、天衣无缝，不显铸凿痕迹；殿顶檐脊重叠，翼角飞扬，殿脊设有神马、鱼龙、麒麟、丹凤等 68 种精灵神兽；内额枋及天花铸设流云，旋雾装饰图案，线条流畅柔和；殿中宝座奉披发跣足真武大帝铜铸鎏金像，高 1.8 米，重 10 吨，著袍衬铠，英武魁伟，像后悬康熙手书御制"金光妙像"铜铸鎏金匾；左右侍立金童捧册、玉女托印，水火二将擎旗掣剑，神案前有龟蛇二将翘首顾望；殿内一应供器陈设均为铜铸金饰，与金殿整体铆榫连接，浑然一体。金殿据称用精铜 21 吨，黄金 30 公斤。殿外又设金钟玉磬，铜铸宝鼎香炉，四周崇台设铜柱 12，环以铜栅，再以汉白玉为栏，外层又有青石栏栅，凿石为阶。永乐二十一年（1423）再于金殿周围建大围墙环绕，均以重逾千斤石料叠砌，墙高数米，周长 1.5 公里，所经之处有千仞危岩，有悬崖峭壁，逼临绝处，悬空蟠峙，蔚为壮观！天柱峰周围千米左右山峰有 72 座之多，展旗峰下紫霄宫，全称太元紫霄宫，建于永乐十一年（1413），是武当山现存规模最大的道观，也是武当山道教协会所在地。从永乐十一年至永乐十六年（1418）成祖曾三下圣旨，动员三十余万人役，于山中大兴土木，于是山崖峰岭间落成：净乐、迎恩、玉虚、遇真、紫霄、五龙、南岩、太和八宫，复真、元和两观，共有 33 个大建筑群、39 座桥梁和 12 亭，先后 7 年又补充有许多工程。从山麓净乐宫至峰巅太和宫又以青石铺就 70 余公里登山石道，山山岭岭间建有房屋 2 万余间，明洪翼圣有诗赞曰："五里一庵十里宫，丹墙翠瓦望玲珑"；就是当年武当山的盛况！明嘉靖三十一年（1552），朝廷又以两年时间在山中维修扩建宫观。武当山 72 峰均向天柱峰倾身拱卫，仿佛众神灵真俯首称庆，真应了"七十二峰朝大顶"之说。

武当山山势秀美，山中宫观实际就是青铜器的博物馆。是山为道教的名山圣地，古来适宜休闲养生！《太和山志》记载：周有尹喜、尹轨，汉有戴孟、马鸣生、阴长生，晋有刘虬、谢允，唐有姚简、吕洞宾，五代有陈抟，宋有张士逊、房长须、谢天地、孙寂然、张三峰，元有汪贞常、张守清，明有张三丰等修道养生于此。方便于庭院里，公园中，操场上演练的太极拳，就是武当山中道教徒发端演练的成果，称之为武当内家拳。初创者是明代武当道士张三丰祖师。据《明史》记载，三丰祖师是辽东懿州（辽宁阜新）人，名全一，又名君实，三丰其号。据说他先与徒辟瓦砾，去荆榛，创草庐以居。后乃游四川，而复入武当。永乐（1403~1424）中曾遣使住访，遍历群山，积年不遇。天顺三年（1459）赠赐"通微显化真人"。张三丰受陈抟老祖太极丹道影响最大，其后又得动静交融内家拳之妙法，他融会贯通各家各派，参悟玄机而革故鼎新，并直接用之于道教养生目的，对武当内家拳的贡献巨大。据说三丰祖师创太极拳之初，是因偶见蛇与喜鹊之争斗，参悟其中内蕴理趣以阴阳消长，八卦演变，五行生克要义，故而触发灵感顿悟玄机，遂创武当原式太极拳。"太极"之名，是道教中常用常新的名词。道书《南华经·大宗师》篇章中即已提出，所谓"夫道在太极之先而不为高"之语，直接有"太极"一词出现；道祖老子在《道德经》则描述太极之形态说："万物负阴而抱阳，冲气以为和"；道教的经典中，"太极"之名经常出现。名之于拳，不仅是舒筋活血，伸展肢体，更是要习练者理解刚柔相济要义，注重发挥以柔克刚的效果。其为人们所熟知和喜爱，不仅在国内是许多人锻炼身体的项目，在国外也常见习练太极拳锻炼身体的情景。

（2011 年 4 月 30 日）

台州调研之记忆

引　　言

　　跨入 2007 年元月，中国道教协会即安排了两次调研活动的内容：丁常云副会长受中国道教协会委托带同教务处人员，赴闽与福建省道教协会进行了"民间信仰与道教"的调研；我随同任法融会长在浙江台州，进行了"登记开放道教活动场所管理体制"的调研。亲历台州调研的过程中，有些长期的感觉、思考和认识被激发起来，故作是文间或谈些想法和认识。

一　台州感觉

　　我们乘坐的飞机降落在黄岩机场，已是元月 12 日晚九时左右了。特别使人感动的是：台州市政府邵副秘书长和宗教局杨岳富局长将我们接到驻地，市府张鸿铭市长和市人大胡宣义主任还在等着我们。台州早在十余年之前即撤地设市，辖：黄岩、椒江、路桥 3 区，临海、温岭 2 市，天台、仙居、玉环、三门 4 县；位于我国黄金海岸线的浙江中部，陆地面积 9411 平方公里，总人口 559.9 万，有 1400 多年悠久历史。台州道教源远流长，道教称天下有十大洞天，在台州就有第二洞天黄岩委羽山大有空明洞天、第六洞天天台赤城山上清玉平洞天、第十洞天临海括苍山成德隐玄洞天这三处；三十六小洞天有：第十九小洞天临海盖竹山长耀宝光洞天、第二十八小洞天仙居麻姑山丹霞洞天这二处；又有七十二福地：第二福地盖竹山、第三福地仙磕山、第四福地东仙源、第五福地西仙源、第十四福地灵墟、第十六福地天姥岭、第四十四福地桐柏山、第六十福地司马悔山共八处福地；可谓古来道文化积淀就很深厚了。

据相关材料介绍：台州市现有正式登记开放的道教场所133座，有临时活动点470余处，全真道士158人（乾道118人，坤道40人），正一道士1482人。13日上午在政府宗教事务部门的支持下，我们主持召开台州道教界座谈会。台州市道教协会蔡信德会长，将市道协十余位理事负责人都召集了起来；我会副秘书长、浙江省道协负责人高信一道长，也从杭州赶过来参加；为便于道教界畅所欲言，党委和政府部门都不派员列席这次座谈会。会后我们将相关情况，与市委和市政府领导沟通交流，得到高度重视！市府张鸿铭市长，两次与我们沟通交流情况；市委蔡奇书记在杭州开会，也专门赶回台州听介绍座谈会情况和我们的相关意见。他们对道教界反映的情况很重视，表示：一、对现已开放作为道教活动场所的庙观，要理顺管理真正交由道教界管理使用；二、对台州的道教资源、洞天福地遗址要考证清楚，列入"十一五"规划，逐一恢复起来；三、请中国道教协会协调全国道教界，帮助台州道教界筹备举办台州道教文化研究论坛性质的会议。

台州调研中，有些社会人士直截了当地对我们说：现在台州地方的庙观都修得很好，但很少有真正的好道士去管理，或者说许多管理庙观道士的素质应予提高。他们认为：宗教人士的素质应该超越世俗，因为社会认为"道士是有道之士"，是教化世俗社会的"高人"，就应该有比社会普通人更高的境界。假若社会中各界人士与道教徒联系交往时，发觉其素质和自己差不多，甚至比自己这个世俗人的素质还要低，那很自然地就会产生轻视的心理。还有社会中群众模糊宗教意识的信仰，比如有些自称道教徒的人，却去那些未经登记的非正规场所参加信仰性质的活动，而不愿意到登记开放的宗教场所过正常的信仰生活问题。当然这首先使我们认识到这些人的行为中消极避规的因素，但已登记开放道教场所是否也有必要思考自身存在应改进的欠缺和问题？按常理说登记开放的道教宫观或道教组织，抑或正式的道教徒，应努力以正教的教义精神去引导整合各种不伦不类的信仰方式，这是道教界的责任，但现实的情况是道教既没有这个责任也没有这个能力。我认为当地的政府宗教工作部门应根据法规和政策，支持宗教界用正教内容去整合各种俗化的信仰方式；我以为这不仅仅是维护宗教形式的规范，更有维护社会稳定、引导宗教与社会主义社会相适应的重要积极意义。当然道教界首先要炼好内功、提高素质，使道教界具备整合俗化信仰的能力。

台州在商界谓之"制造之都"，而宗教更号称"佛宗道源，南宗祖庭"！所以宗教文化的积淀深厚，从市委、市府领导与我会任老交流表示的三条意见，可以看到地方党委、政府对道教界寄予厚望。当地人大、政协的领导甚至有人这样说：中央作出"构建社会主义和谐社会"的决定，各级党委、政府都要坚决贯彻执行，在引领显然看得见的"和谐"的同时，以宗教界人士为主体要努力帮助协调好看不见"和谐"方面的内容。台州的道教潜力很大，关键在于道教界自身的觉悟和奋起。历史上道教上清派在这里传播，全真派"南宗"在这里兴盛，明清以降道教虽然衰弱，但中华人民共和国成立初期，台州还有"龙门"第二十三代传人蒋宗翰大师这样的高道。蒋宗翰道长1961年当选为中国道教协会第二届理事会副会长，后北京白云观举行隆重的方丈升座仪式，礼请其担任方丈。据台州道教界反映的情况，当代台州的道教归纳起来就是两大问题：一是人才，二是权益。但是"权益"问题，有时政府即是给予了，道教界没有反应、没有感觉、没有人去善用也等于零，所以在这其中"人才"问题，仍然是首要的、重要的、关键的问题。

二 再下临海

临海现在为浙江台州市辖下的县级市，其古城地处东南沿海，是国家级历史文化名城。临海其名三国孙吴初期即已称之，域内有优美的自然形胜和悠久丰富的历史文化内涵。历史上这里不仅是台州政治、文化的中心，许多时期也是其经济的中心和军事的重镇。紧依临海历史文化名城核心内容的"古城墙"内垣，建有一座道教的城隍庙，道教徒一直在其中从事信仰活动。早在 20 世纪 90 年代，就听我会第五届谢宗信老会长说过，他老人家在 20 世纪 30 年代前后，就曾驻鹤临海城隍庙以医弘道。过去我在写谢老的一篇文章中，曾说到这个道观，因此印象很深。在 2006 年 2 月底我曾随同任法融会长赴台州来到临海，当时就是因为临海城隍庙的落实政策问题。

在当地道教信众的要求下，修复了城隍庙这座历史悠久的道教建筑，确是一件非常好的事情。不过这件事并不那么简单：旅游部门积极促进修复，最主要的目的可能是增加文化景点和当地的旅游内容，以推动旅游经济的发展；有信仰的群众积极参与修复建设，他（她）们通过奉献表达虔诚的信仰，为了能尽快地拥有宗教活动场所他们会不遗余力地努力，但是信仰的内容以及活动方式是否符合道教的正信又当别论。常识告诉我们，登记为合法的宗教场所，根据国家相关法规的要求，必须有正式的宗教徒主持教务并在其间举办正常的宗教活动。为了能够尽快向社会开放场所，各方面想方设法为城隍庙请来正式出家的全真道士主持庙务的管理和宗教活动。但是随着城隍庙道观对外的开放，原来参与道观修复中的有些人，首先看到了香火等庙观布施经济的收入，于是矛盾开始出现。现在有些地方宗教场所与地方相关方面存在的一些矛盾和纠缠，症结大都是经济利益引起的。

遵照国家的法规政策和道教的实际情况，我以为道教界和社会相关方面都应该认识到：宗教活动场所不是营利的企业和公司，宗教活动场所随着登记开放，会有信众布施等经济收入的来源，但这种经济收入主要应用于自养（比如道众的生活、维修宫观建筑等等）和慈善、文化事业、道教界之间的交流联系，以及其他旨在提升道教自身以更好地适应和服务社会的事业等等。一方面修建恢复道教活动场所，是为了进一步贯彻执行宗教法规、宗教政策，是从满足信教群众道教信仰生活的需要，不应该是纯粹受经济利益的驱动；即是旅游旺盛地或处在风景名胜区域中的道教场所，也应该以纯粹道教信仰为道教活动场所追求的宗旨和依归，否则区域中的道教活动场所，在人们心目中的认识就会发生了歧义，就不会有道教信仰追求应有的效应和境界，也不会形成道教文化应该产生的效果以及旅游经济所追求的经济效益，或许更会形成适得其反的旅游经济落差。另一方面既然已落实安排有正式的道教徒主持庙观，那么就应该遵照国家的宗教法规和相关政策，逐步建立健全符合庙观实际的规章制度，以制度管理庙观并促使其实现自养。庙观周边有信仰的群众（或称信士、居士），是庙观的大德护法，既是道教的基础也是庙观的服务对象，这其中最重要是庙观有责任以正信引导和整合其蒙昧芜杂的信仰内容。有信仰的群众应该真诚关心呵护庙观这片神圣的净土，有序地在庙观过正规正常的宗教活动；他们可以监督庙观相应经济物资的收支，但不应干涉庙观的正常事务，更不能企图占有庙观、包揽庙务、以教谋私。

　　道教在临海的传播历史悠久，从当代旅游学的角度认识，真可谓"资源丰厚"。十大洞天台州有其三，临海括苍山为其一，其小洞天和福地则有多处。更值得一提的是养生名作《悟真篇》，是临海人紫阳真人张伯端撰著；现在古城一条南北方向主街上，张紫阳古居还被保存着。但今天临海道教表现得很弱势，据当地宗教事务部门负责人介绍：临海市已成立有道协组织，但缺乏人才，作为缓慢，没有弘扬道教文化的场所；道教徒的认定备案还没有展开，现在登记批准开放的场所，那些自称有信仰的人不去，他们去那些没有登记开放的场所；虽然有些场所交给了正式的道教人士管理了，但世俗与传统、放任与整合的天然冲突，自然在一段时间中有争执有磨合的过程。但可以相信在国家宗教法规贯彻执行的过程中，混乱无序的信仰方式，必然要被规范有序的正信所整合，所以临海城隍庙表露出的不协调和摩擦必然只是暂时现象。对此任老在调研时就这样说：体现法规政策的贯彻执行，就是要保护合法，制止非法和违法；已经登记为道教活动场所的庙观，应该支持他们的规范管理，否则开放的庙观中也会出现不正常的情况，就会失去国家法规政策的保护。如果庙观中自己出问题，出现不正常或者说非法活动，就会影响社会，政府就要干涉。现在神汉巫婆还在一些地方乱搞，有些地方宗教活动的界限也不清楚，应该要有规范。

台州市人大常委会主任胡宣义先生陪同了这次临海调研，临海市委卢子跃书记、市政府李志坚市长、柯副市长、市委统战部陈敏部长、市宗教局苏局长参加了座谈。关于临海城隍庙，我们知道市委、市政府过去做了许多的工作，座谈交流的过程中市委、市政府的领导表示将一如既往地努力，直至相关政策落实到位。事有凑巧，几天后我和任老在黄岩机场待机返京，与临海市委卢子跃书记不期而遇，原来他现在正在中央党校学习，与我们同机返程。卢书记告诉我们，市委就城隍庙落实政策的问题，已批复了相关的文件，城隍庙现在存在的问题很快会解决。月底城隍庙住持魏高贞道长来电说，城隍庙原来存在的难点和问题，在政府的关心下都已获得圆满的落实和解决。

三　三登天台

数年前中国社会科学院宗教所邀约参加在天台山召开的一次宗教学研讨会，虽未能赴会但交了一篇关于天台山与道教的论文。那实际上是一种心仪，形虽未动心情已到，那也就算是第一次登天台吧！2006年2月底随同任老来登天台，实地考察了拟恢复修建桐柏宫的选址，站在已选新址，看着桐柏宫原址的位置上水波荡漾，遥想当年桐柏宫的盛事，心中不由得想：今天的道教真的就不能拥有历史的辉煌了吗？想当年这天台可真是道教的圣地！天台山开发很早，相传周灵王之子就来山中寻仙采药修道；道教认为名山胜地都有真神大仙治理，所以道教封仙人王乔，为治桐柏管理天台山的右弼真人；而伯夷、叔齐两位贤人羽化后为居住桐柏九天仆射；汉代的神仙茅盈往来于山中，其后相继有刘晨、阮肇、袁相、根硕等人在山中采药遇仙；山中古崖深洞多被颂为灵境福地。

　　天台道教的历史从东汉末年三国之初左慈（丹鼎派开创者）的学生，丹阳句容人葛玄（164～244）在山中建观建院采药炼丹，使道教的方式借天台优美的自然环境，更上新的层次。了解道教史的人都知道，葛玄是著名的道教人物，是道教灵宝派的创始人，教内称为太极仙翁；宋以后正一派形成，他被列为：张、葛、许、萨四大天师之第二位。葛玄在天台山修持的过程很重要，一方面在其稍前有天师道（又称五斗米道）和太平道，因热衷功利、过分参与社会的政治活动，因而使道教遭受到社会强势的猛烈打击；另一方面因当时三国鼎立，中国社会在整体上处在一种不稳定的状态之中，所以人心浮动、人人自危而不安宁。葛玄也许认为，国家大事已经有许多的政治家、军事家、谋略家去关心和操劳了，而道教徒还是以道为事。他的修持方式一改过去外宣张扬的风气，坚持道教清静养生的主旨，以修持炼养为行道的法门。应该认识到葛玄的做法，在当时来说是既坚持了道教修仙的思想传统，又发展了道教养生延命的方式，同时以行为召唤起人们对生命的重视，用养生的方式整合提升当时道教徒的思想认识，努力化解为势利而争、为功名而战的三国时期人心浮躁状况，力挽其对道教产生的负面影响。他的思想和方式，得到其侄孙葛洪的发扬光大。葛洪著《抱朴子》内外篇，既是其本人修持养生实践的经验总结，也是其叔祖葛玄行修传统的继承和理论弘扬，更是道教教义精神提升的具体表现。

　　葛玄在天台山的过程，表明道教灵宝派的方式在此传播，其后道教上清派频繁活动其间，渐次形成天台上清宗流派。上清派在天台山活动的人物有：齐梁陶弘景，他入茅山隐居前，特地东行天台，寻求上清祖师杨羲和二许真人手迹；隋唐王远知为上清派第十代宗师，其弟子潘师正驻鹤嵩山，再传弟子司马承祯于嵩山获法后隐天台紫霄峰，是为上清派第十二代宗师。司马承祯门下有弟子70余人，其中有两个系统的传承非常重要：其一系统传李含光，为上清第十三代宗师，接续起上清正宗于茅山中的香烟；另一系统即是在南岳传山西永济人薛季昌道法，形成了天台上清宗流派；薛传弟子山东人田虚应，元和年（806～820）中田虚应入天台，帝召不起；其座下弟子陈寡言、徐灵府、冯惟良三位成就优异。陈寡言精道门科法，闲来以吟诗琴酒为乐，有诗十篇传世；其门下传弟子刘介、字处静，著有《洞玄灵宝三师记》。徐灵府有《玄鉴》《通玄真经》《三洞要略》等著作多部，门下传弟子左玄泽，再传弟子闾丘方远从左玄泽受丹法。冯惟良入天台后，文士"元稹闻其风而悦！"他为桐柏观建筑的恢复做出了贡献，在原基础上构建了上清室、降真堂、白云亭、悠闲亭，恢复了司马承祯时代的建筑规模。他的座下有弟子三位：叶藏质，名道士叶法善之孙，其晚年尤精符术，闾丘方远曾于其座下受"上清经法"；沈观无，亦为晚唐著名道士；应夷节，思想解放，博学多才，不仅精"上清经法"，并兼修多门，其门下弟子著名者为杜光庭。

唐代晚期，天台上清宗流派人物中，最出色、最引人注目者，是吕丘方远和杜光庭，他们使天台道教向外方进行了很好的发散和传播，为发扬光大道教上清派精神做出了重要贡献。道教的方式自正式形成以来，对内整肃积弊，对外整合形式不同的民间信仰；如果说由唐一代道教上清派对社会中的民间信仰发挥了积极的整合作用，那么天台山道教在这个过程中是一个重要方面。进而宋代因张伯端和白玉蟾两位宗师，相继在天台山的出现，使天台道教再一次展现出了光辉亮丽的风采！因为道教的修持方式获得了新一轮的革新，道教对生命追求的教义内涵和文化精神获得了新的充实和提升。在这 2007 年之初，当我再一次随同任老登上天台山时，真是有许多感触！温故知新，今天的天台山称之为"仙山佛国"，那"佛国"确是名实相称，那"仙山"难道就是天台过去的历史辉煌了吗？

四　认识与思考

台州市道教从清代乾隆时开始滑坡，"乾隆四年（1739）清高宗明令禁止正一道传度，全真道亦受压抑，台州道教从此走向衰落。"民国时期，"兵荒马乱，民不聊生，出家道士为数虽不小，但在教理上并无创新"。而当代道教的现状，据台州道协相关材料反映：台州"七个县（市、区）道协班子老龄化现象比较严重"，负责人的年龄更高，"后备力量欠缺"，"没有后劲"。关键是人才问题，缺"道风正派能服众"，缺"学术上有造诣"，缺信仰坚定的中青年道教人才。由于缺乏人才，就连协会到期换届，"换来换去只好是原班子"。有许多修建得很好的道观，但是缺合适的道教徒去管理，社会上的人对素质低的道士根本就看不起。台州的道教在历史上很兴盛，今天之所以有这种落伍的状况，是因为道教界缺少人才，综合整体的情况看，这是整个道教的软肋。分析造成这种状况的原因是多方面的，但最主要还是历史造成的现状。台州道教界认识到明清以降政治的原因，尤其是清末至民国这段时期内社会不安定，致使道教在组织上更为混乱，在教义思想上没有研究和提升，这应该是道教进一步滑坡的重要因素。

台州道教的情况，折射和反映着整个道教在当代的情状，虽然这其中也有涉及落实政策、贯彻执行国家法规过程中的一些问题，诸如，有些道教徒为了经济利益到未登记场所从事宗教活动，还有一些假道士的非法无序活动，损坏了道教的清誉等等情况和问题，但综合起来看关键仍然是道教界缺乏人才，这是当代道教的软肋！既然缺乏人才是滞碍当代道教进步的主要原因，要改变这种状况，还必须从促进道教界培养和造就人才的角度去思考，说到底还必须从道教自身寻找切入点。道教要进步发展就必须自觉地提高自身的素质，这种提高不仅是道教徒个人也是需要道教界整体方面的提高和表现，除此别无窍妙。途径和方法也很简单，就是要求道教徒个人首先要自觉地、刻苦地学习，努力使自己成为道教中合格的有用人才，各级道教组织都要积极地创造条件培养道教人才。我们道教中人都要有刻苦学习自我培养成有用人才的意识，但人的一生又是短暂而有限的，所以道教中人还要应有甘做人梯，能为道友提供学习、提升、展示机遇和条件的奉献精神；道教组织和宫观要安排讲经说法的活动，尽可能地创造条件为道众提供学法提升的机会；要提倡道教徒个人的读经苦修、研经撰述独立的个人奋斗，在道教徒许多个体点上提升的基础上，以求展现道教整体面上新时代的新风貌。道教在展现新风貌的过程中，显现固有渊深的内涵和宝贵的特点；在显现特点的过程中传播道教有益社会进步的文化精神，弘扬道教光辉的思想理念。台州道教要达到这样的目标，需要能够从个体到整体思想上的觉悟和统一。要按太上"损之又损"的教旨，除去个人的私心和贪欲，努力克制自己的世俗态，要提倡道教徒保持清静心态而加深功修成就，道教徒个人要能以大局为重，发扬道教整体辉煌的事业心和荣誉感，从整体上提升道教作为宗教形式的超越精神。

浙江台州作为曾经拥有"佛国仙山，南宗祖庭"的地域，当地的道教界应该振作和奋起，有责任在党和政府的领导下建设并管理好道教的宫观场所。我们知道十大洞天之第二"大有洞天"，1986 年即作为道教活动场所开放；临海城隍庙也正式交道教界管理使用；天台山中现正在遗址上恢复将交由道教界管理的琼台观建筑；当地政府也正全力支持道教界恢复"南宗"发祥地天台桐柏宫的建筑原貌。我会任法融会长在与台州市委、市政府领导沟通交流情况时，台州市领导很有战略眼光表示的三点建设性意见和设想，也为道教界发挥作用、展示风采提供了可行的依据。我们道教界要珍视资源，抓住机遇，利用当地经济发达，道教信教群众多的客观有利条件，抓紧道教的信仰建设和道风建设，引导道教界适应当代社会，推动道教界为国家的经济建设作贡献。在构建社会主义和谐社会的过程中，道教界一方面要在爱国爱教的前提下正常传承发展，同时要用道教有益社会的文化精神，在新时代中发挥积极应有的作用，展示新时代道教应有的风采，做出道教应有的贡献。

（2007 年 3 月 31 日）

齐云山的记忆

一　景观概述

齐云山又名"白岳"，位于安徽省休宁县城西 15 公里，距黄山市（屯溪）33 公里，山下有齐云山镇（岩前镇），与黄山南北对峙，最高峰 585 米。山名由来，据明《齐云山志》载："一石插天，直入云端，与碧云齐，谓之齐云。"

山中自然景观优美，有三十六奇峰，七十二怪岩，二十四秀岭，十六处洞穴和众多的泉、池、潭、瀑、河、湖，各具特色。又有名木古树，苍劲挺拔，雄姿昂然。人文景观众多，道教的宫观、殿阁、庵堂原有二十处，现存六处，或傍崖借势，或依山而筑，选址极妙，巧夺天工。山中原有古道院十四处，现存两处；原有九里十三亭，现恢复六亭，坊原有十六座，现存八座，有古桥登封桥，建于明万历十五年（1587），重修于清乾隆五十三年（1788），碑和摩崖石刻，虽经风雨剥蚀，人为破坏，现仍保存完好者五百三十七件；明清墓葬二十二处，并有宋末农民义军首领方腊安营的寨洞遗迹。它目前已成为黄山旅游区主环线上不可或缺的一环。在屯溪—歙县（岩寺）—黄山—太平湖—九华山—黟县—齐云山—屯溪旅游线上，齐云山位居四大风景区之一。

二　道教的起源与衍续

《齐云山志》载：唐乾元年间（758～760），道士龚栖霞云游齐云山，隐居山之天门岩，于是开始了此山道教的历史。南宋宝庆年间（1225～1227），道士余道元（号天谷子）游齐云山天门岩，得潜师（指真武）印记"宜我室此"。遂与居士金安礼、金士龙共为筹措资金，建"佑圣真武祠"于齐云岩。明代皇室崇拜真武神，于是齐云山真武之"行宫"，也日趋兴盛。永乐十年（1412）后，宫观道房在齐云山次第落成。十八年（1420），建齐云观于齐云岩，宣德四年（1429），于拱日峰下建三清殿，正德十五年（1520），养素道人汪泰元，建玉虚宫于紫霄崖，创静乐宫于桃花洞，其门徒方琼真又建榔梅庵，并往武当取榔梅树植之。武当其号"太和"，而齐云山则谓之"中和"，世人称其为"江南小武当"。

据齐云山《御碑记》载：（明嘉靖帝）于壬辰年（1532）因正一嗣教真人张彦颀奏，令道众诣齐云山建醮祈嗣，果获灵应，自时设官焚修，赐建玄天太素宫于齐云岩（原佑圣真武祠旧址），其规模宏大，"齐云山"之名即由此而始。万历七年（1579），五十代天师张国祥也曾受命再谒齐云山。明永乐（1403）后，齐云山有宫殿三十三座，道房由四大房发展到三十六房，亭台楼阁、庵堂祠宇，遍布全山。

明末，齐云山道场渐衰，清乾隆年间曾一度有中兴气象，但咸丰、同治年间，连年兵祸，香火凋零，殿堂亭阁、登山石阶又因常年失修而相继坍塌湮没。民国初年，地方曾设齐云山管理委员会和整理机构，齐云山得到一定的整修恢复，先后修复了玄天太素宫、玉虚宫、洞天福地祠、三清殿等二十余座宫观殿堂和十二座道院。新中国成立后，齐云山回到了人民的手中，人民政府对齐云山进行了全面的整修管理，但"文革"十年又遭受空前的破坏。

三　道教的现状

党的十一届三中全会以来，休宁县委和县政府，对齐云山道教界十分关心和爱护。现在齐云由中各处道观和活动点上已有职业道士 15 位，并逐渐恢复了道教的宗教活动。1984 年 6 月在县政府主管部门的帮助下，道教界成立了"齐云山道教协会"。齐云山道教宫观、道房、道观遗址均由齐云山道教协会负责管理，并加以保护。在县政府的领导和协调下，道教界与兄弟单位共同协作努力，至今已先后修复了宫观几座、院房四座、亭阁九座、登山石阶 2876 级。最近，休宁县人民政府还进一步落实宗教政策，帮助齐云山道协明确房屋产权 17 栋 70 余间。

十一届三中全会以来，省、县两级先后拨款 18.2 万元给齐云山道协添置道具，兴建、维修官观神像。

四　齐云山主要道观情况简介

齐云山中道教的宫观建筑很多，主要集中在以月华街景区为中心的范围内。众多的道观建筑又以六个建筑群体相互贯穿联系。（一）由"望仙亭"入山后的"洞天福地"（主要建筑已基本破坏，现在可以保持遗址现状，今后有条件时就可以修复），（二）由"象鼻山"入一天门内"天开神秀""众妙之门""玉莲池"等。此范围内道教界已经整修塑像，管理开放；（三）由"三天门"内进入月华街，有四房道院包括"小壶天"景观，稍加修饰整理，即可开放，供游人参观，（四）"玄天太素宫"遗址，（五）"紫霄崖玉虚宫"，已经为道教界整理开放，（六）"文昌宫"遗址尚存。

"太素宫"是齐云山道教宫观的集中体现，全称"玄天太素宫"。坐南朝北，宫址占地面积约 1600 平方米，宫前原建有青石大柱牌楼，其上有精雕细琢的各式祥瑞图案。前后辅以六对形象逼真的石狮，坊上题额

"玄天金阙"。该宫于嘉靖三十五年（1556）兴建，历时两年竣工，明世宗敕赐殿名为"玄天太素宫"，并改山旧名"自岳"为"齐云山"。清乾隆三十三年（1768）重修，易坊额为"云程进步"。

1928 年亦曾全面整修此宫，后因军阀混战而止。1940 年汉素宫第一进殿和石坊先后倒塌，1948 年齐云山整修委员会重修第二、三进宫殿，安置宫脊锡顶青瓦，添置铜炉香鼎等器皿，并准备修前殿，后因故而止。"文革"中，宫殿大受破坏。今天在新形势下，太素宫的恢复将势在必行，齐云山道协和地方政府有关部门正努力筹措资金，准备重修齐云山太素宫。

（载于《中国道教》1992 年第 4 期）

道教名山（青城、华山）考察介绍

　　这是我受中国道教协会安排任考察小组组长，与世界宗教与环境保护联盟环保专家英国人奥斯沃德·菲利普、联盟中国项目官员荷兰人查林·哈伯兹玛、中国宗教研究中心助理研究员曾传辉（中方翻译）、西安文化旅行社赵效民（联盟翻译）以及小组邀请的四川和陕西当地的植被专家，从 1996 年 8 月 12 日至 8 月 27 日在陕西华山和四川青城山进行道教与环境保护情况进行了考察；9 月 3 日下午考察组主要成员在北京白云观进行总结汇报，然后双方分别撰写了调查报告。这是曾传辉先生起草，并以我们两人名义发表的一篇 "考察情况的介绍" 文章，也是一番经历，录以记载。

一　考察活动的缘起和经过

　　世界宗教与环境保护联盟 1995 年在英国召开了 "世界宗教与环境保护首脑会议"，中国道教协会代表团参加了这次会议并发表了《道教和生态环境宣言》。后经协商，中国道教协会决定与该联盟合作，组成考察组，首次于 1996 年 8 月 12 日至 8 月 27 日对道教名山四川青城山和陕西华山的道教与环境保护情况进行了考察。9 月 3 日下午考察组主要成员在北京白云观中国道教协会进行了总结汇报。其后，双方分别撰写了调查报告。

　　自始至终地参与了实地考察的成员共有五位，他们是：中国道教协会教务处主任袁志鸿（考察小组组长）、联盟环保专家英国人奥斯沃德·菲利普、联盟中国项目官员荷兰人查林·哈伯兹玛、中国宗教研究中心助理研究员曾传辉（中方翻译）、西安文化旅行社赵效民（联盟翻译）。另外小组还邀请了四川和陕西当地的植被专家，两地地方政府主管部门和道教协会也派人协助了这项工作。

根据考察的目的，整个考察活动大致从宗教和环保两个方面分组进行，由于该项目是国际性的合作项目，不仅有外方成员，而且小组中方成员也是来自不同地方、由不同单位的人员临时组成的，所以在整个活动中我们较好地做到了"互相尊重，以我为主，坚持原则，真诚协作"。考察结束时，各方面对这次活动均很满意，并给予很高的评价。

二　有关青城山道教与环保方面的情况

（一）宗教活动正常开展，宗教氛围浓厚。青城山现有 11 座宫观由道教管理，各宫观都住有一定数量的乾道或坤道，朝山香客和普通游人多，宗教氛围浓厚。现在全山已有常住道士 150 多名。有的道士宗教学识较丰富，有的则多才多艺、活动能力强，有的道士很年轻便担任了重要的教内领导职务。青城山的名特产品如洞天乳酒、青城泡菜、青城贡茶和苦丁茶等都由道教界开发或经营。青城山道协办有酒厂，各宫观都办有营业性的客房、餐厅、小卖部等。这些对增强道教界自养能力有很重要的作用，但由于这些经营活动会大量分散各宫观的时间、精力，如何处理好经营活动和宗教修持的关系也是一个很重要的问题。

（二）青城山生态环境保护良好。青城山地处亚热带，气候湿润温和，雨量充沛，土壤肥沃，非常适于植物生长。青城山有木本植物 730 余种，分属 110 个科，有多种名贵树种，其中银杏树和水杉树被称为活化石；草本植物上千种；药用植物 837 种，分属 169 个科。天师洞的一棵古银杏树已有 1800 多年的树龄，相传为张天师亲手种植，至今仍然枝繁叶茂，长势良好。青城山有成片栽植的水杉样本。青城山林木保存良好，即使在"文化大革命"中，也未遭到破坏。现存林木除路边和宅基四周的少数林是人工栽植的外，绝大部分树木都是自然起源成林的。青城山动物资源也很丰富，有陆栖脊椎动物 280 余种，野生两栖类动物和爬行动物 10 余种，鱼类 20 余种。在青城山上清宫至建福宫的山路两边，过去曾被开垦成农田的大片林地，现在已由政府总体规划，"退耕还林"，成为次森林区，部分地区已经恢复成森林区。这些都给考察者们以深刻的印象。

（三）道教界对青城山的生态环境保护贡献很大。青城山道教界有爱林护林的传统，现在青城山人行道旁的古树和部分小树，多为历史上和现在的道士们亲手栽植。"文化大革命"期间，山上的道士们为了保护树木免遭盗伐，往往通宵达旦地守林护林，青城山的古树林保存得如此完好，与他们的努力是分不开的。现在青城山道协每年与当地林业部门合作，开展植树造林活动。仅以 1995 年为例，青城山道协就组织人力花费 9000 余元，购买了 7000 余株小树在山区空地进行人工植树。青城山的旅游垃圾也由青城山风景区管理局和青城山道教协会共同派人清理。每天全山有数十名道教界人士参与环卫工作。

（四）对青城山的环境保护工作几点建议。青城山环境保护状况从整体上来看虽然比较好，但也还存在着一些需要改进的不足之处：1. 青城山的旅游资源的开发利用要谨慎进行。现在青城山仍然处于大开发时期，规划时一定要考虑到自然景观的保护，生态平衡的容量，有关方面一定要仔细论证，小心行事。2. 提高当地居民和旅游从业人员的环境意识。3. 加强商业摊点的管理。

三　有关华山道教与环保方面的情况

（一）古老而独特的地质形态。华山地区的岩石最早形成于距今 23 亿~27 亿年的太古时期，山体主峰岩石距今已 1 亿多年，不过绝大部分山体是 2400 万年前的产物，山体最年轻的部分也有 150 万年时间。华山的形成是典型的板块结构的结果，由于整个山体完全是坚硬的花刚岩成分，所以山体构造表现出典型的平行四边形的形状。因此，华山地形以其险峻而闻名于世。由于华山经历了由海底到陆地再到高山的漫长演变过程，华山的地貌类型也很齐全，有平原、山地和盆地等。

（二）多样而珍贵的动植物资源。由于华山气候垂直变化大，华山植物种类非常多样化。华山的面积总共只有148平方公里，却有植物1200多种，其中仅微观植物就有146科，630属，1883种。从与附近地区的比较来看，华山的种子植物占秦岭地区同类植物的82.38%。华山有单种属植物25种，占华山全部植物的4.5%。华山植物有特有种4个，准特有种14个，有40种植物属国家重点保护对象。

华山动物资源也很丰富，有204种脊椎动物，分别属于25个目，65个种；有122种鸟；有3种国家一级保护动物，即金钱豹、黑鹳、大鸨；有国家二级保护动物20种；有省一级保护动物一种，省二级保护动物99种。保护动物的种类占全国保护动物种类的60.3%。其中华山虎凤蝶属华山特有物种。

（三）悠久的历史文化遗产和优秀的道教文化传统。华山号称五岳之西岳，不仅在道教中占重要地位，亦处在中华文明的发祥地带的中心位置。远古的中华文明起源于龙图腾和花图腾，其中花图腾就是华山代表的荷花。这也是中国称之为中华的原因。道教兴起后，道教文化便在华山人文传统中占据主体地位，现在的人文景观，也以道教为主。如毛女仙姑洞，反映了秦汉时方仙道的情况；陈抟老祖的老华山派是唐宋时期道教的缩影；郝太古的新华山派代表了金元前后道教在华山传播的情况。现存古代道士修炼的石室就有72个半，而历代文人墨客登华山时留下的墨宝很多都与道教有关。点缀华山岩石间的道教诗词和教义引词多达500余处，凿在悬崖峭壁间的石阶是当年道士入山修道的途径。现在华山约有全真道士50余名。可以说，如果抹去道教文化成分，华山的人文景观将黯然失色。

（四）在保护华山的自然、人文环境时，要注重发挥道教的作用。

华山的美包括自然美，更包括人文美。在处理保护自然环境，发展旅游与保护道教合法权益方面，不要把道教当做一种障碍，而是要充分利用道教文化，使华山固有特色的两方面都充分显示出来。世界人民来登华山，不仅仅是来看看已经凝固的文化遗迹，更希望看到的是一种古老的传统还活着。我们希望给子孙后代多保留一些未经人为破坏的自然环境，我们更希望看到道教文化在华山的历史中更有生命力。联合国教科文组织在确定人类文化遗产的时候，就非常重视这一点。但是道教文化在华山还没有摆上相应的位置，某些地方没有受到妥善的对待。

（五）在旅游资源的保护、开发、利用方面要吸取西方国家的教训。1. 不要把一座宗教名山搞得"太文明"，"太现代化"了。因为来华山游览的人们，不管他有没有道教信仰，都会产生一种朝圣者的心态。现代的人类太骄傲了，他们在不遗余力地从自然界索取。但是他们如果来这里登山，就会在大自然的雄伟险峻面前感到自我的渺小。如果把风景文化名山搞得太城市化了，既会破坏自然景观的原始风貌，又会失去了华山对登山者应有的震慑力。从长远的社会经济效益来看，这样做是有害的。2. 不宜提倡喷洒农药消除森林害虫。华山的林木几千年来都在自然地生长发育着，它早已形成了自身的生态平衡，如果人工喷洒农药，就会破坏平衡，造成严重的后果。一般来说，一种农药都是针对一种或几种害虫制造的，但它无法避免对其他昆虫的伤害。如果大规模地喷洒农药，有些名贵昆虫，如华山虎凤蝶甚至可能因此减少或灭绝。如果说害虫在某个时期突然增多了，应当寻找它增多的原因，如旱灾等，再针对原因加以根本治理，而不要大规模喷洒农药。3. 死树不要人为地去砍伐。生和死是自然界的组成部分，在自然保护区里，树木死了也不要去人为砍伐用来做建筑材料或派作其他用处，让它们留在那里，有利于保持原始风貌。有些昆虫是专门以死树为食的，如果没有死树存在，这些昆虫也会失去食物来源。华山上的死树较多，因为地势险峻，没有砍伐，这是对的。希望将来对那些容易砍伐的死树，也不要去砍，除非该树威胁到人类的安全。

（六）对华山风景区管理工作的几点建议。1.要进一步加强生活垃圾的清理和处理。2.山上商贩摊点要合理布局，不要过多过滥。商用棚屋要统一规划，注意外观与自然人文景观的协调。3.对危险地段要设置安全标志。4.进一步协调管理局与道教的关系。

以上内容只是实地考察阶段的情况和小组成员口头或笔头的资料综合而成，全部情况以正式的考察报告为准。

（载于《中国道教》1997年第2期）

青海省道教协会正式成立

　　1997 年 10 月 27 日青海省政府宗教局举行全省宗教界学习贯彻十五大精神大会，青海省委书记田成平亲切会见了与会宗教界人士。当天下午青海省道教界乘"十五大"春风，经省政府宗教事务局批准，并报省政府民政厅核准登记，召开了青海省道教协会第一次代表会议。全省道教界选出 27 位代表，通过充分酝酿协商，于 10 月 28 日下午选举产生了青海省道协第一届理事会的领导班子。选举理事 11 位，常务理事 7 位；选举乐都县武当山住持杨诚泉道长担任省道教协会第一届理事会会长，西宁市土楼观住持喇宗静道长、湟中西元山道观李宗净道长担任省道教协会一届理事会副会长；选举张星居士担任秘书长，从而宣布了青海省道教协会的正式成立。

　　青海是一个神奇的地方，道教早就在这里传布。党的十一届三中全会之后，青海的道教徒又逐渐恢复了活动，他们积极参与青海省宗教界的爱国、爱教、爱家乡的"三爱"活动。积极响应政府开展生产自养，响应政府种草种树的号召，1986 年"青海省宗教界种草种树表彰大会"上，道教界就有两个先进集体和先进个人受到表彰奖励。青海道教界还主动改变传统守旧的观念，积极争取承包耕地、荒山、林区等，使生产自养有了初步的保障；他们还积极主动，从各种渠道筹措资金，维修道观，绿化环境，受到社会各界的好评。1983 年青海省批准开放了著名的西宁市土楼观为道教活动场所。为了进一步推动青海道教事业正常开展，1995 年下半年经省政府宗教局同意，成立了青海省道教协会筹备组。筹备组成立后立即开展对全省道教庙观进行摸底调查，并选拔道士出青海学习，筹备组曾先后选举了6名道士到中国道教学院和中央社会主义学院专修班读书班学习深造，增加知识，更新观念，提高素质。还选派道士在省内外的宫观中去拜师求学，并邀请外地有专长的道长来青海道观中交流讲学。现在这些经过培养的道士都成为青海道教教务活动的骨干力量。在此基础上，道协筹备组积极配合省政府宗教事务局调查核准登记开放符合道教活动场所标准的道观。到目前为止青海省已核准登记开放道观12座，住观教职人员50余名，据统计信仰道教群众数以万计。

1996年10月青海省民族宗教事务局曾就1979年以来党的宗教政策贯彻落实的情况，专门召开了全省道教宫观民管会主任座谈会。

虽然青海省道教宫观和道教信徒都较少，但是政府一直在关心道教教职人员的队伍建设，关心宫观的修复，教务活动及管理和自养等问题。省道协召开代表会议之前，青海省委书记亲切接见与会代表并合影留念；喇秉礼副省长莅临会议；宗教局李庆局长自始至终参加会议；谢宗信副会长和中国道协教务处袁志鸿主任也出席了会议。

中国道协副会长谢宗信道长在青海省道教第一届代表会议上向与会道长提出四点希望：一是加强学习，提高素质，当前主要学习"十五大"文件，学习江泽民总书记十五大报告；二是学法守法，增强法制观念，坚持"四个维护"，积极与社会主义社会相适应，为创造安宁祥和的社会环境，为经济建设做贡献；三是管理好开放的道观，加强道教人才的培训，提高道教徒自身的素质，使道像道、庙像庙；四是注重道教界自养经济建设，使道教徒既是虔诚的信徒，更是自食其力的劳动者！

我们相信青海省道协一定会在引导道教徒与社会主义社会相适应的新起点上，创造出新的成就。

（载于《中国道教》1997年第4期）

道教事业更需要奉献精神

——记青海省几位道长的感人事迹

　　青海位于青藏高原的东北部，风光绮丽，是长江、黄河的发源地。在青海这片神奇的土地上，道教早就延续和传布，现在这里仍然有许多虔诚的道教徒和相当数量的信教群众。笔者最近去青海，有机会与青海道教界代表人士相聚，其中有乐都武当山杨诚泉道长、西宁土楼观喇宗静道长、湟中西元山李宗净道长、大通娘娘山任诚珍道长、乐都昆仑山马诚仁道长、贵德巨宗贞道长（坤道）等，以前了解一些青海道教的情况，现在直接与大家在一起交流，更深深地感觉到继承道教事业，弘扬道教文化非常需要奉献精神。

　　乐都武当山杨诚泉道长，虽已年届 68 岁，但对道教事业仍然信心百倍，奉道精神十足。当初为了道教信仰，单身一人进了深山，在乐都武当山中原有的庙基上去恢复道观。1979 年，他站在光秃秃的山岭上发愣，是为了发扬道教的精神使他发奋改变前山后岭的自然环境，在这荒凉的山野植树种草，创造人间仙境。他在山中十八个春秋不懈地努力，起初时单枪匹马，后来感动了道教信众，大家都一起支持他。现在乐都武当山已种植杨、松、榆、柳、杏等数十个树类二百余万株，种草也达千余亩。

　　说起当初的艰辛，杨诚泉道长说：开始的时候是肩挑人抬地解决树苗的浇水，后来感动了信教群众，大家就牵着毛驴来为他驮水浇树。再后来在政府有关部门的关怀和帮助下筹措资金建起了山下往山上的抽水站，终于解决了山上用水难的问题。杨诚泉还带领道众和信教群众采取拉铁丝网、砌石墙等办法保护树木成活率。乐都武当山的道众在杨诚泉道长的带领下，植树造林美化景观，使武当山道观既是道教宗教活动场所，更是社会各界游览观光景点。

经过艰苦的努力，在气势雄伟的武当山顶峰修复了大殿和配殿约有十四处，供奉有无量祖师、玄天上帝等道教尊神。道观人员也由原来杨诚泉道长一位而增加到 8 位道士。1982 年当地县人民政府批准道观为正常开放的宗教活动场所；1985 年在政府支持下成立了武当山道观民主管理委员会；1988 年省政协表彰武当山道观在参加社会主义建设中的优异成绩，道观被评选为全省绿化先进单位；以后又连续两次受到县政府有关部门的表彰。杨诚泉道长本人是乐都县政协委员，1996 年 10 月在他 67 岁时被省政府宗教局推荐到中央社会主义学院道教读书班学习深造。

今天的杨诚泉道长已是青海道教协会的会长，他说："没有共产党就没有新中国，也就是没有我们道教的今天。作为新中国的道士，既要爱教更要爱国，要拥护党和政府的领导。我这样一个年老道士，深深懂得要弘扬道教文化，继承道教事业，既要有坚定的信念和顽强的精神，更要努力培养青年道教徒作为我们的接班人。现在青海道教协会成立了，我高兴得流出了眼泪，我们省道协今后的主要任务就是积极引导全省道教界与社会主义社会相适应！"

乘此次青海之行，笔者又有幸去参访了西宁城北土楼观的风貌。土楼观是始建于北魏时代的古迹，原有许多汉魏时期的壁画，其中"九窟十八洞"中藻井和神像绘画是古代壁画珍品。由于兵荒马乱，年久失修，现仅留下藻井壁画的管豹之迹，原来供神设像的岩穴洞室，被人糟蹋成断墙残垣。1979 年前只有赵理朴道长一人在这里驻鹤，1979 年时有一位 34 岁青海土族青年来拜赵理朴道长为师。

赵理朴道长对这位青年说："修道很苦啊，在我们青海信道教的人没有其他教的人多，你不怕别人说你不合群吗？"这位土族青年说："我拜读过伊斯兰教、天主教和佛教的经典，但诵读道教经典时有一种特殊亲近的感觉，所以我觉得道教最适合我，因此我选择道教为自己的终身信仰"。

赵理朴道长听这年轻人讲得好，遂将他收为弟子。这位土族青年姓喇，按宗派系代起名为宗静。喇宗静果然行如其言，能吃苦耐劳。道观当时很困难，师徒经常是吃了上顿没下顿，喇道长就靠出去化缘来维持生活。外面来道观的人见喇宗静长一副好道像，就来请他看相算卦，声言要给报酬，他不仅谢绝，而且实事求是地说："命相是算不准的，集功累德要凭人自己去做，多做有益于社会，有益于人群的好事，功德善事做了，神仙就会保佑你。"赵理朴看徒弟处事老成，信仰虔诚，遂将庙观的事都交他处理。赵理朴道长羽化后，喇宗静更加坚定自己的信念，他要继承师父的衣钵，决心再造西宁土楼观的辉煌！当年的土族青年喇宗静，现在已被青海省道教协会第一届理事会选举为副会长，他继承传统、弘扬道教文化有了更加宽阔的舞台。

青海是一个多民族居住的地区，宗教信仰的形式较为复杂，作为有责任心的中华人民共和国公民都应该共建民族平等，团结互助的气氛，以促进社会的祥和稳定。喇宗静是一位虔诚的道教徒，更是一位有责任心的公民。他不但积极搞好土楼观的教务，为了与兄弟宗教增进友谊，经常交流联系，还努力学习其他宗教的知识，尊重别人的信仰。其他宗教的节日，他必代表土楼观前往祝贺，兄弟宗教寺院有事请他帮助，他必尽心尽力去努力，这样增加了各宗教之间的友好往来。为此，喇宗静受到社会各界，特别是宗教界的好评，土楼观也因此被政府评为"民族团结先进单位"和"三爱活动先进寺院"。

土楼观经政府批准开放为道教活动场所后，积极响应政府"种草植树、美化西宁"的号召，使土楼观的面貌越来越美好。西宁城北土楼山的盐碱含量很重，人们说："北山（土楼山）寸草不生树不活"，但土楼观的道士硬是在喇宗静的带领下种活了百余类树种，栽活了数万株花草。

青海省和西宁市各级政府对土楼观的植树种草行动极为关注和支持，党政机关的干部亦纷纷上山植树造林，绿化荒山。土楼观因此被评为

"全民植树先进集体"，喇宗静道长则被政府授予"植树先进个人"。西宁城北区政协为支持土楼观联合城东、城西、城南三区政府部门共同向社会发起倡议，集资 40 万元人民币，铺设管道引水上山，解决了土楼观用水困难的问题。十余年，在他的带领下，土楼观共建成殿堂 12 座，（计 115 间），道士住宿单房 18 间，办公用户 5 间，接待室 1 座 2 层，壁廊 6 间，院墙 300 余米，由山底至山顶殿宇修成数百米青石阶山道，绿化面积 74 亩，种草 12 亩，因此土楼观被政府部门赞为"西宁新八景之一"。据称地区现在所有的树种，土楼山上都有，西宁没有的树种土楼山上也有！如今，喇宗静道长是西宁市政协常委。

其他几位道长在自己的道观也都通过自己艰苦创业，使道观的面貌一改旧颜，受到当地社会各界好评。乐都武当山的道观是这样，西宁土楼观是这样，其他各处道观的发展也都是这样。青海的道教界就是凭着愚公移山的艰苦奋斗精神，积极与社会主义社会相适应，受到社会各界的好评与肯定。今天青海人民正在党的"十五大"春风的吹拂下，加强学习，转变思想观念，积极适应我国经济建设向中西部战略转移的重大决策，在建设有中国特色的社会主义中，做出新贡献！

（载于《中国道教》1997 年第 2 期）

北岳太贞宫修复开放

北岳恒山，位于山西省北部的塞土地区，奔腾起伏，蜿蜒峻拔。东西绵延五百余里。

恒山之名，由来已久。《舜典》中已称恒山为"北岳"，《周礼》中有言曰："其山镇曰恒山"。

据史载恒山很早就是帝王从事祭祀、封禅等重大宗教活动的场所。早在三千多年前，周成王（西周第二位国王）就曾"狩巡至北岳，北方诸侯朝于明堂"。（见《资治通鉴》）"秦始皇二十九年（前217）复游海上，主琅玡，过恒山。"（见《史记》）汉武帝天汉三年春（前98）三月也曾亲临恒山封禅祭祀，"瘗元玉"，并首次将恒山封为神，以后历代仿效。北魏太武帝拓跋焘登临恒山，祭祀祝禄之余，并于山上创建岳庙。唐贞观十九年（645）李世民亲为文广命太宰祀北岳恒山于曲阳（河北省境内），宋太祖赵匡胤乾德六年（968）亲临定州，面北遥祀北岳，明清帝王亦均遣使专赴恒山祭祀。

由于历代重视其在五岳中的地位，希冀其护佑国泰民安，所以于北岳不断修建整理岳庙，到清代乾隆时，仅恒山主峰就有大小不等的道观庙堂六十余处，有"七宫八洞十五庙"之说。

前人的历史辉煌，必然有后人继承，现在国家经济形势越来越好，党的宗教政策也不断得到贯彻落实。山西浑源县政府为了进一步发展大好形势，推进经济建设的发展，使道教界能多渠道集资修复北岳太贞宫（又称北岳行宫）过好正常的宗教生活，于1992年即下达浑政办发

（60）号文件，将北岳太贞宫首先开放作为道教界活动场所。

经过一年多的准备，北岳太贞宫得到了一定的修复，1993年10月17日上午，北岳太贞宫"为北岳安天太贞元圣大帝"及其文臣武将举行开光典礼。当时，这座坐落在山西浑源县城区的道观内外，香客、信徒、道士和各界观光者，熙熙攘攘，锣鼓鞭炮之声此起彼伏热闹非凡。

按宗教仪式，太贞宫的道士清晨即抬着放在红绸蒙着的太师椅上的黑陶水罐，攀上山巅的月亮宫（又称朝殿）前的苦甜井中汲来甜泉，然后悠扬的道乐护拥着圣水进入道观，时值上午九时，人们欢快的情绪也达到了高潮，开光仪式也就在此时正式开始。专程率员莅临祝贺的中国道协常务副会长谢宗信道长作了热情洋溢的讲话，他向地方政府部门为道教界积极落实宗教政策的实际行动表示感谢！向各界参加庆典友人、道教界同仁表示亲切的问候！向太贞宫的各位道教界人士提出了"道像道、庙像庙"，建设管理好庙观，发挥道教艰苦创业传统的要求。

现在太贞宫已经有年轻全真道士8名，原有殿堂五座已修复使用了太贞殿、救苦殿，塑设神像17尊，另有10尊神像正在塑设之中。据太贞宫负责人王明信道长和县宗教科的负责人介绍，太贞宫修复将以前山门为基点，东西阔开50米，纵深推进200米，总建筑为10000平方米。

回顾历史，北岳太贞宫初建于北魏延兴元年（471），自萧文帝起有二十四位帝王于此祭天，唐贞观十九年（645）太宗曾派大将尉迟敬德扩建该宫，祭天后并封此宫为"天下第一宫"，现御碑仍存。但那都是历史，是古人成就的体现。今天的太贞宫虽有创业起步的艰难，却有党和政府的关怀，信教群众的支持和地理环境的优异，也许明天将建设得比古人还要庄严堂皇！

（载于《上海道教》1994年第1期封四）

赴新疆登天山观天池

　　时在 1999 年 4 月，我与中国道协同仁偕行，应阜康市委统战部之邀，赴新疆参加在天山天池边举办的活动。新疆天池，是人神往的地方！这是我首次赴新疆，所以心情更为激动。当飞机再一次穿出云海，看那天穹湛蓝湛蓝，悠悠白云仿佛要贴近机身，飞机犹如自由自在地在空际飘浮。透过飞机舷窗往下看，只见机翼下很低的地方，却是绵绵不绝望不到边际的沙漠，宛如波浪起伏的黄河波涛。又过了半小时之后，看到了山的影子、峰的脊梁，渐渐地、远远地眺望到了白雪天山苍茫的轮廓。经过三个半小时的飞行，我们乘坐的飞机终于降落在乌鲁木齐机场，接机的友人早就在那里等候了。

　　这是阜康市政府的接待车，接上我们即向目的地阜康飞驰而去。车先要在市区行驶近半小时车程，当经过乌鲁木齐市区红山公园时，才使人真正感觉到：新疆并不似想象的那么荒凉。乌鲁木齐原来也像内地的都市一样美，一样春意盎然！越过乌鲁木齐市区，就上了宽阔的高速公路，小车以 120 码的速度向前飞速行进。眼前不断闪过刚刚冒出嫩芽的草地，成群的羊群、牛群、马群和骑在马背上的健壮的哈萨克牧人。四月天气的下午 6 时，北京应该是夜幕将要降临的时候，但新疆的太阳还高高地悬挂在偏西的天空。主人热情地向我们介绍着天山和天池，天山当地人称作"博格达"，是美丽神圣的地方。

　　我们的目的地，就是去天山东段博格达主峰天池胜境，这个美丽而又充满神奇的地方，参加的活动就在这里举行。天池距乌鲁木齐市 110

公里，在阜康市区以南 41 公里，坐落在天山东段博格达峰西北。据《新疆图说》释谓："博格达"一词，维语的含义是"神灵"或"灵山"之谓，所以博格达山峰即被尊为乌鲁木齐的"守护之神"。博格达山其峰有三：东峰，海拔 5287 米，称为"灵峰"；西峰，海拔为 5213 米，称为"圣峰"；主峰，海拔 5445 米，统其称号为"灵山"或"圣山"。清·乾隆二十四年（1759）朝廷曾敕驻乌鲁木齐官员"登红山（即经过乌鲁木齐市区内景点）遥祭神灵"，并颁布《博克达鄂拉祭文》，"每岁春日致祭"，秩于礼典，以求神佑物阜民康，遂有"阜康市"之地名留存。

沿着博格达山下江河流域，过白杨沟、一线天，曲折盘旋登山时，才知道与天池相伴着还有东西小天池两处：东小天池，位于天池东北半公里处，海拔 1860 米。其由天池北岸白龙坝下泻之水，首先于危崖处成一 10 余米高之瀑布，人称"白龙吐珠"。瀑布水溅谷底，汇成山涧溪流，水清彻底，传为仙子于此梳洗，故名为"梳洗涧"。其水北流数百米，成一方圆数百米深潭，潭水碧澄，深幽莫测，周有松柏苍翠，此处即谓东小天池，又称"黑龙潭"，俗谓"王母娘娘洗脸盆"。其潭下断崖峭壁高近百米，有名为"百丈崖"，潭水流泻而下，与太阳光照辉映出的彩虹，迷幻美妙绝伦，故有景名称为"悬泉瑶虹"。西小天池，距东小天池数千米其下，海拔高度为 1660 米，乃由天池水从地下渗涌而入池。泉水涌出处，似母乳之状，故称之"隐乳洞"。此处清泉流经处，传为西王母常梳洗于此，其水质甘冽如玉汁，洗之洁人肌肤。甘泉下泻，瀑布凌空，垂帘数十米，有景名称作"玉潭银帘"。瀑布下泻成潭，即西小天池，又称"玉女潭"，俗谓"王母娘娘洗脚盆"。白龙坝之"白龙吐珠"，百丈崖之"悬泉瑶虹"，隐乳洞之"玉女银帘"合称为"天池三瀑"。

新疆天池，坐落在天山东段博格达山峰西北山腰，湖面海拔 1910 米，呈半月宝葫芦形状，南北长约 3400 米，东西宽约 1500 米，湖面周长 9.7 公里。天池为高山湖泊，是风格独特的山地自然景观。我们到达的四月天气，北京已是春暖花开艳阳天，这里却是天山白雪皑皑、天池水面如镜；室外太阳出来热烘烘，树阴室内仍寒冷。据称这里四季景色变幻各具奇趣：春到天池，坚冰消融，鸟雀啁啾，马鹿欢鸣，芳草破土，云杉叶深。当地人形容："天池的春色是百灵鸟唱出来的"，随之暖风吹绿了四野的草地，天池变得更加秀媚。盛夏酷暑难耐，但天池平均气温保持在15℃左右。千寻雪岭，素裹银装，瑶池百顷，水清彻寒，乔木青青，异卉争芳。在火辣辣的太阳下，天池实在是难得的避暑佳境。水面上飞驰着游艇，池畔是成双成对的太阳帽，小花伞在自由自在徜徉。夏季的天池分外骄艳。秋天的天池，浓霜染红了池畔的树叶。池水碧澄，天穹湛蓝，琴声悠悠，牧歌高亢，炊烟袅袅，牛羊来归。大地迎来了辉煌的季节，秋的天池变得更为俏丽。冬来了，博格达山下也能"冻破石头"，但天池地方是"夏凉冬暖"。池面坚冰，纤尘不染，高山白雪，惟余莽莽，湖光山色，北国风光。冬的天池，更有无限幽雅。如此美妙佳境，人们只得将之颂为"西王母沐浴之处"，这是说凡俗之辈难以消受那佳景秀色。

雄伟的博格达山下，美丽的天池，造物不仅赋予她多姿的美景，同时赐给了丰富殷实的自然资源。据相关资料记载，天池区域内有种子植物200余种，兽类24种，鸟类50种，爬行动物2种，两栖动物1种，鱼类3种，这里被称为高山植物园、动物园。1980年，新疆维吾尔自治区人民政府批准建立天池为属林型综合性自然保护区。据相关人士调查，在称作天池中山峡谷森林带内，降雨充裕，分布着雪岭云杉间灌木，小乔木，草本植物群落，构成茂盛的植物景观。在此森林带内，植被达36种96属，以桔梗科、玄参科、牻牛儿苗科植物为常见，植被总覆盖率为41.5%。其中，雪岭云杉又名天山松，属常绿乔木，树身一般30米左右，胸径50厘米，树令最长者可达400岁，有考证称该树种约于4千万年前就在天池落户生长。此地其他的高山植物，还有密叶杨、白桦等为主要树种。博格达山有多种奇花异草，可以在摄氏零度时发芽，幼苗可经受零下20多度严寒，堪称世界上生命力最强的植物。雪莲是这些高山花卉中的佼佼者。雪莲别名雪菊花、大木花，生长在海拔2600米以上的积雪岩缝之中，所以有"冰雪知瑶花，严寒识云彩"之说。

新疆天山雪莲，以天池博格达峰生长的品种最佳。传说雪莲是西王母在瑶池沐浴，众仙女撒花助兴，于是在雪山上留下了冰清玉洁的雪莲花。当然这是神话，不过哈萨克族人认雪莲为"圣洁之花"，采撷后挂在毡包的门上，象征吉祥如意。牧民在放牧途中偶遇雪莲，亦认这是吉祥之兆。他们还认为饮雪花苞叶上露珠水滴，可以驱邪祛病延年益寿。实际上，雪莲是一种名贵的药材，有通经活络、清淤活血、祛风散湿的功效。过去天池的道士用雪莲泡制药酒，名曰"苦酒"，用以治病救人，疗效甚佳。对雪莲的生长特点，古人早有研究，清代纪晓岚《阅微草堂笔记》就记载雪莲"其生必双，雄者大、雌者小，然不并生，亦同根，相去必一两丈"。天池区域内生长的野生动物也很多，据资料记载有：雪鸡、金雕、御雕、燕隼、猫头鹰、雪豹、棕熊、马鹿、水獭、猞猁、石貂、北山羊、扫雪、岩羊、野猪、银鼠、松鼠等，其中有8种属国家级重点保护动物。珍禽中以暗腹雪鸡，属国家二类保护动物；野兽中雪豹栖于雪线附近，是很难有缘见到的珍兽；马鹿全身是宝，属国家二类保护动物；昆虫中，雪蝴蝶也属珍异。

天池有许多美好的名称："冰池"是道教全真龙门派祖师邱长春真人，西行至此，登雪山博格达峰而祀天池所称之名。邱神仙为"天池"胜境而感动，情不自禁咏诗叙怀，词曰："三峰并起插云寒，四壁横陈绕润盘。雪岭界天人不到，冰池耀日俗难观。岩深可避刀兵害，水众能滋稼稻秆。名镇北方为第一，无人写向画图看。"因此诗天池遂有"冰池"之名传世（请见《长春真人西游记》）。"神池"、"天境"之名是因清乾隆四十八年（1783）乌鲁木齐都统明亮为《灵山天池疏凿水渠碑记》，其中有"神池浩淼，如天镜浮空"句，遂留传为池名。又有"龙湫"之称，为清纪晓岚《乌鲁木齐杂诗》有"乱山倒影碧沉沉，十里龙湫万丈深。一自沉牛答云雨，飞流不断到如今"。而"天池"一名据称是依唐李白"请君赎献穆天子，犹堪弄影舞天池"之句而得名。但这都是后来文人墨客弄骚之举。天池之种种称谓，说来还是以"瑶池"最为古老。这是一段古老而美丽的神话,《穆天子传》记载,古有穆天子者,西行到天山之境,选吉日执"白圭元璧"拜见西王母,"觞西王母于瑶池之上",当此之时,诗歌唱和浪漫逍遥;穆天子于瑶池胜境植槐树,立石碑"西王母之山"以志此行。这段千古佳话,为后人留下了无限美妙之遐想。唐李商隐据此咏之,曰:"瑶池阿母绮窗开,黄竹歌声动地哀。八骏日行三万里,穆王何事不重来?"在中国社会中,西王母被奉为道教主管男女众仙的大神,道教徒对之信奉有加,在文学家的笔下,"瑶池"更是西王母举办"蟠桃盛会"的神圣之处,仙话说每年三月初三,西王母均于此大宴群仙。

　　博格达山下,居住着许多哈萨克族人,于是独特的民风民俗,充实了天池区域内的民族文化风情。哈萨克族是一个以牧业为主,逐水草而居,勤劳善良的民族。他们习惯于几户或十余户居住在一起,形成一个小村似的游牧村落。哈萨克人能歌善舞,高山、草原、湖畔、毡房,到处都能听到他们在歌唱。正如他(她)们自己所唱的那样:"歌声伴你来到这个世界,又伴你离开这个世界"。由于长时期的牧业生活,他们与马休戚与共,放牧、访友都以马代步,正如谚语所说:"骏马和歌,是哈萨克的两只翅膀。"哈萨克牧民以毡房为居。毡房顶部为弧形,四壁支杆呈穹隆状。哈萨克人十分好客,他们说:"在太阳落山的时候放走客人,是跳进河里也洗不清的耻辱!"所以客人在草原上投宿毡房,不论民族,无论相识与否,主人都会热情款待。哈萨克人热情好施,乐于助人的精神,被人们誉为"没有乞丐的民族"。哈萨克族有崇尚白色的遗风,他们认为:白色象征纯洁,吉祥和幸福,所以他们招待贵客的羊肉用黄首白羊,让贵客住白色毡房,这都是他们尊重贵客的意思。

　　哈萨克人信仰伊斯兰教,男子戴皮帽,穿宽大结实的衣服。他们主要的活动在马背上,使人更觉得他们英武矫健。少女戴花帽,顶插猫头鹰羽毛,更显民族特征。青年妇女喜欢穿艳丽的绸缎服装,顶戴鲜艳的头巾,全身珠光宝气,使人觉得娇美无比。耳环手镯,项链戒指等金银珠宝是她们喜爱的饰物。老年妇女多着素色衣服,披白头巾,十分整洁朴素。这种独特的民族风情，使天池胜境更具有丰富的内涵。

人们很早就对天池进行了开发，留下了丰厚的文化遗存。如多处道观遗址，多通碑文石碣，最为宝贵者，是博格达山以天池为中心分布有多处岩画。主要有"吉沿坚"和"三工河"原始岩画。吉沿坚原始岩画，位于吉沿坚沟（地名）上游，雪线附近的台地上，内容反映古代游牧民族的狩猎生活。三工河岩画，在三工乡（地名）以南 2 公里的沟内，岩刻有大角羊、大头羊、马、骆驼、狗、鹿、人等，内容丰富，以狩猎为主。其岩画中的猎人、羊及鹿等，形象生动，刀法古朴，线条流畅，是天池地区悠久历史文明的见证。

新疆天山博格达峰天池胜境，是我国第一批公布的 44 处重点风景名胜区之一，为西北干旱地区集雪山、冰川、森林、草地、高山、湖泊为一体，并同美妙的神话传说，悠久的道文化以及与当地哈萨克民族风情相融洽辉映。在这里既可以领略山水之胜，林壑之美，神湖之幽，尽情享受天池自然山水美景的陶冶和净化。难怪古往今来有那么多文人墨客、国际友人、政府要人，都不顾鞍马劳顿，千里迢迢接踵赴天池胜景而来！据说，毛泽东主席 1965 年听关于新疆天池的情况介绍，也曾神往地表示："我要上一趟天池！"他还说："瑶池传说中是王母娘娘洗脚的地方，到时候我要在里边洗个澡。"现在有许多人赴新疆旅游，正如知情者所说的那样："到新疆不游天池，等于白到了新疆"！

（1999 年 4 月）

北京白云观面临新千年的活动

在新千年即将来临的 2000 年 10 月，坐落在北京西便门外的白云观，隆重举行了修缮竣工、方丈升座、神像开光庆典活动。中共中央统战部李德洙副部长、国家宗教局叶小文局长以及国家文物局、北京市党政部门的有关领导应邀莅临庆典活动，内地三山五岳著名道观和各地省市道协的负责人及社会各界名流，也前来参加或观摩面临新千年道教界的这次活动。我国香港、澳门、台湾地区和新加坡、英国、美国、韩国、日本、澳大利亚、意大利的同道朋友们闻讯纷纷前来观礼祝贺。金色的十月，收获的季节，圣地盛事，显得尤为隆重。

北京白云观是全国重点道观之一

著名的宗教家赵朴老曾说："道教是我国固有的宗教"。而北京白云观是道教闻名于海内外的千年古观，也是华北地区现登记开放的最大道教活动场所。宫观初建于唐代开元年间，初名"十方天长观"，金元之季因道教全真龙门开派宗师邱长春真人的作为，遂使北京白云观成为道教全真派十方丛林，龙门宗系的祖庭。新中国成立后因其历史悠久，建筑古朴，宏伟壮观，白云观被定为北京市文物保护单位。1957 年中国道教协会成立后，道教界全国性团体机构即设于此处。中共十一届三中全会之后，该观是国务院直接批准向海内外首批开放的全国二十一座重点道教宫观、宗教活动场所之一。

规范的道教宫观建筑格局

宫观主要建筑分东、中、西三路和后花园。中路是全观的主要建筑，依次为：三清殿、邱祖殿、老律堂（即七真殿）、玉皇殿、灵官殿、山门、棂星门（又称睹星门，睹：看的意思），门前影壁有（元）赵孟頫手书"万古长春"四个大字；左右有配殿楼阁，厢厨寮房；东有南极殿等五个殿堂及罗公塔，西有八仙、昌祖、元君、文昌、元辰等五个殿堂及祠堂院；后花园内建筑以戒台和云集山房为中心，附以神州三岛石山点缀，房廊、碑亭等等。全观占地面积约 6 万平方米，建筑面积一万余平方米。历史的风雨中，白云观兴衰更替，绵延至今，历代朝廷都给予了一定的支持和保护。新中国成立后，人民政府先后于 1956 年和 1981 年两次拨款资助道教界对其进行修葺，但当时涉及的范围也仅限于中路和西路殿宇的整理维修，清末以来白云观百余年间没有进行过大规模修缮，整理开放的也一直仅限于中路和西路殿宇。

面临新千年完成的一次大修

中国道教协会 1998 年六届代表会议之后，鉴于白云观多数殿宇房屋破旧，甚至已成危房，决定进行大规模整修。在各级政府和海内外道教界的资助下，在文物部门的指导下，中国道教协会自筹资金于 1999 年 3 月开始，经过近两年（前后共 18 个月）的精心施工，使主体修缮工程圆满竣工。这次白云观修缮投入资金总数为 2500 余万元人民币，修复工程占总殿堂房屋的 43%（6 个单位，576 平方米），落架大修占 57%（13 个单位，1528 平方米），恢复原建 510 平方米。修缮过程中，白云观中乘势腾退了东路殿宇内的住户和办公用房，使东路雷祖殿、真武殿、慈航殿、三星殿等殿宇重新获得了开放，从而使白云观的气势更为宏伟壮观，终于完善了这座著名道教宫观的东西对称的规范格局。经过大修，展现在世人面前的白云观这座千年古观，雕梁画栋、金碧辉煌，面貌焕然一新。体现了在社会主义新时代中，著名道教宫观应有的风貌特色和形象。

白云观方丈

白云观是北京地区开放的最大的道教活动场所，现在经过大规模修缮后，格局规范、设施完备，于是健全完善白云观教制又显得突出而迫切了。全真派曾在这里首开戒坛向天下道士传戒说法，并行成传统，至今已传有二十二代方丈。1989年第二十二代方丈王理仙律师曾在此开新中国成立后第一次戒坛，传度戒子，但1994年王方丈驾鹤飞举，遂使这一大丛林方丈位置空缺。为了使白云观的管理体制重新建全规范起来，中国道协决定乘白云观修缮竣工举办庆典之际，升座二十三代方丈，掌管白云观教事。"方丈"是道教全真派创立后，为加强对教徒和宫观事务的管理，是大的道观中设立位置极尊崇的宗教职称。由于大的道观教事纷繁，方丈与监院、八大执事协同管理十方丛林道观中的教务。道教徒认为"方丈"既是丛林道观至高无上的宗教职级，又是教徒和信教群众膜拜和拥有沟通人神之间信息神权的特殊人物。担任"方丈"神职的道长，既应是具备获戒资格的道高望重的全真道长，更应有方方面面的缘分，因此丛林宫观"方丈升座"活动，自然更为隆重，形式自然极为壮观了。

全真派方丈升座仪式

2000年10月15日上午8时首先按道教全真派十方丛林宫观的传统仪规进行了"升座"前第一个内容"迎请方丈"的仪式。道众、经师、仪仗，迎请方丈的白云观全体道众，衣冠整洁，神态虔敬；摄影录像的人员也早就各就各位地恭候在白云观棂星门内。队列从白云观山门至棂星门间，对称分东、西前沿大门两侧站立，面向白云观外翘首以待。早晨八时准点，笙箫管笛，铙钹鱼铃，悠扬的仙乐妙曲顷刻间奏响起来。这时只见棂星门外一位白髯漂拂、顶戴金冠、身着彩绣鹤裳、仙风道骨的尊者，在两位清秀道童侍者左右呵护下，向白云观中走来。

仙乐声中，白云观年轻的监院领着两厢道众恭身稽首为礼。当侍者呵护尊者的身体刚进入白云观棂星门时，黄罗宝盖即罩在了尊者的顶上，随之羽扇左右。随着优雅的道乐，最前面的青衣道士双手高擎香盘，上面摆放着点燃檀香的香炉等供器，燃起的檀香在香炉内升起袅袅紫烟，青衣道士按规范在黄伞的罩护下向前移动。两列经师随青衣道士自香盘后吹拉弹唱，钟磬叮当，白云观八大执事亦成为两列相随跟进，其后仪仗对称：锣、灯、龙、瓜、钺、蹬、申、拳、凤移动前行，方丈在仪仗引导下前行。

被白云观引请的方丈是教内外遍受尊敬的中国道教协会顾问谢宗信大师。10月15日这一天，从他的脚步跨入白云观棂星门的那一刻起，他的每一步都在不断走进方丈的神职圣位。他在监院的前导下，如法如仪地缓步迈入白云观山门，他的身后是捧规执磬的侍者，其后是两列长长的道众队伍。他要按照仪规在观中各处的主要殿堂中去拈香礼神，然后在方丈堂升座，正式就位白云观的新一代方丈。其后他还要主持观中举行的祈祥道场，普告罗天诸神，并为社会人群祝福祈祥。

2000年10月15日这一天风和日丽，太阳在白云观中洒下了一片金光，普照在每一个人身上，使这座千年古观，顿然间焕发出更为壮观的勃勃生机。

道教文化的展示

这次活动的全称是"北京白云观修缮竣工、方丈升座、神像开光典礼"，时间为10月15日至16日两天，为了使庆典活动隆重热烈，中国道教协会协调组织，邀请了江苏苏州市道教协会、湖北武汉市道教协会、山西介休市绵山道教协会、河北省道教协会、香港蓬瀛仙馆和北京白云观共 6 个经乐团队共襄盛举。按东、西、南、北中五行方位，设六个坛场，举办祈祥道场。

活动其间举办了海外人士座谈会，联谊会数次，并专门为海内外喜爱道教音乐的朋友举行了一场道教音乐晚会，天主教爱国会主席傅铁山主教亲临欣赏。16 日下午当整个活动结束时，邀请各界嘉宾在人民大会堂大宴会厅举办晚宴，教内外朋友共享道祖圣宴，其乐融融。

这场庆典活动，有声有色，形式隆重，气氛热烈，是即将跨入千年之际，道教界向社会展示自身高雅规范、富有深邃文化内涵的成功活动。这次庆典活动，使身临其境的社会各界人士和教内同道，尤其是海外奉道的朋友们均为之耳目一新。

（2000 年 10 月）

北京市道教协会第一次代表会议召开

2005 年 1 月 15 日北京市道教协会第一次代表会议，在北京会议中心召开。北京市道教界教职人员、道教信众及各界代表 80 余人参加了会议。

会议通过了《北京市道教协会章程》《北京市道教协会宫观管理办法》《北京市道教协会关于道士管理办法》和《北京市道教协会第一次代表会议决议》等报告文件的内容。会议选举产生了北京市道教协会第一届理事会、常务理事会领导班子；会长黄信阳道长，秘书长南昌祺居士。

北京市道教协会将高举爱国爱教、团结进步的旗帜，引导信教群众正信正行，服务社会；遵纪守法，维护社会稳定；增进教内外团结，维护宗教和睦与社会和谐；加强自身建设，培养道教人才；扩大对外交流，维护国家的统一和世界和平；使道教的发展与社会主义社会相适应。北京市道教协会的成立对于依法开展正常的道教活动，联系团结道教信徒，协助政府更好地贯彻执行党的宗教信仰自由政策将产生积极的影响。

全国人大常委会副委员长傅铁山发来贺电，全国政协民宗委钮茂生主任，国家宗教事务局一司王哲一副司长，中国道教协会张继禹副会长、北京市委龙新民副书记、市委常委统战部尤兰田部长、市政府孙安民副市长以及市人大、市政协的有关领导到会祝贺。

（载于《上海道教》2005 年第 1 期）

神圣的履职　充实的五年

　　政协委员不仅仅是一种荣誉，更意味着履职的使命和神圣的责任。1991 年前，我曾担任江苏句容县政协常委和江苏省政协委员。后来，因为工作调动到北京，我担任了全国青联委员和中央国家机关青联常委。初次担任江苏省政协委员的时候，我更多感觉到的是光荣、是荣誉，那时候经常纠结于自己那么年轻当省政协委员，资历浅、德行薄。现在回想起来，实际上并不应该仅仅把政协委员理解为一种荣誉，担任政协委员更是组织的信任，代表着界别的诉求，意味着履职的使命，担任政协委员必须要有全局意识和责任意识，要在政协委员的位置上履好职，发挥好应有作用。时隔 18 年后的 2008 年，命运再一次垂顾我，我担任了十一届北京市政协委员。这使我既有一种久违回归的感觉，又有一种被信任后真诚的感恩。我是北京市政协民族和宗教委员会的委员，后来担任该专委会的副主任。经过五年来的履职，我更深切地体悟到了担任政协委员的实质意义；政协委员不仅名称光荣，更是使命与责任，履行政协委员职责的过程是学习的过程、进步的过程、收获的过程。

　　五年来，市政协民族和宗教委员会紧紧围绕着首都经济社会发展的重大问题，积极开展专题调研等履职活动。筹办奥运会、"扩内需、保增长"、编制"十二五"规划等全局性的工作中，都活跃着民族和宗教委员会委员们的身影。同时，大家围绕着各自关心的问题，深入开展调查研究，认真撰写政协提案，许多意见建议得到了市委、市政府相关部门的重视。比如，委员们就本市中小学校清真餐饮、少数民族乡村经济发展、回民公墓备用地、城乡宗教场所合理布局等问题，提出诸多意见建议，对促进相关问题的解决起到了推动作用。

2008 年是十一届北京市政协的届首之年，也是北京奥运会的筹办之年。中国人多少年的奥运梦想，终于要实现了！为了筹办好这个盛会，北京已经准备了多年，2008 年就是奥运会的决胜之年。围绕"平安奥运"的目标，在赵文芝副主席的直接带领下，民族和宗教委员会组成"奥运民族宗教风险防范评估调研组"，按照市政协奥运风险防范评估工作意见和"边调研、边评估、边提建议、边督促检查"的总体要求，积极开展了调研活动。2008 年也是我终生难忘的一年，因为这一年不仅我幸运地担任了北京市政协委员，北京东岳庙也在党和政府的关心帮助下，开放为道教活动场所。朝阳区政府颁发了宗教活动场所登记证，我本人被聘为东岳庙住持，并担任东岳庙庙务民主管理委员会主任。我荣幸地应邀出席了"奥运会"和"残奥会"的开幕式、闭幕式。北京东岳庙以宗教的方式举办"法会"为"平安奥运"祈福迎祥，而且以不同的方式接待了美国前国务卿基辛格和印度总理辛格夫人来庙参访。经相关部门批准，我们还接待并协助安排了墨西哥国家电视台在东岳庙的采访、摄影和向其国内的实况转播。

2009 年是中华人民共和国成立 60 周年，国家的盛事，民族的光荣，全国人民的庆典！我荣幸地应邀于 10 月 1 日上午 10 时在天安门观礼台，观看了雄伟壮观的阅兵仪式和群众游行活动，晚上 8 点又在天安门观礼台观看了群众联欢晚会。这一年，市政协的工作任务也十分繁重，我们民族和宗教委员会按照市政协常委会的工作部署，坚持围绕中心，服务大局，以"民族工作抓发展，宗教工作促和谐"为工作主线，积极开展履职活动。特别是民族与宗教委员会围绕着进一步做好本市宗教教职人员社会保障工作问题，开展了专题调研，先后听取了市宗教局、市人力资源和社会保障局及市五大宗教团体的情况介绍，召开座谈会 12 次，举行考察、视察活动 15 次，走访了各区县五大宗教的 10 多个宗教场所，共有 200 多人次参加调研。这项调研活动及其成果引起了市委、市政府的高度重视，推动本市已经备案的 695 位宗教教职人员享受到了北京市民社会保障的同等待遇，对于建立宗教教职人员社会保障长效机制也具有重要的促进作用。

2010 年，我们民族和宗教委员会围绕"少数民族乡村经济发展情况""宗教场所合理布局情况"进行了调研，对关于回民公墓备用地问题的提案开展了督办活动。北京市政协的有关领导站位很高，对于民族宗教方面影响面广的提案，牢牢抓住不放松，坚持不懈地进行督促办理，这方面最有说服力的是关于回民公墓备用地提案的督办。该提案办理的过程中，遇到的困难非常大。最后，由赵文芝副主席协调，刘淇书记亲自会见了陈广元大阿訇，使这项提案最终得到了落实。目前，市政府已确定 300 亩地作为回民公墓备用地，并将其纳入了"十二五"规划。我们就"宗教场所合理布局情况"开展的调研所形成的意见建议，也引起了市委市政府有关领导的关注，推动了相关工作。

"民族宗教无小事"，首都北京的民族宗教状况，更是对全国有着辐射和示范的作用，影响更大。在当代中国，宗教在社会中发挥的积极作用，正越来越获得党和政府的重视，获得社会大众的认可。中共十七大报告也曾明确提出，要发挥宗教界和信教群众在经济社会发展中的积极作用。"宗教文化"对丰富和助力社会主义文化大发展大繁荣也有着重要的意义。为了帮助人们正确地看待和理解宗教，市政协有关领导、民族和宗教委员会做了一些有益的工作。比如，赵文芝副主席首倡编撰了《历代王朝与民族宗教》一书，集中论述了宗教的社会价值、地位及其在历史发展进程中所起的积极作用，为各级党政领导干部学习民族宗教知识，提高对民族和宗教问题重要性的认识提供了参考。该书被列入北京市哲学社会科学规划重点项目。

北京市政协是"民族和睦、宗教和谐"的大家庭，尤其在市政协民族和宗教委员会更有显著的体现。我参加民族和宗教委员会的活动比较多，一起开展活动的委员都是海内外闻名的宗教领袖、专家学者和社会精英人士。这其中，有当代高僧传印大和尚，他是中国佛教协会的会长；

有希拉伦丁陈广元大阿訇，他是中国伊斯兰教协会的会长；有天主教李山、高阳两位主教；基督教蔡葵主席以及满、蒙、回、藏、维吾尔等各民族的兄弟姐妹，他们都是各领域的杰出代表。在市政协，时刻都有良师益友和榜样，身边每位委员都有值得自己学习的亮点。有一次，我和传印大和尚一起学习，他曾就中华文化中"五方五色"的理念，向我提出问题并进行探讨。陈广元大阿訇也曾给我讲解过伊斯兰教"念、礼、斋、课、朝"五项"主命"的功修。我对道教还知道一些知识内容，其他方面的知识就比较薄弱了。民族和宗教委员会的季文渊副主任，曾是北京市民委（宗教局）的副主任（副局长），民族和宗教委员会曾印发他的一篇论文《北京市宗教活动场所合理布局问题对策研究》，我从中了解到北京市宗教的许多信息。我也非常佩服李士杰委员撰写提案的精神，不仅量多而且认真、注重调查研究。李委员关于北京道教就有数份提案，所提意见建议非常符合实际。而且我发现李委员对承办提案的答复内容也不简单地敷衍了事，对不满意的提案答复他认真得近乎苛刻，他认为承办件答复内容不符客观实际就会坚决驳回。我觉得政协委员应该具有这种负责的精神！

北京市政协为委员的学习进步，提供了许多很好的机会和平台。市政协经常组织集体学习活动，不仅各专委会组织符合各自特点任务的学习、调研和会议等活动，市政协文史和学习委员会还经常组织安排"政协报告厅"活动。每年暑期，市政协民族和宗教委员会也组织我们民族宗教界人士开展读书活动，五年来我五次参加这种学习活动。市政协主要领导会在百忙中抽时间接见大家，年年如此。阳安江主席在职时如此，王安顺主席也是这样。今年北京市十一次党代会后，王主席履新北京市代市长职务，公务繁忙，但也未忘记让主持工作的沈宝昌副主席和赵文芝、蔡国雄两位副主席以及闫仲秋秘书长，一起到学习驻地看望大家。赵文芝副主席每年都会和我们一起参加学习讨论。我很喜欢这样的学习方式，没有拘束，大家开放地交流、插话、漫谈。北京是国家首都、政治文化中心，有众星云集的资源优势，所以我们经常有幸听到国内各方面一流专家学者的报告。我经常积极参加"民族与宗教专委会"调研、考察和学习活动，出席市政协各部门组织的学习活动，这些活动极大地丰富了我的知识结构，增进了我对北京经济社会发展情况的了解。

自然世界，谓之春生夏长，现在正是火热生发的季节。当代中国的经济社会经历了蓬勃发展的过程，现在进入稳中求进、转型提升的阶段。作为北京市政协的一名新委员，我需要学习了解的东西还有很多。今后，我一方面要认真求知和学习，另一方面要按照党和政府的要求，在本职岗位上积极实践，切实提高履职能力和水平，积极为推动文化大发展大繁荣、建设中国特色世界城市献计出力，在经济社会发展中更好地发挥积极的作用。

（原载于《时代　使命　感悟——十一届北京市政协委员履职风采》，中央文献出版社，2012，第 385～390 页）

中道协四届五次常务理事
扩大会议在京召开

本刊讯：中国道协第四届五次常务理事扩大会议，于 1989 年 9 月 12 日至 16 日在北京白云观召开。出席会议的常务理事、列常会议的理事和各地代表共 36 人。

这次会议是在党中央、国务院、中央军委平息首都政治风波取得决定性胜利，中共中央十三届四中全会后和迎接中华人民共和国成立 40 周年的时刻召开的。这对我们道协今后的工作具有十分重大而深远的意义。会议集中学习了中共十三届四中全会公报和邓小平主席、江泽民总书记、李鹏总理的讲话。通过学习，与会的全体人员深有体会，他们说：我们道教界最反对动乱，"文革"中我们宗教界受到很大冲击，党的十一届三中全会拨乱反正，宗教政策重新得到落实，才有我们道教界的今天。我们道教界要维护全国安定团结的政治局面，希望祖国繁荣昌盛。一些年事已高的老道长说：在我国，党的领导和社会主义制度是一定要的。中国搞资本主义是不行的。他们还说：我们都是从旧社会过来的人，都知道新旧社会的不同，体会到社会主义社会的优越性。那些搞动乱的人，要全盘西化，老祖宗都不要了。道教是中国自己的宗教，没有中华民族的特色就没有我们道教。因此，我们坚决反对全盘西化，坚决反对动乱。

会议认真听取并讨论了《一年来道协工作的汇报》《关于全真道传戒规定》《中国道教学院章程》《对正一散居道士管理的几点意见》等文件。道长们说：从新中国成立至今已有几十年没有传戒了，恢复传戒对重振全真道风、肃穆道仪、庄严宫观都具有重要意义。同时，散居在我国各地的正一道士，他们在民间还有不少，在社会上有一定的影响，但由于没有固定的活动场所，也没有组织起来，处于无人管理的状态。因此，加强对正一散居道士的管理工作是十分必要的。当讨论举办中国道教学院时，与会人员情绪十分激动，一致认为：过去道教徒被人看不起，就是因为缺乏人才。新中国成立后共产党对宗教一视同仁，但道教界仍然人才缺乏，所以开办中国道教学院是我们道教界多年来的愿望。

会议期间，与会道长们还提出了其他一些问题。如有些宫观的人员流动性大，一些道士到处云游挂单，还有些持假证明、假介绍信的假道士，经常更换姓名四处游山玩水，在宫观间乱窜，使各地宫观管理十分不便。有些宫观内部则不够团结，影响了宫观的管理和建设。还有些地方道教宫观的管理权仍未归还道教徒自主管理等等。针对上述情况大家进行了认真热烈的讨论。黎遇航会长、傅元天副会长都讲了话。李文成秘书长就讨论中提出的问题，作了发言。他说：全真道传戒，一定要从严掌握，坚持条件和要求。各地全真、正一两大派道士要搞好团结。地方道协组织要吸收正一道士参加政治学习和宗教活动等。各地宫观要加强对道众的爱国主义和社会主义教育。会议在充分讨论的基础上，一致通过了《加强爱国主义·社会主义学习的决议》和《关于全真道传戒规定》。

国务院宗教事务局赤耐副局长到会作了重要讲话。他说：这次政治风波中，中国道协旗帜鲜明地反对暴乱，证明道教界是拥护共产党的领导，坚持走社会主义道路的。他希望各地道协和名山宫观的道长们在会议结束回去后，要认真组织道众学习四中全会的文件和邓小平主席的重要讲话，以提高大家的思想认识，搞好道教工作，为祖国的四化建设贡献力量。

（载于《中国道教》1990年第1期）

春风化雨润万物

——访问中国道协副会长傅元天大师

1992 年 1 月 29 日上午，北京白云观东客堂温暖如春，气氛融融，中国道协的主要负责人在这里济济一堂，正在兴高采烈地听取会长黎遇航和傅元天副会长介绍他们受到党中央江泽民总书记接见的幸福情景。事后，笔者专门拜访了傅元天大师。这位道相庄重、潜心修行几十年的老道长，仍然深深地沉浸在总书记接见的幸福之中。

他说，在四川青城山常道观接到赴京通知时，并不知道有这么美好和幸福的时刻在等待他。28 日上午 8 时 20 分，他和宗教界的朋友们就来到了中南海。20 分钟后，工作人员前来通知说：总书记还在处理一些事，请各位稍等 5 分钟。傅元天大师当时心中想：总书记是全国人民的领袖，日夜操劳党和国家大事，在日理万机中，竟把各方面的工作考虑得这样精细，还记挂着抽时间来接见宗教界人士。他说：天下大事，必起于细。真是领袖风范啊！

总书记神采奕奕地向大家走来，并与他们一一握手，当总书记握着傅大师手的时候，这位老道长激动地将千言万语汇成一句发自内心的问候："总书记好！"然后大家一起与总书记合影留念；总书记与宗教界负责人坦诚谈心。傅元天副会长在发言中激动地表示："我们道教界要用实际行动，为社会主义建设做贡献，向党中央、向总书记汇报！"

傅大师感慨地说：在我们中国，只有共产党领导，才能真正地奉行宗教信仰自由政策。过去历朝历代的统治者，为了巩固他们的统治地位，或抬起道教压佛教，或抬起佛教压道教，翻手为云，覆手为雨，玩弄权术和政治手腕，引起历史上多次的佛道之争。今天，党的宗教政策温暖人心，宗教无论大小、人数多少，地位一律平等。我国五大宗教都在党和政府的统一领导下，相互间平等团结、尊重友爱。"文革"期间，宗教界受到一定的冲击，但是共产党尊重历史，实事求是，有错必纠。党的十一届三中全会之后，拨乱反正，尤其在落实宗教政策方面，真是成绩显著。现在宗教界绝大多数存在的问题得到了很好的解决，虽然还存在一些有待继续落实政策的问题，那仅仅是一小部分。现在，世界上虽然风云变幻，去年国内又遭受特大洪涝灾害，但由于有党的正确领导，我们的国家仍然是国泰民安，人民安居乐业。

真正是政治稳定、人心稳定，国家才能经济发展。中国共产党无愧是一个伟大的党，我们道教界坚定不移地拥护中国共产党的领导，走社会主义道路。

在春节来临之际，江泽民总书记邀请五大宗教团体领导人到中南海座谈，将关怀送到人们的心坎里，是党的优良传统和工作作风的体现。我们道教界应该体会到：这不仅仅是有幸被总书记接见的每个个人的荣耀，而且体现了党中央对整个宗教界的关心、爱护和尊重。正是：春风化雨润万物，安定团结合天心。道教界人士，应该以此为鼓舞和动力，自尊、自重、自爱、自强，进一步加强自身建设，积极投身社会主义建设事业，为祖国的安定团结和"两个文明"建设做出新贡献。

（载于《中国道教》1992 年第 2 期）

中道协应邀访香港道教

1993年12月4日至10日中国道协组成的闵智亭副会长、李文成秘书长、黄信阳副秘书长、教务处袁志鸿主任四人参访团，应香港青松观侯宝垣观长邀请，在香港地区对道教宫观进行了为期五天的参观访问。还拜访了紫阙玄观、信善玄宫、圆玄学院、蓬瀛仙馆、啬色园、竹林仙馆、青云道院、省善真堂和香港道教联合会。新华社驻香港分社的领导接见了参访团并进行亲切的交谈。先后与汤国华、侯宝垣、吴耀东、周铭、邱福雄、黎显华、罗紫彦、李惠莲、黄荣华等数十位香港道教界知名人士见面，交流内地和香港的道教情况，进一步加深了内地道教界与香港道教界之间的联系。

香港道教联合会举行了隆重的接待仪式和座谈。联合会主席汤国华、副主席吴耀东、周铭和吴连滋总干事及理事等均出席接待和参加座谈。汤国华主席致辞，对参访团的到来表示热烈的欢迎，并介绍了香港道教的情况，希望中国道协为香港道教的发展和团结多发挥作用。闵副会长致答词，在感谢主人盛情接待的同时，从弘扬道教的角度介绍了中国道协的一些具体设想。中国道协李文成秘书长就中国道协对地方道协、宫观的指导方针和要求进行了阐述。他说："中国道协对地方道教、宫观的指导方针是：团结、指导、服务、协调；而要求各地道协、宫观对中国道协的工作支持、配合，密切联系。"

这次赴港参访，是中国道协为了不忘老朋友，广交新朋友，扩大内地道教界与香港道教界之间的接触、交往和巩固加深相互之间的情谊。

参访团认为：香港道教虽由内地传入而发展起来，但由于在现代文明和发达经济水平的推动下，从内容到形式都有了发展，在管理和为社会服务等方面都值得内地道教宫观学习和借鉴。

（载于《中国道教》1994 年第 1 期）

中道协在西安召开宫观情况座谈会

1994年6月10日至13日中国道协在陕西省西安市八仙宫召开了九省一市（湖北、湖南、陕西、甘肃、四川、山西、河北、福建、安徽、西安市）政府宗教事务部门和省道协负责人参加的"道教宫观情况交流座谈会"，中国道协傅元天会长出席并主持了会议。

会议对香港道教青松观侯宝垣观长为帮助大陆贫困道观维修建设、无条件资助人民币209万元之举表示衷心感谢，为了使用好这笔资助金，发挥其应有的作用，大家一致认为拨款资助的宫观一定是"道士住观，道教组织自主管理；经政府批准为道教宗教活动场所和政府宗教部门行政领导的"。同时还就拨款资助的程序，以及专款专用、检查督促等具体问题，商讨了具体的措施和办法。

与会各省政府宗教事务部门的领导和道协负责人，在傅元天会长的带领下还视察参观了全真祖庭户县重阳宫，并和户县党政部门的领导就加快重阳宫落实宗教政策问题交换了意见。13日下午陕西省民宗委和西安市民宗委以及省市道协、八仙宫联合举行了茶话会，听取与会的政府宗教事务部门领导和省道协负责人对陕西道教的观感，并提出建议。

大家对落实道教全真祖庭户县重阳宫的宗教政策，表示极大的关注，认为中央批示将重阳宫归还道教界，表现了党对道教界的关怀爱护，宗教信仰自由政策的英明正确！陕西省和西安市民宗委负责人要尽快督促有关部门将这座道教全真祖庭归还道教界管理。

这次座谈会使我们对道教的概况有了更进一步的了解，也使政府宗教事务部门的领导对道教现状有了更进一步的认识，加深了道教界与各省政府宗教部门的沟通交往。这对于今后解决道教的实际问题，更好开展教务活动，都将起到积极的作用。

（载于《中国道教》1994 年第 3 期）

中道协组团赴台交流参访圆满成功

应台湾高雄文化院和台北文化三清宫的邀请，中国道教协会首次组成道教文化交流团，于1994年11月4日赴台进行道教文化的参访和交流。担任交流团团长的是中国道教协会副会长、上海市道教协会会长陈莲笙道长；团员由来自上海、江苏、湖北、山东、湖南、浙江、辽宁、陕西、四川、北京八省二市和中国道教协会的四十一位道长组成。

道教文化交流团在台湾主要进行了三个方面的活动：一、参加在高雄市举行的"纪世和平法会"；二、参加了四次"两岸道教人士座谈会"；三、在台湾道教人士的安排下环岛参访道观并游览宝岛名胜；拜访了台湾道教会高忠信理事长。

"纪世和平法会"的法坛设在高雄市旧体育场，共设五坛诵经演仪、祭祀祝祷。中央位置的"三清坛"和紧依"三清坛"东位的"玉皇坛"安排北京白云观经乐团和上海道教法务团演法。法会从11月5日开幕至11日闭幕，既表现了岛内民俗气氛浓厚的法会风采，也使台湾同道看到了来自中国内地的道教传统的斋醮科仪形式。

座谈会分别在高雄文化院图书室、宜兰三清宫（称"道教总庙"）的接待室、台北中华道教会和桃园明圣道院举行，以高雄市文化院举行的座谈会为主。座谈主题：一、两岸道教的现况；二、道教人才培养应有之企划及未来展望；三、如何落实两岸道教学术交流。在座谈中交流团向台湾同道介绍了大陆道教欣欣向荣的现状，也了解了台湾道教形成目前现状的历史原因。台湾道教人士说：日本军国主义霸占台湾近50

年，拆道观、焚神像，企图淡化中国人的民族意识，道教却成为中华民族的凝聚力量，并激发了人们向往祖国统一的爱国主义热情。

台湾的环岛参访游览从 11 月 12 日开始，途经宝岛之高雄、台北、屏东、基隆、桃园、花莲和宜兰等五市二县。参访了近四十座知名道观，游览了天坛、佛光山、故宫博物院、孔庙、岛内称作"小三峡"的太鲁阁天祥名胜、鹅銮鼻公园、基隆港、龙溪花园、桃园石门水库大坝、日月潭文武庙等宝岛风景。

半个月的宝岛之行很快结束了，11 月 19 日凌晨，高雄文化院和文化三清宫的同道们在蔡文和黄胜得先生的带领下将道教文化交流团一行一直送往高雄小港机场，在"欢迎下次再来"的送别声中，宾主频频挥手致意。在转道香港期间，参访团又走访了香港的部分道观。11 月 21 日晚全体人员回到首都北京。

中国道教协会道教文化交流团赴台参访交流 15 天时间，取得圆满成功。台湾新闻媒体《台湾新闻报》《台湾时报》《自由时报》《中央日报》《太平洋日报》《民生报》等十余家报纸争相报道交流团的活动情况，盛赞两岸道教交流迈开了一大步，具有时代性的意义。

（载于《中国道教》1994 年第 4 期）

中道协于青城山
召开五届六次常务理事会

中国道教协会第五届六次常务理事会于 1995 年 7 月 11 日至 13 日在四川青城山天师洞召开。中国道教协会谢宗信、陈莲笙副会长主持了会议，傅元天会长就中国道教协会目前的工作作了重要讲话。四川省宗教事务局张扎西副局长、成都市宗教事务局帅培业副局长以及都江堰市的领导到会祝贺，中央统战部的同志也到会并讲了话。这次会议得到四川省、成都市和都江堰市政府有关部门领导的大力支持，四川青城山全力以赴，为这次常务理事会的顺利召开做了大量准备工作，使这次会议取得了圆满成功。傅元天会长的讲话指出：第一，要广泛开展爱国主义教育，要求广大道教徒要认真学习中共中央印发的《爱国主义教育实施纲要》，并结合道教实际情况，深入开展爱国主义教育。他还说：今年是世界反法西斯战争和中国抗战胜利 50 周年，为教育广大道教徒不忘历史，响应中国宗教界和平委员会的倡议，要求各开放道观在 8 月 14 日到 16 日期间隆重举行祈祷世界和平的斋醮法会。第二，要协助政府做好宫观登记工作。第三，积极做好传戒、授箓工作。第四，要切实加强自身建设。他还指出，加强道教界自身建设，应从三个方面去下工夫，一是要加强宫观管理，二是要高度重视提高道众们的宗教素质和道德修养，三是要高度重视道教人才的培养。要求广大道教徒为道教事业的发展，积极开拓，勇于进取，在各自的工作岗位上，为社会做贡献。

会议对傅会长的讲话进行了认真讨论，最后就制定道教界贯彻学习

《爱国主义教育实施纲要》意见、传戒授箓等议程通过了决议。决议认为：道教界学习贯彻《爱国主义教育纲要》意见非常必要，这对我们广大道教徒开展爱国主义教育具有十分重要的指导作用。发扬爱国爱教的优良传统，高举爱国爱教的旗帜，要不断提高广大道教徒的爱国主义觉悟，为民族团结和祖国的统一大业做出新的贡献。常务理事们都表示，回去后，要积极贯彻和落实中国道教协会关于落实《纲要》的意见，依据《纲要》，结合实际，制定具体实施规划和细则，并采取切实措施，把《纲要》落到实处。

与会常务理事一致就传戒、授箓问题达成共识。会议认为全真派传戒、正一派授箓都是道教的历史传统，是中国道协重要教务活动，其目的是通过传戒、授箓，进一步完善教戒规仪制度，加强道教自身建设，提高道教徒的素质。

1. 全真派开坛传戒定于 1995 年 11 月 1 日（农历九月初九"九皇会"）在四川青城山举行，时间为二十一天。全真派传戒领导小组：组长傅元天，副组长谢宗信、闵智亭、黄信阳，秘书袁志鸿，成员江至霖、唐诚青、闵智亭、曹信义、黄信阳、许信有、陈宗尧、谢宗信、曹祥真（女）、尹明道（女）、吴元真（女）、吴理冲（女）、韩壬泉、黄至安（女）、田诚启、冯兴钊等。

2. 正一派授箓定于 1995 年 12 月 6 日（农历十月十五日下元节）在江西龙虎山举行，为期三天。正一派授箓领导小组：组长陈莲笙、副组长张继禹，秘书袁志鸿，成员杨世华、张金涛。授箓三大师为：陈莲笙、何烂然、周念孝。护坛大师分别为：薛桂元、董淑和、曹辛、施书宝、张继禹、张金涛等。

会议期间，与会常务理事还分别介绍了各地道教宫观的登记情况和存在的问题，并进行了交流。大家一致表示，要协助政府宗教事务部门，把宫观登记工作做好，维护道教界合法权利，促进道教事业健康发展，为改革开放和经济建设服务。

会议要求各地道教组织和宫观，进一步发扬爱国爱教的优良传统，带领广大道教徒认真贯彻学习《爱国主义教育实施纲要》，贯彻国务院颁发的两个宗教法规；积极响应中国宗教界和平委员会的倡议，于今年8月14日至16日在全国开放的宫观，举行纪念抗日战争和世界反法西斯战争胜利50周年的祈祷法会。

（载于《中国道教》1995年第3期）

附　中道协在青城山召开传戒座谈会

中国道教协会于1994年8月27日至29日，在四川省青城山天师洞召开了全国重点宫观关于举行再次传戒的座谈会。中国道协傅元天会长、谢宗信副会长、黄信阳副秘书长主持了会议。出席会议的全真派各宫观代表共25名。

这次座谈会的主要议题是：汇报各道观全真派道士的情况，商讨再次传戒活动的一些具体问题。会议期间，与会者介绍了各自宫观的情况，并就传戒的具体步骤和方法等问题提出了自己的意见，表达了全真派道友对再次传戒的关心和迫切的要求。与会者一致认为，1989年北京白云观第一次传戒，为全真派继承传统、端正道风起了积极的作用，但至今已近6年，第一次传戒中的方丈王理仙律师和八大师中的三位大师都相继羽化飞升，如不再开戒坛，道教全真派的法裔传承又将出现新的断代现象，所以，组织第二次传戒活动迫在眉睫。

会上，初步统计了部分省、市道观受戒弟子名额。西安八仙宫、楼观台、武汉长春观、湖北武当山、湖南省道协、河南省道协、山东省道协、四川省道协、云南省云峰山道协和保山道教小组等道观要求受戒道友约有300人。

通过讨论，与会者对以下几个问题形成了统一意见：

一、传戒前要聘选好传戒大师。青城山再次传戒不仅要把此次传戒活动办好，还要为今后有条件传戒的宫观培养一批能够担当传戒经师的青年人才。经研究决定：拟在青城山道教学校举办为期一个月的经师、科仪培训学习班。

二、传戒时间。传戒是一件大事，传戒的诸项工作必须经过充分的准备。大家一致认为，从现在开始准备，至 1995 年下元（农历十月十五）期间举行最为适宜。

三、经费筹措。与会道长一致认为，传戒是整个全真道派的大事，道教界都应鼎力共襄此举，弘扬道教大业，再困难大家也要全力支持，把这次传戒活动举办成功。青城山道协已准备了法衣、戒钵，届时戒经由青羊宫印制提供。与会代表表示，一定在经济上给予大力支持，把这次青城山传戒搞好。

四、戒坛方丈律师人选。戒坛方丈律师必须由德才兼备、年龄适宜、德高望重的高道担任。大家认为，十一届三中全会以来，中国道协傅元天会长带领全国道教界积极协助党和政府落实宗教政策，首倡白云观开坛传戒，在恢复修缮宫观，培养道教人才、弘扬道教事业中做出了巨大贡献，是道教界以及党和政府共同信赖和尊重的道教领袖人物。各宫观代表一致推选他担任此次开坛传戒的方丈律师。

五、全真派传戒是弘扬道教事业的百年大计。全国现有 1000 余处宫观，全真教徒有近万人，道教界必须加强自身建设，提高各方面的素质，才有振兴的希望。为弘扬道教事业，在进行爱国主义和社会主义教育的同时，在道教徒中更有必要进行清规戒律的传授学习和修持。目前全国各宫观老道长普遍进入高龄，中年道士不多，年轻道士比例大，必须培养一批有文化、有知识、爱国爱教、信仰虔诚、严守戒律的道教徒，才能建设、管理好宫观，为弘扬道教事业做出贡献。

（载于《中国道教》1994 年第 4 期）

"宗教学研究生进修班"学习总结

　　提笔写这份总结，首先要表达的是一种真挚的心情：我发自内心地感激中央民族大学哲学与宗教学系为我们专门举办的"宗教学研究生进修班"。这使我们有机会在数十位成就卓著的专家教授的直接指导下，平心静气地学习做学问的学问。以前，私下里常叹于道教作为一种传统文化的载体，在中华传统文化的衍进中起到过重要作用，但是当历史传承到今天，由于人才因素而使道教真精神没有能够更好地获得阐扬弘传。过去虽然深以为道教文化的传承有其必然的延续性和有益的社会价值，但要阐述其中的道理又常觉得有许多理不清楚的脉络。今天我认为，道教界人士能在这么多高层次老师的指导下学习知识、清醒地反思日常教务工作所涉及的宗教问题、系统地梳理自己所阅经籍的内容并较为深入地理解其中的要义以及思索自己过去写作文章精神和意义的得失是非常难得的机会。经过此次研修学习，比较过去我们又获得了许多真知、得到了新的进步，我觉得这都是十分有意义。

　　中央民族大学哲学与宗教学系为"宗教学研究生进修班"制订了周密的教学计划，安排了中国宗教史、中国思想史、五大宗教（佛、道、天、基、伊）研究、当代宗教问题（宗教与民族问题）、宗教学、西方文化、道经选读、道教研究等十余个专题的内容，专家教授不辞劳苦亲临授课达六百余课时。对待这次的学习机会我是十分认真和珍惜的，朱子曰："读书、须将心贴在书册上，逐句逐字看得各有着落，方好商量。"在这段宝贵的学习期间内没有非常特殊的情况我从不请假缺课；

听课中真正做到用心、用耳、动手，即将完成这项难忘的学业时我已拥有厚厚一本达十余万字的听课笔记，今后可以去深思温习；根据要求按期完成了布置的功课作业，仅写作专题文章（包括这段期间在报刊发表文章）亦有十余万字。

在这次"宗教学研究生进修班"的学习中，作为个人不但专注于道教教义文化的内容的深入理解、认识、反思和研修，还在老师指导下对基督教、伊斯兰教、佛教等宗教形式的教义精神、传承方式和深厚的历史文化内容作了专门的研学，并都写作了相关专题论文。我觉得这对我们从事道教职业的人来说很有必要，最起码有一面镜子可以常照照自己；兄弟教会传承进步的历史，就有利于我们道教反躬自省，是能够照出道教差距的镜子。

我们道教界不能自己将自己封闭在自诩的象牙塔中不见天地，不解周边的环境，仅学会模仿祖师指天指地的形象，岂不知我们传统宗教形式既有自身的历史使命，更应该有面临今天时代的危机意识。曾有挚友对我说：你们道教就像一个杠木头在笔直巷道行走的人，抬头只顾前方直直的一条路，顾后只知数走过的脚印，而不知周边的情况。当时代变了，周围的环境变了，却都还不知道。这种比喻真是太深刻了！道教的教义精神本来是最讲因势利导和光同尘、随机应化。所谓"一阴一阳之谓道"，要在此理解阴阳变化，道"首"要在于"走"（运动）之意。"儒释道"三教是为中华传统文化的三大支柱，今天我国社会有五大合法宗教形式，相互间更应该深入地认识了解、和衷共济、共同为社会进步尽各自的责任。面对社会的困难、宗教教义的吸引自然会产生浓厚的出世超脱思想，但现实中任何宗教都脱离不了社会，否则其宗教形式将很快消失，所以每个宗教形式的宗教组织，都有责任带领教徒学习进步、适应时代的发展。也正如友人忠告的那样，道教界要站在时代的大广场上，明白当代的现状，预测未来的前景，找准自身位置，选择前进道路，清楚方向和目标，这样才能紧跟时代的车队不掉队，成为与时俱进的常青树。

　　我真的很爱学习，学习才能使人生活得更加充实。但现实中我获得老师引导学习的机会太少。所以从心底里我感谢中央统战部、国家宗教局和中国道教协会领导对我们的关怀和培养；感谢中央民族大学、中央民族大学哲学与宗教学系领导，为我们安排举办的这个"宗教学研究生进修班"；感谢辛勤劳苦教书育人的诸位老师。谢谢你们给予的教诲和宝贵的知识。这是我们今后更好地学习、工作、进步的基础，对我们的未来有着重要的意义。

（2003 年）

对自然生态环境的关注

当代社会科技进步，信息发展，世界上一些科技大国疯狂地掠夺自然资源，同时现代人拼命地追求奢侈的生活和文明的物质享受，据说一些西方大国浪费的能源是世界发展中国家不知多少倍，这当然要受到自然的惩罚！虽然现在世界上结束了"冷战"，但国际间并不太平，暴力、恐怖和局部战争频频发生，这都显现出人类社会空前的浮躁。《太平经》中说，"夫于道恶杀好生"。这无疑是道教慈悲为怀，尊重生命的教义。天道"恶杀好生"，更有平等地看待一切生命的价值，尊重人类和其他生物同等的生命，反对任意践踏和消灭其他生命的意义。但人类在自然界中到底该如何行为并非是很简单的命题。比如道教教内全真、正一两派就在行道方式上存有显著差异，饮食也有素食和随俗之差别，在修持方面有清修独居与在俗居家的区别等。但是，任何宗教都要重视生命的意义，这也是认识正教形式的一个标志。"一个对生物持敌对或鄙视态度的人，是无法真正热爱自然、尊重生命的"。"宗教尊重一切生命的教理和教规，它本身不是从生态学出发的，而是围绕着宗教目的的"。可能"从维护生态系统出发，是更全面地保护了人类的利益，包括子孙后代的利益"。从生态系统出发不同宗教形式中不同宗派的饮食习惯问题也很好理解，因为生物间有正常的"食物链"，道教经典中对此也早有阐述。《阴符经》中说："天生天杀，道之理也。天地，万物之盗；万物，人之盗；人，万物之盗。三盗既宜，三才既安"。宇宙万物"盗"用天地阴阳之气方能生存变化，故说"天地，万物之盗"。在这种相互盗用之中，形成了相互依存的关系。这种盗用只有在适度的范围内，方能相安无事，故说"三盗既宜，三才既安"。盗用过甚，就会造成灾难。在处理天地、万物、人类三者关系中，掌握"天生天杀"自然规律，对于维护生态平衡很有意义。

老子说："天之道，损有余而补不足；人之道则不然，损不足以奉有余。孰能以有余奉天下？唯有道者。"这是道教的认识。未来也许会发现宇宙中其他的星球可以安置我们的新家，但是今天可供我们人类乃至其他动植物生灵共同生活的只有地球，所以我们必须主动地、自觉地创造人与宇宙大自然"天人合一"的和谐关系，遵循自然规律，保护自然生态环境。道教虽然是一个古老传统的宗教形式，但是"道法自然"的教义精神，具有超越时代的价值和意义！在此教义精神的规范下，历代的道教徒都积极践行"道法自然"的教义，致力于营造美好的自然环境，如绿化美化、植树造林、护生养生，如此道教的人文精神又进一步从新的角度充分地显现出来。我们可以看到，道教的名山洞府哪一处宫观道场中都有保护美丽的山林，都有古树名木，在泰山、衡山、崂山、华山、武当、青城、石竹、罗浮，"三山五岳"，凡有道教宫观场所之地，就是生态环境营造得较为美好的地方。即使繁华都市，人如潮涌，熙熙攘攘，但只要进入宫观道教活动场所，香花异草，古树名木，郁郁葱葱的生机环境就会使人的心境迅速地平静下来，这不能不说是传统道教的贡献。世界宗教与环境保护联盟 1995 年在英国召开了"世界宗教与环境保护首脑会议"，中国道教协会代表团参加了这次会议并发表了《道教和生态环境宣言》。其后经协商，中国道教协会决定与该联盟合作组成考察组，首次于 1996 年 8 月 12 日至 8 月 27 日对道教名山四川青城山和陕西华山的道教环境保护情况进行了考察。考察报告表明：在处理保护自然环境、发展旅游与保护道教合法权益方面，不要把道教当做一种障碍，而是要充分利用道教文化。在对青城山的表述中则很明确地说："道教界对青城山的生态环境保护贡献大"，并指出："青城山道教界有爱林护林的传统，现在青城山人行道旁的古树和部分小树，多为历史上和现在的道士们亲手栽植"。"现在青城山道协每年与当地林业部门合作，开展植树造林活动"。

今天的道教对生态环境的关注，更有突出的表现。过去道教对自然环境的维护多为宫观场所的周边，今天的道教不仅继承"道法自然"历史固有的传统，而且更有当代保护自然的实绩，对植树造林环境保护的意义理解得更为深刻。我们知道在祖国的西北地区，由于干旱和风沙侵袭，生态形势十分严峻。"巴丹吉林"和"腾格里"两大沙漠正向内地挤压过来，昔日"沙进人退"，而今天则是"人进沙退"，当地人民在政府的领导下群策群力地抵御沙漠对内地的侵袭。为此，中国道教协会于2003年3月19日向全国道教界发出倡议，号召各地有条件的道协、宫观和个人，自愿捐款，在治沙防沙的重点地区——甘肃民勤县建立"中国道教生态林建设基地"，这一倡议迅速得到道教界的积极响应。中国道教协会、湖北武当山道教协会、武汉市道教协会、江苏省道教协会、苏州市道教协会、江苏省句容市道教协会、北京北白云观、江西省龙虎山天师府、上海浦东钦赐仰殿、湖南南岳大庙、南岳紫竹林道观、苏州玄妙观、江苏省句容茅山道院、四川都江堰市二王庙、长沙市陶公庙、庐山仙人洞道观、广东西樵山云泉仙馆、青海西宁市土楼观等道教宫观，以及许多道教徒和各级道教协会组织中工作的干部职工都踊跃捐资。中国道教协会与甘肃省民族宗教局及民勤县政府商议决定，于2003年4月22日在甘肃省民勤县举行"中国道教生态林建设基地"揭碑、捐款仪式，尽快启动了这一功在当代、惠泽千秋的工程。该工程由民勤县政府将临近苏武庙周边的1500亩荒沙地划拨给县道教协会用于生态林的建设。2006年7月中国道教协会再次组团，任法融会长为总领队，赴民勤生态林基地考察该工程所取得的实际成效，并进行后续的行动，至此用了3年的时间，把由各地宫观宗教活动场所和道教徒捐资近300万元人民币投入了该项工程，从而展示和表达了道教界保护自然生态，改造人类生存环境，建设天人一体、和谐共生、道法自然、保护环境、维护人类生存所必需的自然生态家园的决心。

　　"道法自然"是《道德经》的作者老子所说，老子是道教之祖，他说："人法地、地法天、天法道、道法自然。"由此，道教认为："自然"的造化，不受人甚至神灵意志的支配和压制，而以无为法则，以宇宙大化为表现，道所追求和展示的正是自然而然的造化之本质。风霜雨雪，春华秋实；苍穹覆盖，大地承载；厚薄无欺，万物同化；自然而然，公平无私；道教正是崇尚自然变化发展的辩证法则。在自然界中万事万物往往都是矛盾对立的，但同时又是辩证统一的。我们中国人都知道，阴阳消长反映着自然界事物发展变化的普遍规律性。阴极阳生，阳消阴长；宇宙间自然万物，就是在阴阳消长中相互感化、荡磨，在作用和反作用下发生转化和变异，从而推动事物不断地更新、变化和发展。面对广袤的大自然，道教更为明白：今天的地球是人类的家园，我们都更加地依赖地球提供的自然环境和资源而生存。风和日丽，四季分明，乾坤有序，日月照临，大地厚载，资源宝贵，山清水秀，春生夏长，秋收冬藏，没有大自然的恩赐，提供人类衣食住行乃至一切，那么任谁都将是无奈的。世间万物人为至贵，乃是"万物之灵"，对生态环境大自然的保护，是我们人类责无旁贷的义务。

（2006 年 7 月）

构建和谐社会　要从自身做起

——参加宗教界第二次经验交流会小组发言

　　《中共中央关于构建社会主义和谐社会若干重大问题的决定》，是党中央十六届六中全会提出的构建社会主义和谐社会的纲领性文件。这不仅是当前全国人民必须深入学习领会的重要课题，还应该是我们各行各业今后工作的方向、目标和任务。与社会主义社会相适应，为构建社会主义和谐社会做贡献，实际上是全国人民都要努力的大事情，在这里提出"宗教界为构建社会主义和谐社会做贡献"，说明宗教的文化中蕴涵有丰富的"和谐社会"的文化精神，值得开发利用。我们道教是一个传统的宗教形式，道经中说："万物负阴而抱阳，冲气以为和。"（《道德经》42章）"和其光，同其尘，是谓玄同。"（《道德经》56章）"天地与我并生，万物与我为一。"（《庄子·齐物论》）"积功累德，慈心于物；忠孝友悌，正己化人；矜孤恤寡，敬老怀幼。"（《太上感应篇》）关于"和谐社会"的主旨精神，与我们道教中关于"和谐"的许多教义内容就天然吻合，在此就不多引叙。

　　"宗教界为构建社会主义和谐社会作贡献"，我认为：首先要从自身做起。我们说"和谐社会"的起端，首先要努力求得自己身心的和谐。只有能够正确地认识和看待自己，才能够正确地认识和对待别人，也才能够使自己与别人相处，与社会适应。只有在适应的过程中，才能有机会去为社会做贡献。作为宗教徒我们首先都应该认清自己的身份，找准和摆正自己的位置，担负应有的责任，完成自己的任务。比如说，我是一个登记合法道教宫观的负责人，我首先应该使这座宫观成为道教信徒完善信仰的宗教活动场所；同时我要团结道众、规范道风、以有益社会进步的教义精神教化世俗，向社会展示新中国当代道教的新风貌。这就是一个宫观负责人在属于自己的位置上应该担负的责任，应该完成的任务。又比如我是中国道教协会的副秘书长，又是协会教务处的主任，所以我认为自己不仅要为协会领导当好参谋，经常不断地向领导提供合理化建议，同时有责任在协会的领导下操办好内地道教的具体教务，在领导的支持下按照教义精神，指导内地重大教务活动，遵照国家宗教法规内容，推动道教向健康进步的方向传承。在当代社会主义社会，我们如果做到了做好了，就是在与社会主义社会相适应，就是在为"构建社会主义和谐社会做贡献"。

任会长经常对我说："协会教务处是全国道教徒的娘家，对待全国各地道教界打来的电话或来信来访，都要态度和蔼，认真对待，认真处理。"他认为这是创造道教界自身和谐的一个方面。我们对他的指示从不马虎懈怠。我认为"宗教界为构建社会主义和谐社会做贡献"，最重要的是从自身做起。从自身做起，不仅要避免坐而论道，更要注重实效。我们任会长要求中国道教协会团体组织"要为道教界办实事"！他实际上就是一位注重为道教、为社会尽可能办实事的人。就拿甘肃民勤"生态林"的事情说吧，2003年3月我会启动"生态林基地"，但初因"非典"耽搁，后因发起人六届理事会闵智亭会长仙逝，所以预算投入的资金206万元人民币根本无法筹措到位。2005年协会换届，任会长了解到这个情况，责成陕西省道协当年即向民勤"生态林"汇去50万元人民币，这其中就有他动员亲友垫付的10万元。在他的推动下"生态林"预定投入的资金现早已超额到位。还有那些追随他到甘肃天水等贫困地区扶贫、建"希望小学"、做慈善事业的人，尊敬他为导师，就是因为他注重从自身做起的实际行动的感召。他自奉俭朴，但扶贫济困不遗余力，做公益慈善事业从来都非常积极，这就是人格魅力！实话说我是一个有家庭的正一派道士，虽然生活待遇也不高，但随任会长去天水，真为他扶贫济困的精神所感动，两次我也捐了4000元人民币以表达自己的心情。

　　"宗教界为构建社会主义和谐社会做贡献"从自身做起，并不是一件容易的事。但是现在我们有中共中央十六届六中全会精神为指针。我们所在各自宗教的教义中亦蕴藏着关于"和谐社会"的丰富内容。我们要加强自身建设，认真努力地学习，在学习中进步，在工作中成长。我自信：我们道教界在与社会主义社会相适应的过程中，能够为"构建社会主义和谐社会"发挥积极的作用，做出更大的贡献。

（2006 年 11 月 24 日）

附一　海内外道教界捐建甘肃民勤"中国道教生态林建设基地"

　　道教崇尚自然，主张天人合一、和谐共生，历来注重环境保护。当前生态环境受到各种因素的破坏，给人们的生活带来诸多不利影响。保护和改善生态环境已作为我国的一项基本国策。近年来，全国各地道教界人士在植树造林、保护环境方面做出了突出贡献。

　　甘肃地处我国西北，植树造林、治理荒漠的任务非常艰巨。我会了解到民勤县是我国最干旱、荒漠化危害最严重的地区之一，且在地理和环境梯度上，处于我国荒漠化监测和防治的最前沿地带，历来是我国防沙的重点县，但防沙资金短缺。为了继承和弘扬道教保护环境、济世利人的优良传统，为西部大开发和全面建设小康社会做出积极的贡献，我会于 2003 年 3 月 18 日在京召开座谈会，与会道协、宫观负责人一致认为，面对当前西北自然环境恶化的状况，应积极参与到保护自然的功德事业中去。3 月 19 日我会向全国道教界发出倡议：从今年春季植树节开始，利用三年时间，在甘肃省民勤县政府划拨给县道教协会的 1500 亩生态林建设用地上，建立"中国道教生态林建设基地"。我会号召有条件的道协、宫观和个人自愿捐款，积极支持这一功在当代、利在千秋的事业；同时欢迎港澳台地区和海外道教界的道观场所和朋友们积极参与，共襄善举。这一倡议很快得到了各地道教组织、宫观和个人的纷纷响应。

特别是湖北武当山道教协会，看到倡议书后，在较短的时间内，以最快的速度电汇捐助资金伍万元；远在加拿大的肖华扬先生，得知此事后，积极捐助善款人民币壹仟元。

现将已陆续赞助资金的单位、个人名称公布如下（以款到时间先后为序）。

中国道教协会伍万元

北京白云观伍万元

中国道教协会闵智亭道长伍佰元

中国道教协会张继禹道长叁佰元

中国道教协会黄信阳道长叁佰元

中国道教协会袁炳栋先生叁佰元

中国道教协会袁志鸿道长贰佰元

中国道教协会孙同昌先生贰佰元

中国道教协会张立光先生贰佰元

中国道教协会王宜峨先生贰佰元

湖北武当山道教协会伍万元

江西龙虎山天师府叁万元

上海钦赐仰殿贰万元

江西庐山仙人洞壹万元

马来西亚沙捞越州美里省莲花山三清殿壹万元

湖南南岳大庙壹万元

湖南南岳紫竹林道观壹万元

江苏苏州市道教协会壹万元

江苏苏州市玄妙观壹万元

江苏句容市道教协会壹万元

江苏句容市茅山道院壹万元

四川都江堰市二王庙壹万元

广东广州市三元宫壹万元

湖北武汉市道教协会壹万元

江苏省道教协会伍仟元

湖南长沙陶公庙伍仟元

广东南海市西樵山云泉仙馆伍仟元

甘肃省道教协会壹仟元

甘肃兰州市道教协会壹仟元

甘肃兰州市白云观壹仟元

甘肃平凉市崆峒山道教协会壹仟元

甘肃天水市玉泉观壹仟元

甘肃凉州区道教协会叁佰元

甘肃古浪县道教协会叁佰元

青海西宁市土楼观喇宗静道长壹仟元

上海黄剑节先生伍佰元

重庆老君洞周至清道长壹仟元

甘肃榆中县陈诚芳道长伍佰元

甘肃兰州市白云观袁宗善道长壹佰元

江苏茅山道院朱易经道长伍佰元

江苏茅山道院杨世华道长贰佰元

江苏茅山道院郑志平道长贰佰元

江苏茅山道院冯可珠道长贰佰元

江苏茅山道院简祖洪道长贰佰元

江苏茅山道院徐朝文道长贰佰元

江苏茅山道院刘兴友道长贰佰元

广西荔浦县罗法昌先生壹佰叁拾元

云南富民县屠鸿祥先生壹佰元

浙江温岭市太平街道岗下殿壹佰元

浙江温岭市城东肖村前皇洞贰佰元

浙江温岭市城东汇头王东岳宫贰佰元

浙江温岭市城东山河混元宫壹佰元

浙江温岭市城西莞田岭三清观壹佰元

浙江温岭市城北石粘响岩殿贰佰元

浙江温岭市横峰街道崇福堂壹佰元

浙江温岭市泽国牧屿白云宫贰佰元

浙江温岭市泽国朱砂岩透天洞壹佰捌拾元

浙江温岭市泽国凤凰山透天洞壹佰贰拾元

浙江温岭市牧屿二龙山新渎宫壹佰贰拾元

浙江温岭市大溪羊岗山镇东宫伍佰贰拾元

浙江温岭市沣郎茅山东岳宫贰佰元

浙江温岭市松门远景玄真洞贰佰元

浙江温岭市松门松寨三清殿壹佰贰拾元

浙江温岭市松门北沙三清宫贰佰贰拾元

浙江温岭市松门苍山白岩宫伍佰元

浙江温岭市松门石板殿禹王殿壹佰贰拾元

浙江温岭市松门横门禹王殿壹佰贰拾元

浙江温岭市箬横高龙红岩观叁佰元

浙江温岭市箬横街后庙伍佰元

浙江温岭市箬盘马山东安堂壹佰贰拾元

浙江温岭市箬横贯庄尚福宫壹佰元

浙江温岭市箬横严家桥三清殿贰佰元

浙江温岭市箬横凤凰山三清殿壹佰贰拾元

浙江温岭市箬横鸿炉东岳宫贰佰元

浙江温岭市新河长屿道源洞叁佰元

浙江温岭市新河北城城隍庙贰佰元

浙江温岭市新河南鉴镇东殿贰佰元

浙江温岭市新河蔡洋撮屿观壹佰元

浙江温岭市新河圹下沙降殿壹佰元

浙江温岭市新河长屿双门洞贰佰元

浙江温岭市钓滨长坑妈祖庙叁佰贰拾元

浙江温岭市石圹屿禹王殿壹佰元

浙江温岭市石圹粗砂头妈祖庙贰佰贰拾元

浙江温岭市石圹海滨妈祖庙壹佰贰拾元

浙江温岭市滨海雨伞庙贰佰元

浙江温岭市滨海桩头真君殿伍佰元

浙江温岭市滨海海金闸片禹王宫贰佰元

浙江温岭市温峤上街东岳宫贰佰元

浙江温岭市温峤楼旗岐峰宫贰佰元

浙江温岭市温峤江厦向海宫壹佰元

浙江温岭市温峤楼旗天后宫壹佰元

浙江温岭市温峤上街上新堂壹佰贰拾元

浙江温岭市城南大斗名山观伍佰元

浙江温岭市城南观岙禹王宫贰佰元

浙江温岭市城南东峰山禹王宫叁佰元

浙江温岭市城南上岙三清殿壹佰元

浙江温岭市坞根沙山紫福宫壹佰元

浙江温岭市道教协会周诚通道长壹仟元

浙江温岭市道教协会蔡信德道长伍佰元

浙江温岭市道教协会应崇鹏道长贰佰贰拾元

浙江温岭市道教协会杨寅生道长贰佰贰拾元

浙江温岭市道教协会林信福道长贰佰元

浙江温岭市道教协会莫崇和道长壹佰元

加拿大肖华扬先生壹仟元

中国华文达文化发展中心杨向勇先生伍拾元

目前，我会已将第一批 30 万元捐款划拨到民勤县道协用于"中国道教生态林建设基地"工程，以后拨款将根据捐款情况及工程进度分期进行。我会将对所捐资金的使用和管理，加强监督，做到专款专用，亦将组织道教界和捐款单位分批分期亲临甘肃民勤"基地"考察，将这件功德善举的好事办扎实。让我们携起手来，为改善我们的生存环境献出一份爱心，做出一份贡献。

（中国道协教务处，载于《中国道教》2003 年第 4 期）

附二　赞助甘肃省民勤县"中国道教生态林建设基地"资金名单

香港圆玄学院　200000 元（港币）

香港道教联合会　汤伟奇　146300 元（港币）

香港竹林仙馆　30000 元（港币）

香港省善真堂　20000 元（港币）

香港道教纯阳仙洞　10000 元（港币）

香港道教纯阳仙洞　朱柏全　2000 元（港币）

香港道教纯阳仙洞　余月蓉　2000 元（港币）

香港道教纯阳仙洞　孔珍如　500 元（港币）

香港道教纯阳仙洞　陈彩珠　500 元（港币）

香港道教纯阳仙洞　陈二珠　500 元（港币）

香港道教纯阳仙洞　陈智锦　500 元（港币）

香港道教纯阳仙洞　彭智仁　500 元（港币）

香港道教纯阳仙洞　潘康杰　500 元（港币）

香港道教纯阳仙洞　梁玄坚　500 元（港币）

香港道教纯阳仙洞　张朝安　500 元（港币）

香港道教纯阳仙洞　梁年伟　500 元（港币）

香港道教纯阳仙洞　梁祥铿　500 元（港币）

香港道教纯阳仙洞　麦靖筠　500 元（港币）

香港道教纯阳仙洞　王成培　500 元（港币）

香港道教纯阳仙洞　陈碧华　500 元（港币）

香港道教纯阳仙洞　杨德伟　500 元（港币）

香港道教纯阳仙洞　赵振邦　500 元（港币）

香港道教纯阳仙洞　李贤发　500 元（港币）

香港翠柏仙洞　5000 元（港币）

香港圣道正坛　2000 元（港币）

香港鼎信仙观　1000 元（港币）

香港圆玄一中　1000 元（港币）

香港通善坛　1000 元（港币）

香港玉壶仙洞　500 元（港币）

香港何万成　500 元（港币）

香港吴影乔　500 元（港币）

香港梁信祥　200 元（港币）

四川省宜宾市川祖庙　张　勇　200 元

辽宁省鞍山市千山五龙宫　王全林　5000 元

上海崂山东路 644 弄 15 号　胡惠清　200 元

广东广州市罗冲围增槎路 323 号　陈炳雄　100 元

四川省道教协会　2000 元

上海市绿林路 320-74-301　胡克荣　200 元

四川成都市青城山飞鹤观　400 元

四川成都市青城山　杨文玉　30 元

四川成都市青城山　商至明　30 元

山东省威海和平路 46 号　孙继禄　100 元

吉林蛟河市红星路 66 号广播电视局　赵　萍　300 元

（中国道协教务部提供，载于《中国道教》2004 年第 2 期）

悼王光德道兄

余自鄂十堰返京翌日，旋接武当山道协 2001 年 10 月 18 日深夜电告：王光德道兄已于是日 21 时 58 分羽化飞举。沉默甚久，告知家人。欷歔声中，感念良多。集成八句，以为纪念。

> 时近子夜闻山讯，
> 鹤驾扶摇朝太清。
> 曾与京华习玄事，
> 共攀太和涤凡尘。
> 叶落黄花故人泪，
> 枝茂果硕榔梅新。
> 紫气腾霄旌旗展，
> 何须勒石记生平？

（载于《中国道教》2001 年第 6 期）

附 《中国道教》文章：沉痛悼念王光德会长

全国政协委员、中国道教协会副会长、湖北省道教协会会长、十堰市政协副主席、丹江口市政协副主席、武当山旅游经济特区副区长、武当山道教协会会长王光德因病治疗无效，于 2001 年 10 月 18 日 21 时 58

分在武当山紫霄宫仙逝。

紫霄宫院内临时搭建的灵堂庄严肃穆，哀乐低回，仙音妙乐送王会长驾鹤飞升，返瑶池归位。灵堂上悬挂着"沉痛悼念王光德会长仙师永垂千古"的横幅，挽联上写着"光德先师儒才大专德施武当众道士上饯鞠躬尽瘁回南宫身安息恩世间名垂千秋；通圣仙灵道学深渊功满玄极丹书下诏别宫离贤赴瑶池朝圣母登仙府极乐万年"。走完54年人生旅程的王光德会长，安卧在鲜花丛中，面容安详，放心地驾鹤仙去。

王光德会长的遗体前摆放着亲属敬献的花篮。灵堂内摆放着政协全国委员会办公厅，中共中央统战部办公厅，国家宗教事务局，中国道教协会，政协湖北省委员会办公厅，湖北省委统战部，湖北省民族宗教事务委员会，湖北省委台湾工作办公室，湖北省政府台湾事务办公室，湖北省文化厅，湖北省道教协会，政协十堰市委员会，十堰市委统战部，十堰市民族宗教事务局，十堰市民革、民盟、民进、民建、农工民主党、九三学社等民主党派和十堰市八县市区政协委员会等单位送来的花圈和十堰市委书记李宪生、市长赵斌、人大常务副主任冯友仁、政协主席孔庆藻等送的花圈。

王光德会长遗体告别仪式于2001年10月24日举行，中国道教协会秘书长袁炳栋主持告别仪式，中国道教协会副会长黄信阳宣读王光德会长生平简介，工作人员宣读了中共中央统战部、国家宗教事务局、湖北省委统战部、十堰市政协、丹江口市政协等发来的唁电，并宣读了敬献花篮、花圈、挽联、挽幛的单位和个人。

湖北省政协民族宗教事务委员会主任汪长俊，省民族宗教事务委员会原副主任王楚杰、赵崇辉，省人大办公厅处长秦升统，省政协民宗委办公室主任吴佐睾，省委统战部民宗处副处长余鹏，省委对台办处长汪传树，省民宗委宗教一处副处长李爱旻、调研员张化平，省道协副会长吴诚真、王平、李光富、鄂金华，中共十堰市委书记、人大常委会主任李宪生，十堰市委副书记、市长赵斌，市人大副主任冯友仁、政协主席孔庆藻、市委秘书长涂明安、副市长冀群凤、政协副主席彭锦伦、王喜华、明邦庆、凌仲偶、沈苏中、洪永成，市委统战部部长郭筱鹏等参加了告别仪式，并缓步来到王光德会长的遗体前肃立默哀，向这位一生为弘扬中国道教文化、发展道教事业、竭尽心智、忘我工作，与中国共产党风雨同舟、亲密合作，为扩大道教在海内外的影响做出了重大贡献的武当山一代宗师作最后的悼别，并与其亲属一一握手，表示深切慰问。参加告别仪式的还有各地道协、宫观的主要负责人和道教徒及各界群众1000多人。

喜闻茅山开发喜客泉
景区而作

　　茅山是历史悠久的道教圣地；茅山又是著名的革命圣地。当代在改革开放的大潮中，茅山人民抓住机遇、与时俱进，发展旅游事业，积极推动经济建设的发展，这里当然成为人们乐往的旅游胜地。《洞天福地记》载：天下有福地七十二，茅山为第一福地。古籍称其处"土良而井水甘美，居其地必得度世"。即使你"都不学道，居其土、饮其水，亦令人寿考"。茅山不仅山水秀美，自然景观很多，且人文历史丰厚。新开发的"喜客泉"景区，就包蕴有众多的故事和丰富的文化内容。应当年景区负责人孙家义副主任的邀约，为不负友情，现就景区中两个景点集得五言、七言两阙送上，供参考。

喜客泉

天地蕴神秀，湛湛喜客泉。

白云悠然来，轻溪碧水流。

珠玑拂清池，迎请结善缘。

威势凝不动，性情出自然。

何处觅仙境，此地真桃源。

昭明太子读书轩怀古

皓月静静照古轩，昔日昭明曾留恋。

文章渊薮万代事，折中典丽调浮野。

人生何必羡春秋，雪泥鸿爪颂万年。

游客乘兴登赏处，雅士怀旧诵诗篇。

岁月蹉跎匆匆去，家山古国更秀艳。

（2002 年 12 月 19 日）

一瓣心香：缅怀黎遇航前辈

流走一股清泉，
飘逝一朵白云，
悄悄地离去了，
如同自然地来。
掀开咏作的诗章[1]，
再读往日的情怀：
重现茅山的风、
茅山的雨、
古观的钟磬、
岁月的沧桑……
你由道教文化滋润，
新中国培养和成就。

读懂了诗的表白，
感恩、喜悦，
心中流出的词句！
历史进展到今天，
道教迈出的足迹，

---

[1]　黎老有《遇航诗词集》留存。

当代将思考和跨越。
你领衔较长的过程①，
教史会记这个名字。

归去吧，
这是茅山的呼唤。
人间的亲情、
玄门的渊源、
古修雅士向往之境，
是白云仙鹤的故乡，
寄托着挚爱与眷恋！

云雾缥缈在山峦间，
清月辉洒向峰岭巅；
人生只要问心坦然，
还有什么凄惶遗憾？
抛却世俗的名利、
都是淡淡的浮尘、
可有可无的东西。
多少辛勤耕耘者，
也只是一生奉献。
华阳洞天②，
是神仙的居宅，
等待着回还的精魂；
物化归真去应茅君③宠召，

---

① 黎老 1982～1992 年为中国道协三届、四届会长。
② 此处即指茅山。
③ "茅君"即道教神仙"三茅真君"。

享受生生不息的逍遥吧！

望空稽首聊寄心香一瓣，

仙俗殊途再道一声珍重！

愿你驾飚轮①、

驭长风、

登蓬岛、

临洞天，

无恼无虑再无忧烦，

出幽入冥勿扰神天②，

跨白鹤、

腾九霄、

横长笛吹奏起仙家乐，

拨云层即去赴王母筵！

（载于《中国道教》2003 年第 3 期）

---

① 黎老 1986 年春《跋涉罗浮》中有诗句"飚轮万里会神仙"。
② 黎老 1988 年有诗作《偶成》中有"恐惊天上神"句。

香港道教联合会汤国华先生祭词

　　香港道教大德汤国华先生，与内地道教界交流频繁。他既是香港商界翘楚，亦为道教前辈。他淡泊名利，热心慈善，积极推动文化事业，热心扶掖后学。随着内地改革开放，他对道教事业更多有帮助。20世纪末，友人将余作《当代道教人物》介绍给香港出版界，先生闻知即予鼓励资助出版，并为作序言。在《修心养生　行善济世》这篇序言中，他说："道教是唯一的'国产'，而其浓厚的本土文化在中国传统文化中所占的分量，尤不可忽视。"并谦逊表白心愿："国华忝在道末，赓随善缘，助其出版，亦为中华道教文化略尽绵力，俾诸高道的事迹及精神得彰于世，道教的修身济世主旨更能光大弘扬，实厚望焉。"21世纪初，小作以《中国道教当代宗师》书名在港出版。余铭记而不能忘先生之功德，今忽悉在港驾鹤飞升，慨叹不已！拟作以下长短之句式，略表真诚致敬心情。

　　缅怀：

　　恍惚中青鸟捎来信息/会意处蝶舞梦境是真；

　　早年内地道观中/常见到亲切微笑的脸；

　　记得虔诚明晰的慈容/认识逍遥清高的先生。

　　南华喻辞/千龄厌寿/去而上仙；

　　春秋百年/乘风归蜕/勿论悲喜？

　　轻轻雾/人生旅程的云烟；

　　丝丝雨/创业路上的滋润；

沙沙风/扶持同道的表彰；

闪闪电/功德社会的赞美！

白云缓缓飘过/叙说自然的怀念；

香江波涌浪起/吟诵追思的辞章！

云水天际/阴与阳/空与云/雾与雨/气与风/雷与电/总是浑然一体；

沧海横溢/涛与潮/浪与波/水与流/旋与涡/人与舟/方显英雄本色！

我是谁/你是谁/他是谁/大千茫茫谁晓知？

何处来/归何处/进止境/虚实百年假与真？

红尘滚滚/勿使人生做了匆匆过客！

江河湖海/分解是无数滴水/会聚是涌动的流/无分辨其中你我；

颂先生/勇猛精进/修道习儒悟佛/工商兼全/真称伟中华儿女！

聚雾为云/凝结为雪/沛注是雨/汇集成汪洋；

是不息的浪/不停的波/激荡的涛/滚滚的潮；

弱而用/化细濛/润无声/滋有缘/符自然生生之德。

清流的浪花/溪水的碧波/赞颂你谦谦和谐的境界！

阴阳往复/生生不息/远行道山/归根复命/自然逍遥。

香烟袅袅/恭敬送之；

仙乡有侣/凡俗仰之；

素笺俚语/诚恳醮之！

（2004 年 12 月 16 日敬献）

拳拳之心　谆谆教诲

——读《道风集》增订本的体会和认识

当《道风集》增订本送到我的手中，看着封面上这部著作的撰人陈莲笙大师慈祥微笑的神态，心中猛然地跳出"拳拳之心，谆谆教诲"八个字。陈莲笙大师，我还是按自己的习惯尊称他为"陈老"吧。在增订本著作中，陈老表述了对社会主义祖国"百业兴旺，人民幸福，社会安定，前途灿烂"，"欣逢盛世"，"欢欣鼓舞"的心情；但对当代道教处在当代社会所面临的新情况，出现的新问题，也表达了两点深深的忧虑心情。陈老真正是道教界爱国爱教的楷模，是德高望重的道教正一派大师，他的著作《道风集》原版本我们许多人都曾拜读，增订本充实了许多弥足珍贵关于道风建设的新内容，值得我们学习和领悟。这部著作中寄托着陈老对当代道教界的嘱托，告诫和无限希望，所以我很高兴应邀前来参加《道风集》增订本这个座谈会。

在中青年道教徒中，我可以说是与陈老相识较早的一位了。1982年我入道茅山，对于道教的内涵和方式的认识都甚浅薄，当时内地道教界都忙于宫观场所维修恢复，茅山与上海由于地域临近，所以道教界的交往就很频繁。缘分使然，就在那个过程中我有幸拜识陈老。其后在茅山8年，入道、学道、践行道教，风风雨雨岁月的过程中，多次受到他的垂顾、教诲和帮助。1991年我调到中国道教协会，为全国道教界服务，离南方上海似乎远了，但与陈老实际上的合作更直接了。1991年江西天师府举办较大规模的教务活动，那时天师府道教徒开展经忏活动的力量尚薄弱，所以邀请了上海、苏州等地道教界组成经团，共同在天师府设坛进行法务活动，陈老是上海经团的负责人。此次活动中，天师府还首次为海外部分道教徒举办了授箓传度。中国道协派我前往协调此次教务，陈老在整个活动中发挥了主要作用，调动各个经团之间进行了很好的协作，使这次大型教务活动举办得非常成功。

1992年3月中国道教协会第五次代表会议召开，陈老当选为副会长，教务工作的接触更为频繁。影响最深的是，中国道协第五次代表会议之后，道教界更为注重教制建设，协会经研究决定于1995年全真派举办新中国成立后的第二次传戒活动，正一派举办新中国成立后面向内地正一派道教徒的授箓传度活动。为了研究处理传戒、授箓的相应教务，协会分别成立起全真、正一两个分管"传戒""授箓"的三人小组，陈老是"授箓"三人小组的负责人，我则在协会教务处分别为两个小组的成员之一。陈老是前辈长者，在工作上更是好领导！给我深刻的印象和感受是：他作风务实勤奋，办事认真细致，遇事冷静稳重，待人谦逊礼让，风度儒雅得体。在他的身体力行中，使我们学到了许多道教徒应有的东西。1998年中国道教协会第六次代表会议将要召开之际，陈老为了奖勉后学，毅然地辞去副会长的职务，他的举措再一次以实际行动，践行了太上"功成身退"的教诲。

近二十万言的这部《道风集》增订本，六个主要部分的内容，为当代道教界提倡道风建设，增加了有力的理论依据。陈老的两点忧虑，用他自己的话概括起来：一是"道士的神圣性一旦被丢弃，那么其后道观、神殿、神像和科仪的神圣性就堪忧了"；二是"道士理应具有坚定的道教信仰的问题"，他以道的"俭"与"啬"，以太上"慈""俭""不敢为天下先"之"三宝"精神，旗帜鲜明地对应了道门内部"贫道"与"富道"，以及"让一部分人先富起来"等言论的争议。陈老说："道心坚定，这对于青年道士，特别是道教的青年领袖们是非常重要的。只有他们的上梁正了，道教才能够得到健康的发展。"这是陈老的嘱咐、希望和倡议。我们是中青年道教徒，如果过去所为符合道教的教义宗旨，那么就应该坚持下去！当然"人非圣贤，孰能无过？"如果走偏了道路，有不正行持，现在必须猛醒了！让我们借陈老《道风集》增订本研讨会为契机，站直身子，迈正步子，挺起腰杆，端正道风，坚定信仰，以实际行动应对陈老的倡议，推动道教事业的"健康发展"。

（2006 年 10 月于上海）

令我难忘的人

——回想王伟业先生二三事

我有缘在 1982 年认识王伟业先生。那是中共十一届三中全会之后，道教界在北京白云观举办第一期"道教知识专修班"，全国各名山宫观推荐了 24 位来京学习的学员，我是其中的一员。"文革"十年，到 1979 年终于结束，中国道教协会随即恢复工作。1980 年召开了第三届全国代表会议，这次会议中王伟业先生被选举为秘书长，据说"文革"前"王老"（该忆文以后行文中均以"王老"尊称传主）即是协会道教文化研究室的主任。在我的认识中，王老是中国道教协会机关中甚得教内外人士尊敬的人物。他待人和蔼，关爱属下，尊重他人，这其中尤其对道教界人士则更多一份关怀。

那时中国道教协会本部机关的人比现在少得多。当年包括白云观的几位道长，道教界仅有黎遇航会长、刘之维当家、王信安、武理真、赵太安、徐信权等几位道教人士。王老的属下主要有：办公室黄明主任、陈兆康副主任，研究室周蔚华主任，以及协会道教研究人员刘厚祜、余仲钰、李养正、王宜峨几位先生，他们同时兼顾道教知识专修班学员的教学，王沐先生当年好像是外聘为专修班教《养生》课程的专职老师。第一届专修班开学不久，协会第三届理事会在京召开了一次理事会议，三十余位道教界人士和十余位干部职工，相互间的沟通交流，足可以使人看清楚协会上下，教内外人士，都非常愿意与这位由中共党员担任的秘书长先生交流谈心。

　　王老非常重视专修班办学，也经常亲自到班上来给学员授课。专修班学员人数不多，虽经全国各地道教界选送，但各地宫观道教组织也是刚刚恢复开展教务。学员都是道教徒，但对于道教这门深玄学科并不会有太深的认识，专修班学期时间也仅半年，但道教专业知识课设置有十余个科目，时间紧学业重。学员来自全国各地，由于地域的不同，语言表达存在着方言的差异，其他诸如生活习惯、饮食特点等也各不相同。当年北京的粮油供应要凭票据，其他物资供给也很不丰富，所以王老和他的部下周蔚华、黄明、陈兆康诸位为此动足了脑筋。他们关注学员课堂和课余的学习情况，虽然已尽了最大努力，但他们知道大家在生活中肯定还存在诸多不便。所以哪怕工作再忙，他们也会抽时间经常到学员的住所中来，与学员促膝交流生活和学习的情况。深入群众、关心群众，王老作为中国道协的领导表率作用非常突出！在交往中得知王老是曾为共和国的建立做出贡献的老革命，我们在心中就更加尊敬他了。

　　王老非常尊重和关心宗教界人士。有两件涉及我自身的事情，经常引起我的回忆。我们第一期"道教知识专修班"，在京学习也仅半年多的时间，这一次在京我前后也只待了七八个月时间。在专修班学习四个多月时间后，协会陈兆康副主任找我谈话，征询我专修班学习结束后是否考虑留在中国道教协会。我入道最初是为道教文化所吸引，来京学习后，中国道教协会开放给专修班学员借阅的经典、文集、史料很丰富，当年这些文献在地方道观根本看不到，为了回地方能有所研学，我利用课余大量时间和精力摘抄《云笈七签》的内容就有好几册。留在北京不仅适应了协会的工作需要，对自己的成长进步都是很有益的。我知道这并非主任个人意思，但事先从来没有想过这个问题，如实答复之余陈主任要我认真考虑考虑。过了一段时间主任又找我谈话，我确实是在思考了，但犹豫不决。原因是那时候北京的自然环境差，漫天烟尘，几乎没有绿化；生活条件也差，饮食是大白菜煮豆腐，主食是馒头，大米还要配给；所以我要求再给点时间考虑。学时完成，考试结束后，陈主任第三次找我谈话，这时觉得鱼与熊掌真是不可兼得，我表示愿在中国道教协会工作。但过了几天时间黎遇航会长找我了，他说协会要留你在北京你就说不同意留京。我说已表态同意留下来了，最终去留我还是听协会组织的安排吧。过了一星期左右时间，陈主任再找我谈话，说有人争着要是好事啊！还是先回去吧。王老也就此亲自找我谈话，既有期望但更多是勉励，也明白地告诉我，协会虽非常需要，但地方不肯放人。他对我的这次谈话，对我坚定奉献道教事业的决心起着重要作用。

　　1983 年下半年我回到地方宫观，在党和政府的关心支持下教务工作较有成就，社会各界也给予很高的荣誉和地位。1984 年被选为当地县级"人大"代表，1985 年茅山道教协会成立时，被选举为副会长兼秘书长；后又协商为当地县级政协常委，省级政协委员。1985 年广东罗浮山冲虚古观维修竣工，我和王光德等几位道长应赖保荣道长邀请前往，在罗浮山中又高兴地与尊敬的王老和陈兆康主任见面。在冲虚观中王老和陈主任组织我们一起，与香港道教联合会赵镇东、吴耀东、邓国华三位负责人进行友好交流。那时候香港尚未回归，会谈中我们都很注意选择语言和词句。1986 年中国道教协会第四次代表会议召开，作为江苏代表我参加了这次会议，并被选为理事、常务理事。王老因为身体原因，从秘书长的位置上退了下来，但他一如既往地关心道教界，满腔热情地找我们这些协会新任的理事、常务理事个别谈话，表扬我们在各地取得的成绩，告诫我们要戒骄戒躁，在地方复杂的环境中干好道教的教务，鼓励我们今后要更好地为道教事业做贡献。我们这些初出茅庐的小道士，被王老的人格魅力所钦服，都决心听他的话，为传统的道教事业做出自己的贡献。

　　那时候我们都很年轻，有许多不懂和不了解的事情，肯定是有许多已知和未知的生活和工作中的失策。当不协调不和谐的情况发生后，可想而知自己的心情是何等的寡欢和郁闷。最让我铭记的是在茅山时，工作中真的受到挫折时王老的勉励和点化。1988 年我大病一场，1989 年 6 月底被中国道教协会借调进京，在这半年多时间中，妻子曾带着孩子来京看我。一天早晨王老拄着拐杖拎着一只大西瓜送过来，要知道王老可是一位伤残了一条左腿，拖着假肢依靠拐杖行动的人，当他儒雅地站在我住所门口递过西瓜问候全家时，在我全家人的眼中他简直就是一尊普度众生、救苦救难、慈祥崇高的神！半年借调期满我又将南下，王老让他的家人请我到他的住所中去，拉家常一样讲起新中国成立前他们一代人的奋斗。他说过去曾在我的家乡江苏一带进行过地下活动。他告诫我说：人的一生有得意也有委屈，得意不能忘本，委屈要能忍受。不要不服气，更不要硬顶。不服气硬顶就要吃亏，当人家棍子打下来时，脑袋就要偏一偏。我们是学《老子》的，老子教导我们说："柔弱胜刚强"，我们要领会其中的道理。

　　人一生中会经历很多事，遇到许许多多的人，这就是人生的阅历吧。虽然经历中的许多事许多人，转眼间也许就如天边的云，消失得干干净净，怎么也寻不到痕迹，但是许多还是在人们的脑海中打下了深深烙印，在记忆中永不磨灭，使人经常回想和怀念。回想使人反省，扩展视野，增长经验，归类人生旅程的珍藏，延伸人生经历的平面，使人在过程中收获更多；怀念则使人温暖，增进社会的认同，产生感恩心情，从而拓宽人与人之间的感情，提升人们的精神境界。经历人生的漫漫过程，真值得常常回想和怀念。这既是缘分也是先生崇高人格魅力效应之必然。王伟业先生离开我们已经许多年了，但他的音容笑貌和教导，却常常浮现眼前，回想耳畔。他真是我常常回想和怀念，令我难以忘记的人！

（2006 年 10 月 16 日）

这是大写的人生

——《王伟业诞辰 85 周年纪念集》序

本纪念文集最主要的发起人朱瑾女士，邀约我参与本书的编辑，她是王伟业先生的夫人，是很受教内人士尊敬的长者。王老（后叙文字即以之尊称王伟业先生）1962 年起就到了中国道教协会，多年来坚定地致力于道教事业的健康发展，他是中国道教协会第三届理事会秘书长。由于参加了本书的编辑工作，使我有幸能较早地拜读全部的文稿。这本纪念文集由三部分内容组成：18 篇由王老的同学、战友、同事、部下、亲属撰写的回忆文章；10 篇目前找到的王老撰著、或王老为当代著名道教学者陈撄宁先生整理校订的学术文章；4 篇王老担任中国道教协会秘书长后署名的《工作报告》和讲演稿。因为王老既是富有传奇色彩的老革命，后来又研究道教并担任中国道教协会秘书长，所以我是以朝圣的心情阅读全部文字。虽然这仅仅是近 20 万字的文集，但阅读之余确实让人感佩、赞叹和敬仰！一个大无畏的、丰满的、活生生的、崇高的人物站立在我们的面前：他——王伟业先生，是胸襟宽阔、信仰坚定的革命者，是底蕴深厚、知识渊博的学者，是多谋睿智、善当"班长"的领导者，是诚恳热情、可亲可敬的朋友、亲人、良师和长者！让我们去寻找王老的足迹，了解他一些人生的经历吧。

据相关资料记载，王老 1921 年生于上海法华镇 685 号，早年丧母。身为纺织工程师的父亲，因不愿屈服伪政权的统治，受排挤而失业，1941 年秋在忧愤和贫病中，留下老小八口之家离开人世。当时年仅 19

岁的王老，正在大夏大学读书，他毅然辍学去从事教师工作，承担起全家生活的经济开支。这八口之家的组成是：祖母、继母和兄妹六人。兄妹之间的排序，以五妹王崇玉的称呼是：大哥王崇本，已自立门户，独立生活；二哥王崇立，即本文序写的主题人物，他后来改名王伟业；三哥王崇道，当时也能自立了；大哥至三哥是父亲的原配所生。四哥王崇明、五妹王崇玉本人、六弟王崇乐年龄尚幼。实际上王老在1938年中学时代即加入了中国共产党，并从事中共上海市委地下组织相关的领导工作。他支撑着6口之家的生活重担，更肩负着中共地下党组织赋予的神圣责任。而全家人在王老的影响下，都拥护中国共产党领导的革命事业，并且王崇道、王崇玉、王崇明，在1949年前也已经秘密地加入了上海地下党。1942年11月王老服从中共江苏省委的安排，赴省委所在地参加干部培训班后又转抗大八分校学习。1943年3月中共江苏省委决定，派出王老等五位优秀党员干部，奔赴延安中央党校学习。抗战胜利后执行上级的指示，王老返回上海，以复夏中学教务主任和南洋女中教师的身份作掩护，继续从事上海中共地下党的学生运动和教师运动的领导工作。直至1949年初他调到中共中央统战部，任交际处人事组组长。

中华人民共和国成立了，为创造和迎接这个新天地，中华民族多少优秀儿女抛头颅洒热血？王老就是这些优秀儿女中的一位！如何管理和建设这个新国家？当时现实是国民党反动派逃到了台湾岛上，新中国在积极准备解放台湾的同时，在解放了的国土上顺利进行着剿匪反霸和土地改革运动；但是1950年6月25日朝鲜战争爆发了，到1953年7月27日才宣告结束，紧接着是三年自然灾害和苏联老大哥逼债。新中国建设事业没有照搬的经验，没有固定模式。值得铭记和敬仰的仍然注定是要中华民族的优秀儿女为她的成长壮大付出艰巨的辛劳和热血的代价。王老又是这种再度为共和国付出代价的人之一。在1957年"反右"运动中，因"反右"扩大化造成的不良影响，从党和国家利益、从一个参与缔造共和国的高级干部的良知，他挺身而出、仗义执言，因而被卷入这个漩涡中，并因此失去了他的一条左腿。在受到错误的批判和处分之后，

331

1962 年他调任中国道教协会研究室副主任，即潜心于道教学术文化的研究。中共十一届三中全会之后，拨乱反正，王老获得"平反"，历史终于还他一个公正和清白！他不由得轻声感叹："二十年的光阴被白白糟蹋了！"

每个人的一生都会有波浪起伏的过程，有些人的过程如大江大海的波涛，但多数人并无风起云涌的特殊经历，不过自己如何总结对待一生经历的波浪起伏，却表现着一个人的素养、胸襟和精神境界。有一篇忆文记载，王老获得"平反"后，忆文作者因与之相互的信任和亲情之便，曾就此提问试图探寻他的认识心路，王老当时以平静的口吻回答说："作为党和国家经历的一段曲折历史，当然应该很好地总结，但这是一个庞大的系统工程，需要多方面的共同努力，也不是短时间可以做到的。作为运动中受到冲击和不公正对待，甚至打翻在地、遍体鳞伤的亲历者，如果只是回顾不幸的遭遇，精神上会陷入长期痛苦而不能自拔，甚而对拨乱反正失掉信心。至于对那些在运动中顺风扯旗、卖身投靠，用别人的痛苦、鲜血染红乌纱帽的暴发户，他们不过是历史的匆匆过客。我们现在已踏入人生的晚年，为人民工作的时间不会太多了，还有多少时间去纠缠过去呢？"他说："要向前看。"这就是曾经其中，蒙受冤难，却不变节操和信仰，一个真正纯粹的中国共产党人真心的流露和表白，展示的宽阔胸襟和崇高精神境界，怎不令人肃然起敬！

1980 年中国道教协会第三次代表会议召开，王老被会议代表选举为秘书长，他在新的岗位上努力工作，积极贯彻执行党的宗教信仰自由政策，推动道教事业的健康发展。"文革"刚刚结束，百废待举，道教更显萧条，尤其是道教徒宗教信仰活动缺乏宫观场所，他组织中国道协会积极开展调查研究，提出拟为道教界开放的宫观名单，国务院 1980 年 60 号文件为道教界首批开放了全国 21 座重点宫观，其后道教登记开放的道教活动场所不断增多，至今已达 5000 余座，均以之为先河，这其中渗透并展现着王老的心血和功绩。随着道教宫观场所的陆续开放，凸显出道教界缺乏管理人才，解决道教人才青黄不接问题迫在眉睫，王老推动道教界关注、讨论并决定，于1982年办起了第一期道教知识培训班，其后延续不断，1991年培训班形式已规范为"中国道教学院"。为加强对外交往和学术交流，中国道教协会恢复出版发行《道协会刊》内刊，该刊"文革"前仅出了4期，复出后以季刊出版，共发行20期，1986年该刊物改刊为《中国道教》季刊公开发行，现在该季刊已成为公开出版发行的双月刊。这些，追根溯源，不能不认识到王老的开启之功德。

　　王老与道教结缘，为道教事业的健康发展，付出的心血很大，所做的功德很多，比如他在关心、培养并爱惜道教人才方面，他在道教的学术研究方面，还有他在道教文化的弘扬方面等等。尤其是他自己生活的艰苦朴素、先人后己，处世的平易近人、温文尔雅，遇事的沉着冷静、细致周密，为人的满腔热情、关心诚挚，工作的认真严谨、忘我投入；因而他被战友、同事、朋友、部下引为良师益友，令与之相处者终生难忘。王老虽然知识渊博，但待人谦虚有礼；得志不张扬，失意更坚强。体现出了"上善若水，水善利万物而不争"的精神，这就是人格魅力！在构建和谐社会的今天，更值得我们很好地学习。喜看今人创和谐，亦听古贤唱大风；朱瑾女士要我为该纪念文集作序，自觉没有这种资格，但有德长者的指示，恭敬不如从命。故再拟写以上文字，以表敬仰心情。

（2006年11月19日）

怀想百句感言

——为道教前辈谢宗信大师远行三年作

银发生辉，披而为法；慈眉和颜，春风荡漾；善目瑞意，
视而敛性；鼻垂悬胆，正气凛然；飘飘白髯，温温言谈。
诞世黄陂，少小艰难；出家学道，得遇良师；医道济世，
广结善缘；受戒京华，传法欧西；高龄迁任，掌教国中。
南赴闽粤，北涉甘青；川蜀登坛，抚教皖宗；湖北长春，
京都白云；东南西北，漂洋越海；旅途所及，奔波未了；
多少名流，社会精英，闻风而至，座谈欢喜；询及养生，
息事静心；同沾法雨，共沐道风。教务贵实，固持根本；
正一全真，道祖老君；注意教相，更重法统；外展文化，
内求玄秘；千变万化，秉守旨要；适应时代，承续教宗。
桃李不言，下自成蹊；领袖接见，信众敬仰；山高水远，
汇聚东去；满目青翠，祥云普天；南山不老，苍松挺立；
东海水阔，涛浪永年；人生如梦，转眼百年；悠悠万世，
何其贵也？古往今来，谁称神仙？尊奉顶礼，香烟袅袅；
膜拜祝愿，祈请祷念；太上教曰：死而不亡！寿者何谓？
精神常存。扶我教我，不言以行；扈从随之，山河万里；
做人做事，获益多矣！耿耿不忘，在乎寸心！师尊姓谢，
名讳宗信；修为冲虚，道德高尚；大事清醒，关爱社会；
热心公益，待人宽让；容人过失，雅量无疆；大智若愚，

真情自然。三载远行，天人止水；何曾去哉？怀想绵绵！

袁志鸿恭沐致颂

2008 年 3 月 20 日

（注：我与谢老天赐道缘，情谊很深；老人家驾鹤远行，没有送他的话，常耿耿于怀。3 月 20 日夜谢老首徒吴诚真道兄，为谢老鹤飞三年，电话嘱我作文；夜不能寐，写字表达怀想。）

咏奎星阁东南古槐

北京东岳庙寝殿、后罩楼之后，有广场、后院及庙之后门，院内有奎星阁，在奎星阁东南方位有硕大无朋之千年古槐。北京市园林绿化局2007年定其为豆科：国槐；古树（一级）；其编号为：11010500022；因其景象壮观若冠盖，巍然魁伟如大将军，守于吾居之前略右侧，因受其荫护、获其凉爽，故而遣词造句咏而纪之。

一

雄起八九丈，冠盖入云岫；
舒展生机旺，萃然自茂盛；
郁郁云雀居，习习清风融；
曾否仙家游？定为良善尊；
青木起东南，四维祥华雍。

二

鹊登上枝鸣，百鸟唱和音；
初招淡云浮，众应红日升；
喳喳飞翔乐，哗哗树梢应；
艳阳当空热，清凉叶脉生；
树高荫自蔽，身起巍然凝！

三

秀木老古槐，登枝众鸟鸣；
初始听数种，连续吱喳声；
兴起试振翅，翱翔论输赢；
古槐舞台窄，苍穹天地清；
百鸟喜争鸣，是非有公允？

四

鹊引众声调，枝上亮妙音；
喜得昨夜雨，洗绿一树新；
风云近千年，悠然俗世情；
天高覆盖我，地厚承载恩；
日月昼夜转，傲然立苍穹。

五

门前老槐树，七月花纷繁；
烈日炎炎蒸，树底透阴凉；
雷电霹雳起，挺拔自巍然；
不惧大风作，笑迎暴雨狂；
悠悠大阅历，怀抱天地宽。

六

垣石雍沃土，护此千年身！
根深叶繁茂，冠盖越葱茏；
六月暑渐起，徐徐枝叶伸；
风采习三载，渐渐体悟深；
有缘获荫庇，隆盛树下人。

（2008 年 6 月 12 日晨至 2011 年 6 月 2 日咏六首）

送别的情景与缅怀的话

　　事实上我是没有时间去跑了，福建、青岛、浙江、江西等地的活动，都打招呼推辞或请假，也不知过去那么宽裕的时间，现在怎么就这样紧了！许多活动事实上心有余而力不足，就是参加不了。但是这次我还是急匆匆地赶到沪上，就是因为你远行的告示。已经相会许多人都先后接踵而至，一定都是毫不犹豫地放下各自不同的事情，就是要来见这很珍惜的一面。这是 11 月 4 日下午，沪上龙华告别厅内外，回响着道教《仙家乐》音韵，广场上无论俗装、道服的人们，都肃穆整齐地站着队列；每人手中捧着白色的鲜花，鱼贯敬仰地进入告别厅，有序地致敬献花，真诚地为你送别！

　　蓝天白云下，微笑着你慈祥面容和关注目光；百花玄床上，安放着你自然法体和长眠蝉蜕；这是你真正世俗的放下和超越，那样地坦然、闲适、无欲、逍遥，真是无牵无挂极致的状态！适逢深秋之后初冬的季节，不由使人联想起人与天地、与万事万物的关系：万物有春生、夏长、秋成、冬藏的道理；天地一指，天地同季，天地同在，天覆地载，天人合一；太上有旨：人法地，地法天，天法道，道法自然；天地人三位一体，这是万物相辅相成之理，是自然存在法则，是天地人相互依赖玄机；陈抟老祖隐修武当 40 年，神人点化"归成"奥妙，当年已逾 70 高龄的高道，他亦即迁徙华岳以适其理；所谓"归成"，也即皈真之意。

　　依依地送别你，这位当代道教的名宿，我心真正深深地惆怅！虽然道门中人应知情明理，理解和遵循自然法则，但未成道时即凡人，难免世俗的情态，对你这位高道大师，又怎能不真情惜念，深深缅怀？了解你经历的人们，忘不了你人生的成就；回顾你人生的过程，又怎能不肃然起敬？1917 年 10 月到 2008 年的今天，你整整跨越了世纪的 90 个春秋。1934 年你就是沪上知名的道长法师，1935 年即获得《三五都功经箓》神职；在 1940 年你以谙熟科仪而被聘任高功，1947 年沪上第二届"罗天大醮"又被聘为大道法师；新中国成立经历了社会大变革洗礼的你，很快适应了新时代的进步；作为"爱国爱教"的道教徒，1956 年即任上海道协筹委会秘书长，1957 年任中国道协理事；"十一届三中全会"之后你更焕发青春！1985 年任上海市道协副会长兼秘书长，1990 年任上海道协会长；1992 年任中国道协副会长，1995 年任道教正一派授箓大师；在此期间为培养道教人才，你 1986 年创办上海道学班，亲理并主持上海道教的教务；为弘扬道教文化，你创办研究室，创刊《上海道教》，亲任主编；你还著书立说遗教后人，名之曰《道风集》；对道教事业，你真正是功德无量啊！……80 年岁月，毕生的心血，你都贡献给了道教，玄门中人谁不尊重你？谁都怀念你啊！

太上教旨："功成身退"，《道德经》有"知止"之经义，玄门道子，能悟深意者几何？你心我知，高洁自明，如雪原冰灯，飞瀑清泉，白玉清纯，十五月明！你就是一位真正的有道之士，看破了世间无数的难言之隐！我敬佩你，不是一时的情绪，不是空洞的言词，有茅山时与你的情谊，有在中国道协你领导下工作的点滴，有许多客观事实的内容；关键处还是你人格的魅力感召，许多你人生中年晚年我知的事情！曾记其中之一否？1998 年中国道协六届代表会议，你不仅积极奖掖后学，并坚决表明：不再担任中国道协领导职务这件事情。人可贵处就是得意时不要恋栈，这就是高道啊！看破、舍得、放下，这不仅是为人最难之处，出家入道者，真正"知止"做到，又能有几人？因此我更缅怀和敬佩你啊，陈老！

沪上龙华告别厅处，天蓝蓝，霞漫漫；颂辞章，献花篮；诚恳来者诚挚心，恭敬致意示真情。空中飘来的那朵白云，是接你远行的法驾吗？

鸿爪雪泥

隐隐然仙乐缥缈入耳，恍惚中队杖纷纭而来，让我燃点心香一炷祈祷吧：

微笑苍穹视众生，置身高端看尘凡；
莫说逍遥升举后，离去沪上归道山；
千龄厌世自然事，驾鹤驱鸾登仙班；
无尽快意人间话，多少艰辛创业难！
乘云拨雾蝉蜕去，留为后学做典范！

（2008 年 11 月 4 日送别陈莲笙大师之后作）

在泰国感受道教

常听人们谈起快意的新、马、泰之旅，这在我的心海中自然也常荡起一泓向往的涟漪。新加坡我是早已经去过，那里美丽的风景，洁净的市容，方便的生活，环境和人群都是那么的和谐文明……至今那里经过的日子给我留下了美好的回忆。终于在 1999 年 11 月 17 日，受中国道教协会委派，有机会随同张继禹副会长一行四人，前往泰国参访考察。实际这次是我会对泰国北揽坡本头公妈值卯理事会的礼节性回访。在泰国历时 13 天，所见所闻深有感触。

在人们的印象中，泰国就是一个笃信佛教的国度，那众多宏伟的佛寺，金碧辉煌的浮屠，确是不虚"黄袍佛国"之称号。但是，记得有位道教界人士说过：有华人的地方，就有道教的信仰。现在我觉得这确不是一句狂言虚话。泰国就有许多的华侨，他们在自己的生活中就很自然地体现和传播着道教的文化。笔者现在就将在异国他乡的泰国亲自感受到的道教情况，作一些简要的介绍。

在泰华人对祖籍故乡地方神的信奉

"本头公妈"神，是在泰华人较为普遍供奉和信仰的神灵。我们经北揽坡、彭世洛、漯可泰、清莱、清迈诸地，由泰国的南部到北部，十余天时间里所涉足的各府县，就曾十余次地见到供奉"本头公妈"神的庙堂。

"本头公妈"到底是什么样的神圣呢？经了解得知，"本头"原来是我国海南地方一个古老的地名，"公妈"则是海南本头地方称呼类似"城隍""土地"等社稷神灵的尊号。在很久以前，海南本头地方的百姓下南洋，他们为着希望、理想、事业的追求和奋斗，离开家乡，远涉重洋，同时带走了家乡人们共同供奉的"公妈"神，作为自己精神的寄托和心灵的护佑。在南洋长期谋生的岁月中，他们自觉感受到家乡"本头公妈"神的玄奇威灵，关爱护佑，使自己合家平安、事业昌盛。天长日久，"本头公妈"神成为在泰华人共同崇拜的神灵偶像。

泰华人社区的游神大会

泰国的神庙，一般都有理事会进行管理。理事会由当地社区群众选举产生，任期一般为一年。理事会最主要的任务，是负责每年一次的春节游神大会。这种游神活动，在我国民间也是常见的民俗活动。游神活动开始时，首先将神主（一般为木雕神像）扶上銮轿，由四人或八人抬着在四乡八里走街串巷各处游行，以示神圣视察巡视地方民情。同时还组织有舞狮舞龙，高跷、霸王鞭、玩花船、武术表演等各种群众文化活动的内容，使得游神活动的气氛热烈，规模壮观。在泰国规模较大的游神大会，已为社会所普遍接受和认同，政府也认为这种活动既是民俗祀神，也是健康有益的社群联谊交流的社会活动方式，已成为在泰华人交流和相互间联络感情，增进团结的一项非常重要活动。

观摩太极拳表演

在泰华人很注重用中国传统的养生功法锻炼身体，他们喜欢在空气清新的公园、湖边、草地做养生静功或打太极拳。许多喜好太极拳的人还聚在一起成立了很有影响的理事会，共同研讨养生之道和太极文化。我们赴泰的第二天清晨（1999 年 11 月 18 日），即被邀请前往北揽坡同德善堂观摩第九届太极拳理事会专门为我们组织的太极拳表演。早晨七点左右，三十五六位太极拳同好已经列队开始表演，每一招一式的动作都中规中矩。

这些人全部聚在一起真不容易，他们各自都有自己的生意业务，商号经营，但听说中国道教界赴泰国参访，就都放下手中的事情，很高兴地前来与我们相会，参加为我们举行的太极拳集中表演。他们中有父子共练、夫妻同修、师生相传等不同形式的组合。其中许多人已有多年太极拳锻炼的历史，他们不仅以此作为锻炼身体的方法，还以之作为一种感情的寄托和留恋！因为"太极"是中国传统文化，太极拳是中国最有代表性的传统功夫。他们都知道太极拳的初创者是道教武当派张三丰祖师。当太极拳的全部套路动作演练完成后，他们很规范地向我们抱拳致意。他们虽然早已成为泰籍华侨，但对中国传统文化的挚爱之情没有改变，他们对太极的痴迷和重视，对我们是一个很好的教育：我们身在祖国，是整天沐浴传统文化光辉的道教徒，更应该珍惜光阴，学习和继承祖国博大精深的道教文化精华。

博他耶"淡浮院" 中的道教文化

博他耶是泰国东海岸的旅游胜地，主人特地安排我们前往参观其中一座儒、释、道三教文化并存的"淡浮院"。我们一进入这个旅游胜地，就发现此地环境幽雅、建筑庄重气派，这里也是 20 世纪 80 年代新建的皇家寺院所在地。

走进"淡浮院"的大门，一位姓许的先生迎上来接待我们。我们不由得奇怪：泰国是举国奉佛的国家，这皇家寺院所在地怎么会允许具有如此浓厚道教气息的建筑群"淡浮院"与之紧邻？随着许先生热情的介绍，终于消除了我们的疑团。

据说，泰王国每二百年就须由王室起造一座皇家寺庙，进入 20 世纪 80 年代适逢其时。寺院选址在东海岸博他耶，本来皇室先已邀人设计建造该寺庙，但因为种种原因未获结果。泰国人论风水信堪与，于是皇室决定将之交由泰籍华人郭丰源先生负责寺院的建造。工程从 1978 年至 1982 年，历时四年半时间顺利竣工。据说当这座皇家寺院建好后，泰国经济连续强劲发展，社会认为这是皇家寺庙建筑而获神佑，于是泰王以郭丰源建皇家寺庙有功，而特赐给一片土地供其安排使用。郭先生是一位热心中华文化特别是道教文化的道中人，曾发愿要建一座道教建筑，遂耗资二亿泰铢建造了这座"淡浮院"。

郭先生祖籍中国潮汕，1999 年 11 月 25 日下午，这位 75 岁的老先生在他的淡浮院"汾阳堂"接待了我们一行。"汾阳"是郭姓的光荣尊衔。郭老说："淡浮院"是外佛内道，表现中华民族儒、释、道"三教"大团结，与泰国神佛大同的"中华文化院"，是倡导世界民族爱和平、四海华人是一家的思想。他的这种思想获得泰王的支持，所以钦赐墨宝"淡浮院"三字以示褒奖。"淡浮院"底层是中华文物厅，二层是聚仙台。据介绍我国文化部曾送去文物 328 件入院陈列，我国台湾地区也送去文物入院保存。在"淡浮院"中神仙圣佛和平共处。

"淡浮院"有副楹联："今生淡浮无二心，天下华裔盼一统"，郭丰源先生说："淡浮院并不设香火，人们称我为'仙'，我是信而不迷，讲求真理。淡浮院是'三教'并存，老子、神仙、孔子、佛祖都有他们的位置，宣传的是宗教一体，民族大团结。"我们听着郭老颇富哲理玄机的语言，敬重他对中华民族的这份深情，赞赏他用自己的形式弘扬着华夏的文明和传统文化的精神。

"哪吒庙" 及对道教诸神的信奉

在此还应该提到 11 月 26 日我们在春武里府所意外遇到的一座"哪吒庙"。那建筑规模非常宏伟具有气势！真没想到在泰国还有这么壮观的道教建筑。初估其造价定有数千万元人民币，但观中管事者后来告诉我们，所耗资金也仅数千万泰铢。

这座道观建筑，初看似台湾地方道观形式，但道观中人告知：这是由中国大陆广东地方分灵去的一座道观。庙宇主建筑分上、中、下三层，下层设斗姥、西王母、慈航等诸女神；中层设玉皇大帝、太上老君等数尊神圣；上层设太乙救苦天尊等神座。其殿堂布置，神像塑设，既精美威灵，又庄严肃穆。在该道观服务的人员，确实是一些很有信仰的道教信徒。他们见我们是中国大陆去的道教界人士，接待得很热情，依照道观的礼节请我们吃素斋赠神像接缘，还邀我们参观瞻拜各处殿堂神像。当然，我们回报的礼节更为周全合仪：由张继禹副会长代表大家庄严地为各处神主拈香致礼，并向道观赠送了音像礼品。

在泰国，我们还见到许多供奉道教神仙的庙堂，北揽坡有北空振天宫张天师府，其他各处则多见有供奉关圣帝君，天上圣母妈祖，以及八仙、财神等诸多道教神仙的庙观。

曼谷紫真阁及德教会情况点滴

最后一站我们又回到了曼谷，在朋友的引领下前往参访紫真阁德教会。德教会虽然与道教有明显区别，但同样认同中华传统文化。据紫真阁德教会沈忠明先生介绍，该教会奉"道德"为宗旨，尊老子为教祖，提倡融儒、释、道思想为一体。泰国的德教组织也是由华人闯南洋时带入的。目前在我国香港、台湾地区及新加坡、马来西亚和泰国都有德教的组织存在。据称泰国有德教的组织 62 家，新加坡有 8 家，马来西亚有 60 余家，在我国香港地区也有 16 家。德教组织所在的庙观一般都冠以"紫"字，如紫真阁、紫靖阁、紫根阁等等。美国紫根阁谢满根先生，就曾数次来中国参访我会。泰国曼谷紫真阁德教会 1973 年在漫谷景福寺内成立，1991 年迁入现址。德教虽与道教有明显的区别，但其尊崇的神仙圣人大多也是道教崇拜和敬奉的神仙圣明。德教在海外的华人中有较大的影响。

简短的结语

感受道教的文字内容写到此处，我深深觉得泰国的文化传统与中华民族的传统文化有很多相通的关系，这种观点在泰国的社会中获得认同和支持。还是借用北揽坡那空素旺府府尹演讲时的话作个证实，并为本文作个终结。府尹看着我们其中两位穿道装的客人非常礼貌地说："如果今天两位道长不穿着道装，我们都一样，分不出谁是泰国人，谁是中国人。"他充满感情地继续演讲："据考证：泰国人的祖先也与中国有一定的血缘关系。并且尊敬的泰王每年在宫中举行祭典仪式，形式也和中国传统的祭祀形式相同，所以我们有许多一致的地方。"

（载于《中国道教》1999 年第 6 期）

马来西亚美里省莲花山
三清殿落成祝词

众所周知，道教是承负中华千年文化精神的载体。道教关爱众生，关爱自然，热爱生命。道教认为万物有灵，天地万物为一体。道教主张少私寡欲，返真抱朴，道法自然。

今天的社会，科技进步，物质富有，但现代社会也存在诸多问题，如，破坏自然，浪费资源，人类自己有时正有意无意间拆毁自然世界这个共同居住的家园。君不见：大气臭氧层变薄、气候变暖、雪山消融、大河干枯、酸雨连绵、海水污染、土地沙漠化严重。跨入新世纪的初年美国发生的"9·11"事件，向世人敲响一次警钟！人类自身变得更加紧张、烦躁和脆弱，道教这个东方古老文明的宗教形式关爱众生，更加凸显出当代社会迫切需要寻求实用的哲理和文化精神。今天的世界确实更加需要道教！

人能弘道，道由人传！马来西亚华人在当地国家政府的关心支持下，于沙捞越州美里省莲花山建起如此规模的三清殿，可以交流文化、弘扬有益人类文明进步的正教精神，确是莫大之功德善举！借此圣会谨祝美里省莲花山三清殿神光朗照，香烟鼎盛，富国裕民！

祝三清神像开光暨祈世界人类和平大法会吉祥圆满！

愿中国与马来西亚友谊长存、万古常春！

颂三清

三清一炁玄元始，宇宙运转日月星；

道德化育成正教，阴阳初判天地形；

滋生万类成文化，抚养众灵显精神；

生天生地生世界，随方设教消罪愆。

（2002 年 3 月）

父母是我永久的敬仰

——说不完道不尽我的父亲母亲

　　长成了男子汉，面对自己的父母真的没有了小时候那种为所欲为的可能了！小时候可以爬着父亲的脊背，跨在他的肩头上耍横，或钻到母亲的怀抱里，叼着她老人家的奶头，踢蹬着双腿撒娇。真的，现在当着他们老人家的面用语言实在是难以开口表达，但心中又实在有渴望表述的那种无比敬仰和依恋的亲情。现在能有机会写一篇关于父母的文字真是太好了！

　　我的家乡在江苏句容市境，这是一处距离省府南京市和古城镇江都等同距离的美丽农村。那里河流在村边轻轻地走过，大道在丘陵间远伸，绿树掩映着一幢幢房舍，庄稼在村落边田野中轻起波浪。四季分明的地方：春来菜花飘香；冬季霜花似女性脸上薄施的粉脂轻敷在绿苗上；夏日麦浪滚滚；金秋稻谷金黄。改革开放的年代，变化很大，眼见得：路变了，变宽了，泥泞的路变成了水泥路；路上消失了人推的独轮车，自行车也渐变渐少，摩托车很多，往返的轿车多了，中国的农村真是一片生机勃勃兴旺的景象，但是我的父母渐老了！

　　我是生长在"崇拜英雄"的年代。在崇拜英雄的同时最敬仰自己的父母，至今他们都是我心目中崇拜的崇高亮丽的偶像。我的父亲是新中国成立之初加入"中共"的老党员，他首先是一位很有原则、公私分明的人。我的母亲是中国农村最善良、最勤劳、最朴实的女性之一。母亲的一生真不简单！父亲整天干着公家的事，将整个家都丢给了母亲，但父亲忙活了多少年也并非是吃商品粮，每年底仍要在生产队按分称口粮。他三十几元人民币的工资，人来客往的招待，到年终也所存无几。母亲白天在生产队劳动，回家忙着照顾我们子女，每年分口粮时我家都是生产队的"超支户"，我至今都清楚母亲每当其时尴尬愁苦的神态。没有读过书，没有文化，但老家有一句话为"不识字要懂理"，父亲不仅刚强正直更是一个"懂理"的人。那时一个农村的共产党人党性原则也真叫强！但中国的农民生活确实苦！也难怪，20世纪50年代，工人是吃商品粮的老大哥，农民"二哥"的生活水平不仅很低，还要承担"统购统销"、交纳税收和公粮的压力。那时互助组、合作社、人民公社、生产大队，田地都归生产大队，青黄不接时乡亲们会到田里地头，"偷"些半熟的粮食回来度命。那时父亲在农村生产大队当大队长，在一次麦熟的季节里，小弟生"白喉"急病眼看不行了，父母只得放下手中的活，急赶着抱小弟去句容的医院抢救！当天父亲没有返回村里，正是青黄不接季节，饿急了的村民获知队长外出未归，遂成群结队去田里割快成熟的麦穗。好心人亦来叫上祖母去田里弄一些，以便全家度过这个饥荒季节。祖母带上懂事的姐姐下麦田好不容易弄回一箩筐麦穗，回来时却推不开自家的大门。那是一个月色皎洁的夜晚，姐姐从门缝里发现月光照射的家中有人抵着门，吓得赶紧扯奶奶的衣角，奶奶知道苗头不对赶紧要去藏背回来的东西。这时大门打开了，父亲从家里走了出来，他问自己的老母亲："娘，这么晚了您带着孩子干什么去了？"祖母在自己的儿子面前也不讳言，就一五一十地照直说了。没想到一向孝顺的儿子却和她认真起来，不依不饶、毫不客气地说她不该去参与这种事！他要老娘将割回来的麦穗送到生产队的场院里去。父亲的话很有道理："我们党员干部家庭，再怎么困难也不能随着一般群众去弄集体的东西！"在我的记忆中：父亲每年在党员"冬训"时都要向党组织交一份"思想汇报"，这是我必须要帮他的事情，我从小学的时候就是他口述的代笔人，读初中后就更是我每年必做的功课了，如我借故躲避，那么父亲真的很生气！后来我进工厂不常回家了，他每到年底必然会专门找我办这件事，他口述我执笔，完成这项工作他才安心。

父亲最委屈的事，是"四清"运动之初的那段日子，那时"四清运动工作队"刚到地方，不了解地方的实际情况，他们先发动群众，组织群众给生产大队的干部们米缸面瓮全给贴上了封条，然后将生产大队的干部们叫到场院里，组织群众开"斗争会"。村民们开始时因见世面少，似乎胆怯而懦弱，他们对生产队、生产大队、人民公社的干部都有着真诚的敬畏！为了打消群众这种怕"官"的心理，"四清"工作队的人召开生产队群众会议说："我们见官大三级，给贫下中农撑腰！"群众就这样给发动起来了。开"批斗会"，那时就批"走资本主义道路的当权派"。我那时是很小的顽皮孩子，第一次见到的"斗争会"就是批斗我的父亲，在村里的一个场地上，父亲低着头站在中间，周围坐着群众，母亲也流着泪抱着最小的妹妹被迫参加。现在想来是笑话：有人当时还提出要给我父亲划"漏网地主"。我父亲在 1949 年前的旧社会，8 岁就给地主当放牛娃，后来一直在财主家帮长工。1949 年全国解放，他才在共产党领导下翻了身，是当地较早加入"中共"的老党员。父亲那时候委屈：他不理解那样的运动，自认为自己最忠实于党，但是党为什么不信任自己？所以他几乎绝望了，半夜里他拿着一根绳索要悬梁，是祖母发现他的反常，关键时刻母子相通的天性，使她晚上怎么也不能入睡，刚迷糊一会儿又猛然地醒来。是奶奶点燃起煤油灯，找到当年那木然坐在灶膛我可怜的父亲，她老人家夺下了父亲手中的绳索！那天晚上我们都一夜未眠，全家人都哭了！但只有父亲的哭最有内容，因为他委屈，他真的很伤心！好在过不多久，"工作队"的负责人就找他谈话了，并表明组织通过审查证实了他对党的忠诚，表示组织一如既往地对他信任。

最展示父亲人格魅力和智慧的是"文革"运动中他的表现，他当时任贫协主席。当红潮掀起，全国山河"一片红"，"红卫兵小将"上蹿下跳，从北京到南京，"串联"、"造反"、打倒"走资派"、夺权，当年的句容县境亦有"红联""革联"，运动由城市闹到农村。这"贫协主席"

和农民，在农村亦是"红卫兵小将"争取的对象，但父亲此时此刻是清醒的，由于他当年在群众中的威信，确使所在生产大队从支部书记主任到基层的生产队长所谓"走资派"，免遭乱七八糟"造反派"们的揪斗。父亲没有什么文化，但我对他当年的记忆力确是由衷地佩服，初时是在各种集体劳动的休息时间，他能绘声绘色地给人们讲许多的历史故事，不过那总给人有现编现练的感觉。当年人们的文化生活贫乏，所以都给予了认可和欢迎。真正体现父亲记忆天才的是，他当年就在我们一遍遍照书本给他读毛主席著作"老三篇"的过程中，竟然口诵心记能够背得滚瓜烂熟。他经常挂在嘴边的口头禅是与人共勉的那句："人都要不断改造自己，否则就会沾、馋、懒、贪、变！"他说先爱占小便宜，喜欢吃吃喝喝，又不肯动脑筋思考问题，四体变懒了，脑袋变笨了，又贪图安逸自在的生活，以后就要伸手贪国家集体的财产，从而使自己变质。一个农村党员这样要求确是要给自己增添许多的困难，后来他调到公社任党委委员兼搬运站站长，本来这乡镇府的搬运站站长是项肥差，管辖着全乡在各地国营厂矿企业做搬运工作的近千名农民工，但父亲不会来事，他不愿将这些农民工为乡里辛辛苦苦挣下的管理费给乡干部搞福利分了，于是他的路越走越不顺。紧接着将他调到了乡办"猪林场"，再后来又调到乡"砖瓦厂"，还是不行。他不仅自己讲原则还经常堵别人的路，许多人说他是死板脑筋不活络。最后他被安排去大队当了蹲点干部。要说还是因为没有文化，当农村"包产到户"时，他确是想不通了，新中国成立后互助组、合作社、人民公社，在党的领导下一步步总算将田地集中起来了，现在怎么要分了呢？他想不通啊！于是他与当年还是青年的我谈起了想法："现在这种做法，我确实想不明白，所以我也不想到乡里去上班了。过去我是放牛娃，现在回到生产队劳动，清清白白地出去做事，现在也没有给你们脸上抹黑，使你们未来发展添什么乱，现在回来，心中自然也是安宁。并没有什么不正常。"我是他的长子，在他的眼里也有文化，且又在单位工作，所以他很看重我的意见。实话说当年我同意父亲从乡里回来，主要是害怕他看不清形势，有抵触情绪，犯政治性错误，再则是出于子女的孝敬，不愿使他心理委屈，去干自己觉得很累的事情。于是父亲回到了那本来就应该是他劳作的土地上。

我的母亲她老人家出生地句容西北黄梅吴家，据说小时候很会哭，所以她的祖母不喜欢她。外公家以前是大户，家族中几代人不分家，外公、外婆在这大家中也只能听他父母的话而自己没有独立主张的权利，所以我的母亲躺在摇篮中的时候就随外公、外婆每天早出晚归。田地里干活的外婆听到田头摇篮中孩子的啼哭，则爬上田埂给她喂奶，太公太婆还是觉得我母亲太爱哭，闹得大人不能干好农活，硬逼着外公外婆将她送给了句容城东沈塘头周姓人家。我母亲说抱养她的父母和爷爷奶奶待她很好，母亲说：抱养她的父母亲与她的生身父母亲两家，并不回避隐瞒她的身世，经常带着她两家友好走动，但养母是有意识要绝对抹去养女心目中初始隐约的记忆。我母亲告诉我：她一两岁的时候，养母带她去吴家返回的路上，过了一座小桥，养母蹲下身体看着自己领养的这个可爱的小女孩，突然用手指指桥的两边问道："压子（希望由她而使养母生子的称呼），你是想去那里，还是想往这边？"母亲本能地指生母所在的吴家地方，养母即在路边折根小草捧在她的手心击打。然后再问，母亲仍然指吴家的地方；如此多次，养母费心诱哄，终于使养女指认了桥的这边沈塘头的方向，养母这时也泪流满面，搂着她泣不成声地哭了！尽管母亲从小有被遗弃的心灵创伤，但由于生活条件和成长环境都比较适宜，所以从小身体长得很好，据同辈人说母亲当年有身材、有品貌、有气力。我父亲年轻时很精干，父母结婚前家中遭了火灾连住房都没有，只是在残墙断垣上斜削了个草坡凑合着住。时有长嘴女人说："这么好的女人，哪里晒不干衣服，竟到这样的家门中来受穷！"母亲当时到底怎么想的？我还真的没有问过她。也许是她幼年的经历，与父亲有同病相怜的感受吧，也许就是缘分，别的我真也说不出特殊之处。无可否认的事实是，在我的家乡，父母养育了我们姐弟五个子女，一辈子风风雨雨，他们相亲相爱，没有出现过任何感情破裂的问题。也是顶有趣：父亲年轻时聪明能干，又是党员，很得组织器重，曾数次被大的国营企业单位调用，但都被母亲略施小计给拉了回来，我们小时就充当母亲拉父亲后腿的"走卒"，现在想起儿时的情景，亦为老母当年的心计和谋略而折腰敬佩！母亲常挂在嘴边的一句口头禅就是："宁叫别人想我，我不想别人！"当年她说了，我左耳进右耳出，书包一扔跑出家门到处疯，轰鸡打狗，前街后巷撒着丫子跑一圈，不满身大汗、不玩累了是绝不回家门。母亲甩起巴掌两个屁股一抽，哪里还知道什么意思？只动着心思再怎么溜出去玩。逐渐长大了，才慢慢明了其中的含义，现在可以说越想越有深意，她是要我懂得承担、懂得忍让、懂得道理、富有胸怀，人不能只是获取，更要奉献；不要因为索取别人和索取社会而使自己心灵不安，而要帮助别人、奉献社会使自己生活得精神充实和内心坦然。母亲的教诲，现在细想起来真是回味无穷！

　　我们这一代人是生长在国家最困难的那个年代，俗话说"家家都有一本难念的经"！都一样有着生活的艰辛，但即使那样的困难年代，今天想来父母对我们的关怀爱护还是近乎于溺爱。初高中时候，农村大忙季节，我们都会被学校安排回家参加生产队的劳动，回校要带生产队的鉴定单交给老师。夏季去田里割麦子，母亲要我和她在一大垅上，那时候玩性重，劳动一会儿就没有耐心了，蹲在那里也不知玩些什么。母亲会留下窄窄的一垅麦子，自己挥镰向前割去，待她到了田头会叫我和她对面割完那窄窄的一垅麦子，这既让我参加了劳动，也让我随心所欲地满足了自己的玩性。

　　我的父母虽然是中国社会普普通通百姓中的一员。父亲由于年轻时曾经和土改工作队一起抓过赌，所以直至现在也不碰麻将、牌九。他说的道理很简单："即使用钱不多，但我参加这种娱乐，就表示我们当年做错了。"他不仅公私分明，为人正直，而且言行一致，注重操守的品德确实值得尊重和赞赏！我的母亲虽然是一个农民，但注重感情，外柔内刚，母性慈重，重视家庭，多有可圈可点之处。在我的心中，父母的形象无比高大，他们的言行在我的成长过程中，时时启迪我，是我更好地学习、生活、工作、做人的榜样和表率！

（这是之前一篇尚未能完成的文章，此次整理，重新看到觉得非常亲切，故收入。）

五十岁生日告白

尊敬的各位前辈、亲戚朋友和乡亲们：大家好！

　　1955 年农历的三月是我出生的月份，当年闰三月，我就是生在桃花盛开的前三月，所以乡里都知道我的乳名"桃根仔"。今年是闰二月，5 月 16 日我 49 岁，明年的 5 月 6 日才真正是我 50 岁生日。我生在王家边这个村子里，无论走到哪里，这里都是我最记挂的地方！中国人有提前做生日的习俗，去年父母在北京要我回家来做这个生日，所以我们全家用这种方式请大家在这个生我养我的地方来聚一聚、见见面。在这里请允许我代表自己的父母和全家，对各位的光临表示真诚的欢迎！

　　这段时间我一直在思考，人们做生日到底有没有意义？思来想去竟然发现其中还是有些道理。一般来说，人们从出生至 20 岁的生日基本是由父母在为你做，30、40 岁生日许多人是由岳父母来做，50 岁做生日情况则又有些变化，但变来变去有一点永远不会变，就是人们庆祝的一直是你出生的那个美好时光。这里面的内涵是什么呢？其实每一个人来到这个世界自然就获得了无上之幸运，因为你终于是一个真实的生命，将会经历丰富多彩的人生过程，做一番必然的事业，那不仅是你的荣耀，更是父母的光荣！因为有父母我们才有机会来到这个世界。我们应该热爱生活、珍惜生命、感激父母！到我们这个年龄，多已为人父母，所以我们更明白父母赐予生命的意义。同时我也感谢在座的亲友、感谢我们这个很有亲情的村子里质朴的乡亲、宽厚的长辈，感谢在我少不更事的岁月里，大家对我的宽容、呵护和关爱，以及对我父母的支持和帮助！

能请到诸位相聚在此，使我有机会表达这种心情，真的很高兴！

我就快要 50 岁了，古人说得好：三十而立，四十不惑，五十而知天命；我虽然还不能知天命，但这么多年云游天下，还是有些体悟。我认为人在社会，自然需要具备相应的文化基础知识，但这还不是最主要的。最主要的是什么呢？四年前我曾听一位领导讲话，他说：你们这么年轻就有了这种地位，一定要注重学习，注重锻炼身体，最主要的是学会做人。后来我领会了为什么学会做人是"最主要"的道理。最起码学会做人同事会支持你、朋友会帮助你、上司也会爱护你，自然使你产生很好的人际环境。社会推动你进步，大家推着你做事，你在社会中做的实事越多，累集起来就自然形成自己的人生价值了。这真是做人的好处！我讲以上这番话，也是人到中年一种自然的感慨，借以向长辈汇报，与同辈、后辈交流。人应该记住自己的家乡，记住自己的根，不能忘本；尊重长者，孝敬父母，不论是谁都永远是父母的儿子！以上是我"五十岁超前的生日告白"。

愿天下的父母都心情愉快、健康长寿！

请诸位为此举杯共饮！

谢谢！

（2004 年 1 月 31 日于王家边）

后　记

　　《鸿爪雪泥》这本书出版之际，我想首先应该要说感恩的话，真诚地感激任法融老会长为本书题写书名，老人家对我总是有求必应；现在许多时候不在协会本部，老人家来往北京我也不去刻意了解，以为表象的反而浅薄了，真尊重都在心中深处！这样他老人家的信息我真的少了，甚至我也要托兄弟友人向老人家转达所求了，但老人家从未驳回我所求的事情，我从心底里敬重他、感激他！还要谢谢几位为本书写"序言"的人物。本书中涉及正一道、涉及龙虎山的内容很多，所以中国道协副会长、江西省道协会长、龙虎山天师府张金涛住持，当然就是第一位被我邀约写序言的人物了。第二位被邀约的人物是中国道协副会长、广东省道协会长、罗浮山冲虚古观赖保荣住持，他是 1982 年我在中国道协"道教知识专修（首期）班"学习的同学，罗浮山冲虚古观修复后他一直任住持，也是最早邀请我赴广东参加外省教务活动的同学。第三位樊光春先生，早年是位统战部长，因为学问做大做多了，有许多的学术成果，后来干脆到陕西社科院去做专家学者了。他是我多年的老朋友，对我过去多次在陕西的活动，以及现在许多从道的情况都较为了解，因而也邀约他为序。第四位东航道人，是中国道教学院副教务长周高德老师。中国道教学院就是院址设在北京白云观，前身称"中国道教协会道教知识专修班"的道教徒教育机构。1998 年之前我主要的工作内容就是中国道协教务部主任的事务，也曾好长时间为"道教知识专修班"的兼课老师；1998 年后我以中国道协副秘书长身份兼任教务部（处）主任；算起来到 2008 年初组织安排我兼起北京东岳庙教务之前，在北京白云观那间窄小的办公室里我整整待了 16 年时间。周高德老师是"中国道学院"中真喜欢文化的教内人，所以我邀约他为本书作序。第五位潘崇贤道长，是广东省道协副会长、广州市道协会长、广州纯阳观住持。最主要的是我有数篇记叙性的文章，都曾在他办的《恒道》杂志上发表；也是他最早提出要我将游记、散文等感性类文章汇集成书。感念是言，故请之作序。感谢以上诸位为本书作序言的好兄弟、好朋友！

　　本书的许多内容虽然已见诸刊物，不是新作，比如《茅山道教今昔》《在泰国感受道教》《齐云山的记忆》等文章，但作为文化的记忆和相应史料的意义还是有价值。还有些内容是第一发表出来，如《安福参访纪行》《冰雪庐山纪行》《青城纪事》《赴山东潍坊沂山纪事》等，当时写作时就觉得很感性，尤其内子平时甚少作文，她的《冰雪庐山纪行》和《责外子书》（未收入）我常阅以玩味，愚以为都甚有女性的灵气和才情。《武夷洞天》《台州调研之记忆》《赣粤南行记忆》《葛仙山的记忆》等篇章，虽然不能自诩写得怎么好，但确是我当时的真性情，自己重读原文回忆当时情景也心生欢喜！另外还有几个调研性质的东西觉得也是有价值的，如《四川三市五县调研》《广东潮汕道教现状调查》《湘潭散居正一派道士情况调查》，这些虽然是已经过去了的事情，但是对于道教作为一种社会形态的研究，我认为都是有着相应的价值。还有一些文字虽然是为了本书的总体考虑，但细想起来还是纯粹出于我的情感，比如《令我难忘的人》《送别的情景与缅怀的话》《引言》《父母是我永久的敬仰》《五十岁生日告白》等等。人本来就是情感动物，哪一篇文章又不是情感所凝练而成？这本书中内容我之所选也是以情感见长。当时也是我的友人们多有建议，认为有必要将过去发表于诸类刊物中较感性些的文章，收集起来合成这样一个集子，我部下"庙管会"几个人也认为有这个必要。于是就请来中国社科院社会科学文献出版社袁清湘老师，将想法与她交流获得认同，随后就开始着手筹备。首先寻找过去的电子文稿，但这是跨度30年的过程，过去许多文稿还是手写，电脑打字也仅是十几年的时间，所以北京东岳庙办公室张俊还真不错，是他带着小道友孙文锐，先找过去常发我文章的几种刊物，将过去我曾登载发表的文章从刊物上找来扫描录入修正文字，有数篇未曾发表过的东西，他们就不嫌麻烦地按手稿打字录入，这30余万字的东西，他们有不小的功劳！袁清湘老师作为本书的责任编辑，办事真得很认真！每当我提出一个新的问题，或者她产生一个疑问都有电话联络；我因为今年5月初准备举办一个道文化的研讨会，想将文稿审读编校的速度加快，所以使她更加费心费力，春节前后为了这本书稿的编校，以及封面和版面设计等等，她一次又一次地，已多次往返于出版社与我们北京东岳庙之间，我真是很感动，真诚地说声：谢谢！

这次我带着这部书稿的雏形离京南下，在高铁上我就应责编的要求翻阅了三分之一的书稿内容，3月1日至3日我虽然每天都有应酬，但白天黑夜除去休息只要有时间，我都在认真地看这部稿本。总算翻阅了一遍，今晚就要回北京明天就要交稿了，赶这个后记也是为明天给出版社交任务。读这个书稿的过程，也真使我浮想联翩的过程，30年的过程，许多的人、许多的事在脑海中浮现，那些给自己人生过程增加了麻烦和痛苦的人和事，让自己都淡忘了吧！要记取的应该是那些有恩于己或曾帮助过自己的人和事，许多的往事过去了要总结一些经验和教训，我认为这是回顾和记忆的价值。记住那些关心爱护和帮助自己的人，就会使自己经常有怀想感恩的幸福感，同时自己也会因此自然而然地学着去关心爱护别人。疏理自己的文稿，确实也有了那么一些的内容，这都是日积月累而成的成果，我自己也不知不觉地被其中内容感染着。过去的勤奋和努力终于有了收获的幸福！最终我选出其中81篇所谓感性倾向偏重的内容，拟书名曰《鸿爪雪泥》。这本书其中辑入的篇章较多感性，是我经历过程的记录。在编辑本书的同时，另一部谓之《思问晓录》的文集，也正在编辑过程中。庆幸过去的勤奋，使自己能积极地观察和了解情况，并常动脑筋去思考一些问题，从而得以经常地学习和写作，因此留下这些成果。如果过去没有积累，今天即使有心而为，恐怕也不可能有这些收获与成就了。

我的行走和记录虽然是浅显的，但可以俾许多无机会去经历的人了解一些情况。古人说：书山有路勤为径，学海无涯苦作舟！在我以为是出于一种至诚，虽然文采不足，然我真的在尽力。就如一只永不放弃执著远行之雁，天空中虽无飞行中留下的轨迹，但苦旅中雪地上有着行走后踩出的足迹。年轻时我们曾经说：路漫漫其修远兮，吾将上下而求索！到了今天这个年龄，检验往昔，对照誓言，才知道过去是多么的好高骛远，现实的过程中一步步走来真是不易！但是保持住心存正思和善念，凭着一颗良心和决心，向着远方，不懈地一路走去就好！我说以上这些，权为本书的编辑完成作一个后记吧。

2013 年 3 月 3 日

图书在版编目（CIP）数据

鸿爪雪泥：袁志鸿修道文集/袁志鸿著．—北京：社会
科学文献出版社，2013.4
ISBN 978-7-5097-4335-5

Ⅰ.①鸿…　Ⅱ.①袁…　Ⅲ.①道教-文集　Ⅳ.①B958-53

中国版本图书馆 CIP 数据核字（2013）第 035527 号

鸿爪雪泥
——袁志鸿修道文集
————————————

著　　者／袁志鸿

出 版 人／谢寿光
出 版 者／社会科学文献出版社
地　　址／北京市西城区北三环中路甲 29 号院 3 号楼华龙大厦
邮政编码／100029

责任部门／人文分社（010）59367215　　　　　责任编辑／袁清湘　孙以年
电子信箱／renwen@ ssap. cn　　　　　　　　责任校对／王翠艳
项目统筹／宋月华　袁清湘　　　　　　　　　责任印制／岳　阳
经　　销／社会科学文献出版社市场营销中心（010）59367081　59367089
读者服务／读者服务中心（010）59367028

印　　装／北京季蜂印刷有限公司
开　　本／787mm×1092mm　1/16　　　　　　印　　张／24
版　　次／2013 年 4 月第 1 版　　　　　　　　字　　数／344 千字
印　　次／2013 年 4 月第 1 次印刷
书　　号／ISBN 978-7-5097-4335-5
定　　价／79.00 元